高职高专财经商贸类专业精品课程系列教材

国际商务单证理论与实务

主 编 钱惠琴 贡文君 蒯晓蕾

苏州大学出版社

图书在版编目(CIP)数据

国际商务单证理论与实务 / 钱惠琴,贡文君,蒯晓蕾主编. —苏州:苏州大学出版社,2015.6(2021.1重印)
高职高专财经商贸类专业精品课程系列教材
ISBN 978-7-5672-1402-6

Ⅰ.①国… Ⅱ.①钱… ②贡… ③蒯… Ⅲ.①国际贸易-票据-高等职业教育-教材 Ⅳ.①F740.44

中国版本图书馆 CIP 数据核字(2015)第 144116 号

国际商务单证理论与实务
钱惠琴　贡文君　蒯晓蕾　主编
责任编辑　施小占

苏州大学出版社出版发行
(地址:苏州市十梓街1号　邮编:215006)
广东虎彩云印刷有限公司印装
(地址:东莞市虎门镇北栅陈村工业区　邮编:523898)

开本 787 mm×1 092 mm　1/16　印张 19　字数 463 千
2015 年 6 月第 1 版　2021 年 1 月第 2 次印刷
ISBN 978-7-5672-1402-6　定价:45.00 元

苏州大学版图书若有印装错误,本社负责调换
苏州大学出版社营销部　电话:0512-65225020
苏州大学出版社网址　http://www.sudapress.com

《国际商务单证理论与实务》
编委会

主　编　钱惠琴　贡文君　蒯晓蕾

副主编　赵　臻　顾文瑾

主　审　项爱康

参　编　宋云南　凌俐霁　童艳蓉
　　　　　黄克菲　颜　曦

前言

国际商务单证员是指在国际贸易结算业务中,根据销售合约和信用证条款从事审核、制作各种贸易结算单据和证书,提交银行办理议付手续或委托银行进行收款等工作的人员。其主要工作是对国际贸易结算业务中所应用的单据、证书和文件进行制作处理,包括审证、制单、审单、交单和归档5个方面,贯穿于进出口合同履行的全过程。单证处理是国际贸易业务的中枢环节,国际商务单证员是开展国际贸易业务必备人才。

改革开放以来,随着我国外向型经济的不断发展,外贸业务量迅速增加,各类应用型外贸专业人才供不应求。目前,以外贸单证处理为主要工作内容的国际商务单证员已成为紧缺人才之一。但是不论是学历教育体系还是职业教育体系中针对该岗位的职业培训都较少,现有的少量培训也存在内容单一、覆盖面狭小等问题,大量岗上人员未经过较系统的职业培训,企业也很难招聘到符合业务需要的人员,使得外贸业务风险大大增加。

本教材通过对合作外贸企业实地调研,以外贸企业的实际工作流程为导向,以单证员所应具备的职业能力为依据,结合高职学生的认知特点,力求深入浅出,采用仿真实训与作业流程相结合的结构脉络来展示学习内容。按照"教学模块化,理实一体化"的教学思想,围绕强化学生职业技能和岗位适应能力的培养目标进行改革和探索,将本教材的内容整合为十三章,力求将理论与实践有机结合。本教材旨在创新教学方式,培养学生的专业实践能力,努力将学生培养成基础扎实、应用面宽、应用能力强的高素质技能型专门人才。

江苏省吴中中等专业学校

物流管理专业教研组

2015.4.8

目录
Contents

第一部分 国际贸易单证基础知识

第一章 国际贸易单证概述 …… 3
- 第一节 国际贸易单证的作用和分类 …… 3
- 第二节 国际贸易单证工作环节与要求 …… 6
- 第三节 国际贸易单证标准化 …… 8

第二章 国际货物买卖合同 …… 17
- 第一节 贸易磋商环节 …… 17
- 第二节 国际货物买卖合同的基本内容 …… 20

第三章 国际贸易术语 …… 29
- 第一节 国际贸易术语概述 …… 29
- 第二节 INCOTERMS 2010 术语 …… 32

第四章 国际贸易付款方式 …… 42
- 第一节 国际结算票据 …… 42
- 第二节 常用国际贸易付款方式 …… 51

第五章 信用证 …… 62
- 第一节 信用证概述 …… 62
- 第二节 信用证开证申请书 …… 68

第六章 几种常用商务单证填写和制作 …… 84
- 第一节 商业发票 …… 84

第二节　包装单据 90
　　第三节　汇票 92
　　第四节　装运通知 94
　　第五节　出口商证明 95
　　第六节　保险单 96

第七章　国际货物运输单据 104
　　第一节　国际海运提单 104
　　第二节　国际多式联运单 112
　　第三节　国际航空运单 113

第八章　官方出口单证 130
　　第一节　原产地证书 130
　　第二节　检验检疫单证 137
　　第三节　进出口货物报关单 141
　　第四节　出口退税单证 146
　　第五节　其他单证 150

第九章　国际贸易单证业务核算 154
　　第一节　佣金和折扣的计算 154
　　第二节　运费与保险费的计算 156
　　第三节　汇率兑换、利息与贴现息 161

第二部分　历年全国国际商务单证员考试试题汇编

　Ⅰ　理论题 167
　Ⅱ　操作题 227

附件　《UCP600》条文讲解 282

第一部分

国际贸易单证基础知识

第一章

国际贸易单证概述

本章要求

通过本章学习,学生能够了解并掌握国际贸易单证的作用与分类;准确把握国际贸易单证工作环节、制单基本要求、制单的依据;熟练掌握国际贸易单证常用代码。

出口茶叶串味案

货代公司接受货主委托,安排一批茶叶海运出口。货代公司在提取了船公司提供的集装箱并装箱后,将整箱货交给船公司。同时,货主自行办理了货物运输保险。收货人在目的港拆箱提货时发现集装箱内异味浓重,经查明该集装箱前一航次所载货物为精萘(一种化学产品),致使茶叶受精萘污染。此损失可向保险人或承运人或货代公司索赔。根据保险合同,在保险人承包期间和责任范围内,保险人应承担赔付责任。根据运输合同,承运人应提供"适载"的COC,由于COC存在问题,承运人应承担赔偿责任;承运人没有提供"适载"的COC,而货代公司在提空箱时没有履行其义务,即检查箱子的义务,并且在目的港拆箱时异味还很浓重,因此,承运人和货代公司应按各自过失比例承担赔偿责任。

国际货物贸易作为一种商品交换行为通常表现为货物和货款的对流,而货物和货款的对流往往是借助国际贸易单证的签发、组合、流转、交换和应用来实现的。从贸易合同签订直至货物装运、保险、检验检疫、报关、货款的支付以及进口商提货的整个过程,每个环节都需要相应的单证缮制、处理、交接和传递,以满足进出口企业、运输部门、银行、保险公司、检验检疫机构、海关以及政府管理机构等多方面的需要。

第一节 国际贸易单证的作用和分类

一、国际贸易单证的作用

国际贸易单证的使用与进出口贸易程序密切相关,单证工作贯穿于进出口企业的外销、进货、运输、收汇的全过程,工作量大,时间性强,涉及面广,除了进出口企业内部各部门之间的协作配合外,还必须与银行、海关、交通部门、保险公司、检验检疫机构以及有关的行政管理机关发生多方面的联系,环环相扣,互相有影响,也互为条件。

广义的国际贸易单证(international trade documents)是国际贸易中使用的各种单据、文件与证书的统称。狭义的国际贸易单证通常指结算单证,特别是信用证支付方式下的结算单证,主要有:单据和信用证。通常凭借国际贸易单证来处理进出口货物的交付、运输、保险、检验检疫、报关、结汇等。

国际贸易单证的作用主要有以下几个方面。

(一) 国际贸易单证是合同履行的必要手段

国际贸易是跨国的商品买卖,由于这种跨国交易的特殊性,即买卖双方分处不同国家,相距遥远,在绝大多数情况下,货物与货款不能进行简单的直接交换,而只能以单证作为交换的媒介手段。国际贸易货物单证化使得货物买卖通过单证买卖实现,卖方交货不仅要将实际货物装运出口,而且要向买方提交包括货物所有权凭证在内的全套单证以表示让渡物权。卖方交单意味着交付了货物,而买方付款则是以得到物权凭证代表买到了商品,双方的交易不再以货物为核心,而是以单证为核心。单证和货款对流的原则已成为国际贸易中商品买卖的一般原则。正如国际贸易专家施米托夫在《出口贸易》一书中所述:"从商业观点来看,可以说 CIF 合同的目的不是货物本身的买卖,而是与货物有关的单据买卖。"这里所说的"单据"就是国际贸易单证。

国际贸易单证种类很多,每一种单证都有其特定的作用、功能和不同的缮制要求。在进出口贸易合同履行过程中的单证大致可分为两类:一类具有商品的属性,它们有的代表商品,有的表示商品的交换值,有的说明商品的包装内容,有的保证商品的质和量,有的为商品输入国提供必要的证明等;另一类具有货币的属性,它们有的直接代表货币,有的为货币的支付作出承诺或作出有效的保证。各种单证的签发、组合、流转、交换和应用反映了合同履行的进程,也反映了买卖双方权责的发生、转移和终止。由此可见,国际贸易单证是完成合同履行的必要手段。

(二) 国际贸易单证是对外贸易经营管理的重要工具

国际贸易单证是由参与国际贸易的进出口企业和相关国家政府管理机构签发的,从进出口企业角度看,国际贸易单证工作是进出口业务的一个重要环节。实际业务中,不论是合同内容、信用证条款,还是落实货源、控制交货品质、数量,以及运输、保险、检验检疫、报关、结汇等诸多业务经营管理环节,最后都会在单证工作上集中反映出来,也是合同履行后期处理争议与纠纷的重要依据。

从国家角度看,国际贸易单证作为一种涉外商务及法律文件,体现了一国对外贸易政策,反映了一国对外贸易相关的法律、法规和规章制度,牵涉到一国与其他国家之间的双边或多边贸易协定,关系到作为成员国必须遵守的国际性组织的相关规则。

可见,进出口企业经营的好坏与单证工作组织管理的优劣关系很大,国际贸易单证工作不仅是为贸易全过程服务,也是进出口企业经营管理的重要工具,更是一国对外贸易管理的重要工具。

（三）国际贸易单证是进出口企业提高经济效益的重要保证

国际贸易单证工作与进出口企业的经济效益密切相关，单证管理工作的加强，单证质量的提高，不仅可以有效地制止差错事故的发生，弥补经营管理上的缺陷，还可以加速资金回笼，提高资金使用效率，节约利息开支，节省各种费用，在无形之中提高进出口企业的经济效益。如果单证管理工作出现差错，不能及时交单或提供正确的单证，则会导致买方拒付货款、延迟付款，进而给企业乃至国家带来风险和损失，使企业的经济效益无法得到保障。

（四）国际贸易单证是进出口企业形象的重要内涵

国际贸易单证不仅是商务和法律文件，而且还能起到塑造和完善进出口企业对外形象、对外扩大宣传的作用。美观、整洁、清楚的单证，能够展示进出口企业高水平的业务素质，高质量的工作成果，一流水准的管理规范，从而为企业塑造良好的形象，有利于业务的开展。反之，粗劣、杂乱、错误的单证则必然给企业带来负面效应。

二、国际贸易单证的分类

根据不同的角度，国际贸易单证通常有以下分类。

（一）《托收统一规则》（《URC522》）的分类

《URC522》总则与定义中第2条B款将单据分为金融单据（financial documents）和商业单据（commercial documents）两大类。金融单据具有货币的属性，例如汇票、本票、支票或其他用于付款资金的类似凭证；商业单据具有商品的属性，例如商业发票。

根据《URC522》的分类，商业单据还可以进一步细分为基本单据和附属单据。基本单据在实际业务中使用频率较高，通常包括商业发票、海运提单和保险单；附属单据通常在实际业务中，根据约定由买方要求卖方提供，可分为两类：一类是进口国官方要求的单据，如领事发票、海关发票、原产地证明等；另一类是卖方要求说明货物及相关情况的单据，如装箱单、重量单、品质证书、寄单证明、装运通知、船龄证明等。

（二）《跟单信用证统一惯例》（《UCP600》）的分类

《UCP600》将信用证项下的单据分为四大类。

（1）运输单据（transport documents）。它包括海运提单；非转让海运单；租船合约提单；多式联运单据；航空运单；公路、铁路和内陆水运单据；快递收据、邮政收据或邮寄证明。

（2）保险单据（insurance documents）。包括保险单、保险凭证、投保声明、预约保险单等。

（3）商业发票（commercial invoice）。

（4）其他单据（other documents）。它包括装箱单、重量单、产地证明书、普惠制单据、检验检疫证书、受益人声明或受益人证明等。

（三）UN/EDIFACT 的分类

联合国欧洲经济理事会从事国际贸易程序简化工作的第四工作组（UN/ECE/WP4）将 EDI 国际标准分为三个领域：行政（administration）、商业（commerce）和运输（transportation），并于1986年发布了 EDI 国际通用标准——UN/EDIFACT（United Nations/Electronic Data Interchange For Administration, Commerce and Transport）。

UN/EDIFACT 标准将国际贸易单证分为九大类：
（1）生产单证；
（2）订购单证；
（3）销售单证；
（4）银行单证；
（5）保险单证；
（6）货运代理服务单证；
（7）运输单证；
（8）出口单证；
（9）进口和转口单证。

（四）按照单证形式分类

国际贸易单证按照单证的形式分为纸面单证和电子单证。两者具有同等法律效力。

第二节 国际贸易单证工作环节与要求

国际贸易单证工作的基本环节包括制单、审单、交单和归档。信用证支付方式下，在制单环节前还有审证环节。

审证是指银行和受益人合理谨慎地审核信用证，针对发现的问题区别其性质，根据合同条款的规定及履行合同各环节中出具单据的各当事人的具体做法和意见，作出是否修改信用证的决定。

制单是指依据买卖合同、信用证、有关商品的原始资料、相关国际惯例、相关国内管理规定、相关国外客户要求等缮制单证。

审单是指审核并确定已经缮制完成的各种单证是否符合买卖合同、信用证、有关商品的原始资料、相关国际惯例、相关国内管理规定、相关国外客户要求等，如发现不符，应进一步采取修改、重新缮制或更换等措施。

交单是指在合同、信用证规定的时间，以正确的方式，将符合要求的单证交给正确的当事人。通常在托收和信用证支付方式下，应到银行交单，在汇付方式下应直接向进口人交单。

归档是指在合同履行过程中随时注意将那些我方已经缮制的单证留底、存档（如商业发票、装箱单），将那些由他人缮制并经我方审核无误的单证妥善保存，必要时复印备份，留待交单或事后备查（如海运提单、商检证书），随时追踪那些已经交给有关部门办理业务，应退回但尚未退回的单证（如报关单核销联），一旦退回立即归档或进入下一业务环节。

一、制单基本要求

国际贸易单证的质量，不但关系到能否安全迅速收汇和接货，也从一个侧面反映一个国家的科学文化水平。各种进出口单证，原则上应该做到：正确、完整、及时、简明、整洁。

（一）正确

在制单工作的各项要求中，正确是最重要的一条。离开这一条，便会影响出单效果，甚至会引起不良的后果,其他几条要求也是无从谈起了。

这里说的正确,至少包括两方面的内容:一方面要求与各种单据必须做好"三相符",(单据与信用证相符、单据与单据相符、单据与贸易合同相符)另一方面则要求各种单据必须符合有关国际惯例和进口国的有关法规和规定。

从"严格相符"的要求看,"单证相符"占首要地位。

（二）完整

单据完整的一种意义是指成套单证的群体的完整性。单证在通过银行议付或托收时,一般都是成套、齐全而不是单一的。例如在 CIF 交易中,卖方向买方提供的单证至少应有发票、提单和保险单。

单证完整的另一种意义是要求每一种单据的所填内容必须完备齐全。

此外,单证完整还要求出口人提供的各种单据的份数要如数齐全,不能短缺。尤其是提单的份数,更应注意要求出齐,避免不符。

（三）及时

进出口单证工作的时间性很强,各种单据都要有一个适当的出单日期。及时出单是指各种单据的出单日期必须合理、可行,不能超过信用证规定的有效期。并且单据需要及时交单议付。主要是指向银行交单的日期不能超过信用证规定的交单有效期。

（四）简明

单证的内容应力求简化,要力戒繁冗。单证的简洁明了,要求各种单证在论述各项内容时,造句流畅、语法规范。

（五）整洁

所谓整洁,主要是指单证的表面是否清洁、美观、大方;单据中的各项内容是否清楚、易认,各项内容的记载是否简洁、明了。

总之,单证工作技术性强,既有国际规范化的一面,也有地区特殊性的一面。单证工作是对外贸易的一项基本工作,其质量高低直接影响到对外贸易的发展。因此,提高制单人员的素质、提高单证工作的质量,是我国发展对外贸易,促进经济发展的必然要求。随着计算机的广泛应用,单证工作将逐渐变得简单、迅速;而单证设计的标准化（国际化）和单证制作及管理的现代化,都将对单证的缮制、传递及应用起到积极的作用。无论是过去、现在还是将来,无论国际贸易方式或单证工作有何变革,对单证的基本要求,即"正确、完整、及时、简明和整洁"是不会改变的,对于制单人员来说,理解并掌握这些基本要求是十分重要的。

二、制单的依据

缮制和审核国际贸易单证的主要依据是买卖合同、信用证、有关商品的原始资料、相关国际惯例、相关国内管理规定、相关国外客户要求等。

买卖合同是制单和审单的首要依据,从狭义角度说,国际贸易单证中的各项内容应与买卖合同的相应内容一致,特别是应与合同本文部分的品名条款、品质条款、数量条款、包装条款、价格条款、装运条款、保险条款、支付条款的内容一致;从广义角度说,买卖双方往来的业务函电也可作为制单和审单的依据。

在以信用证为支付方式的交易中,信用证取代买卖合同成为主要的制单和审单依据。

因为信用证是独立于合同之外的文件,银行的付款原则是"只凭信用证而不问合同",所以各种单证的内容必须完全符合信用证的规定,银行才承担付款责任。在制单之前的审证环节中,如果发现信用证条款与买卖合同条款彼此矛盾,应提出修改信用证。如果不能修改或同意接受信用证条件,则必须以信用证为制单和审单的依据,才能达到安全收汇的目的。有关商品的原始资料主要指由生产制造厂商提供的一些资料,如货物出厂装箱单中显示的货物具体规格、型号、数量、毛量、净重、尺码等往往是缮制装箱单的基本依据。

相关国际惯例主要指国际商会的《跟单信用证统一惯例》即《UCP 600》、《跟单信用证项下银行间偿付统一规则》即《URR725》、《审核跟单信用证项下单据的国际标准银行实务》即《ISBP681》、《托收统一规则》即《URC522》、《国际贸易术语解释通则》即《INCOTERMS2010》等,这些国际惯例也是正确处理一些单证问题的依据。

三、对单证员的要求

1. 具备良好的职业道德;
2. 掌握必要的专业知识和技能;
3. 打好扎实的外语基础;
4. 拥有丰富的实践经验;
5. 坚持认真的工作态度。

第三节　国际贸易单证标准化

一、国际贸易单证标准化进程

国际贸易单证标准化工作始于20世纪60年代初。1960年,联合国欧洲经济委员会(UN/ECE)成立了贸易程序简化工作组开展国际贸易单证标准化和简化贸易程序的工作。该组织同世界各有关组织合作,从20世纪80年代开始,陆续以联合国建议书的方式推出了31个联合国推荐标准。其中最重要的8项推荐标准被国际标准化组织(ISO)采纳为正式国际标准,在全世界推行。目前,全世界主要贸易国都在国际贸易单证标准化工作中采纳了联合国推荐标准,并根据本国国情制定了相应的国家标准。在世界科学技术与国际贸易高速发展的今天,标准已经成为世界贸易的基石。中国作为世界贸易大国一员,紧跟国际贸易单证世界标准的潮流。商务部(原外经贸部)同有关部门合作,从20世纪90年代初开始,等同或修改采用国际标准和制定相应的国家标准共六十多项,建立了与世界标准相适应的中国国际贸易单证标准体系。

国际贸易单证标准化工作涉及四大要素:单证格式、贸易数据元、贸易数据元代码、标准EDI报文。只有这四方面都做到了规范化、科学化和标准化,才能全面实现国际贸易单证标准化工作,使国际贸易单证可以在世界各国畅通无阻。

中国已经建立了完善的国际贸易单证标准体系。特别是近年来国家加强了标准的制定和修订力度,紧跟国际标准的更新工作。商务部、海关、外汇管理等12个部门加强了政府部门之间的电子检查和电子数据共享。从1999年实现金关工程要求的进出口许可证全国联网核查,到2008年7月成功地实现出口收结汇联网检查,基本上实现了国家对金关工程的要求。如今，企业可以远程上网申领进出口许可证、配额证书等十几项商务部管理的事项，还可以通过电子口岸远程报关、远程报验、远程办理原产地证书、远程办理出口结汇，退税等其他各类事项。中国的进出口企业普遍在国际贸易单证业务中采用了计算机管理、电子制单、电子数据传输等各项对外贸易业务。我国的单证标准化体系在发展中国家中处于领先地位，但是比起发达国家，特别是欧洲，在国际贸易单证准化工作上还有一定差距。

我国国际贸易单证标准化工作由商务部主管。商务部的主要证明文件（例如，进出口许可证、纺织品配额许可证书等）全部实现证书格式标准化，数据元规范化，电子数据传输科学化和代码国际化。这为其他部门起了榜样作用，也推动了进出口企业的学习、贯彻标准、采用标准的工作。早在20世纪80年代中期，根据中国同欧盟、美国签订的纺织品输出欧盟、输出美国的配额协定，在欧美等国提供的样式基础上，商务部（原外经贸部）和46个授权签证机构在签发对欧盟、对美国的纺织品出口许可证，输欧盟、输美原产地证书等12种纺织品配额证书，全部实现了规范化、科学化、标准化工作。由于受条件限制，当时国家金关工程尚未开展，该部还无法同海关联网检查。主管全国进出口许可证、配额许可证的该部许可证局建立了自己的全国电子计算机统计系统，同欧美各国开展了"中方主动控制，双方检查和双方交换信息"的跨国联网检查工作，保障了我国输欧盟、美国的纺织品20多年来以20%至30%的速度有序、高速发展。

在国际贸易单证师的培训工作中，必须以联合国和我国的国际贸易单证标准为准，使我国的国际贸易单证工作逐步实现科学化、规范化、标准化，赶上国际贸易的潮流。

二、我国国际贸易单证主要标准

（一）单证格式标准

（1）GB/T14392-2009 国际贸易单证样式（ISO 6422，UN 推荐标准1）。

（2）GB/T14393-2008 代码在贸易单证中的位置（ISO 8440，UN 推荐标准2）。

（3）GB/T15311.1-2008《中华人民共和国进口许可证格式》。

（4）GB/T15311.2-2008《中华人民共和国出口许可证格式》。

（5）GB/T15310.4-2009《中华人民共和国原产地证书》。

（6）GB/T15310.1-2009《国际贸易出口单证格式：商业发票》。

（7）GB/T15310.2-2009《国际贸易出口单证格式：装箱单》。

（8）GB/T15310.3-2009《国际贸易出口单证格式：装运声明》。

（二）代码标准

（1）GB/T2659《国家和地区名称代码》（ISO 3166，UN 推荐标准3）。

（2）GB/T15421-2008《国际贸易方式代码》，GB/T15422-94《国际贸易单证代码》。

（3）GB/T15423-94《国际贸易交货条款代码》（UN 推荐标准5）。

（4）GB/T15514-2008《中华人民共和国口岸及有关地点代码》（UN 推荐标准16）。

（5）GB/T26962-2009《国际贸易付款方式代码》（UN 推荐标准17）。

（6）GB/T16963-1997《国际贸易合同代码规范》。

（7）GB/T18131-2000《国际贸易标准运输标志》（UN 推荐标准15）。

（8）GB/T6582-1997《国际贸易运输方式代码》（UN/ECE/TRADE 138,1995）。

（9）GB/T17298-1998《单证标准编制规则》。

（10）GB/T12406《表示货币的字母代码》(ISO 4217，UN 推荐标准 9)。

（11）GB/T7408《日期、时间和时间期限的数字表示》(ISO 8610，UN 推荐标准 7)。

（12）GB/T17295-2008《国际贸易计量单位代码》(ISO 1000，UN 推荐标准 20)。

（13）GB/T16472《货物、包装及包装类型代码》(UN 推荐标准 21)。

（14）GB/T17152-2008《运费代码》(UN 推荐标准 23)。

（15）GB/T18804《运输工具类型代码》(UN 推荐标准 28)。

（16）GB/T7407-2008《中国及世界主要海运贸易港口代码》。

三、国际贸易单证制作

联合国《贸易单证样式》(United Nations Layout Key for Trade Documents，简称 UNLK)，UNLK 是联合国第 1 项推荐标准(1981 年)，在 1985 年被 ISO 制定为世界标准 ISO 6422。2000 年 UNLK 和第 2 项推荐标准《贸易单证中代码的位置》(Locations of Codes in Trade Documents)合并成新的世界标准《国际贸易单证样式》。这项标准是国际贸易单证中最基础，也是最重要的一项标准。该标准不仅规定了国际贸易单证的样式(采用 A4 标准尺寸，框式结构设计)，作为设计各类国际贸易单证的基础；它还规定了主要贸易数据元的位置(如发货人、收货人、交货地址、运输事项、日期和参考号，国家情况，交货和付款条款，运输标志和集装箱号，包装种类和数量，货物描述，商品编号，毛重，体积，净重，单价和总值，认证等)。通过与各有关世界组织的协商，对这些项目的位置进行了技术、法律、商业、行政及业务惯例各方面的充分考虑。在贸易单证样式的较低位置设计了"自由处置区"，用于满足不同行业单证的应用需求。国际贸易单证样式标准的一个重要原则是单证中所需的贸易数据元信息和代码应放置在对应的位置。如果有的单证中的特定贸易数据元位置不用，可允许作自由处置区使用。

该标准的样式充分考虑了电子制单的要求，是十分科学的。以中线为对称，右上部是发货人(出口商)、收货人各为五行(每行 35 个字符)，收货人框同邮政开口信封大小一致；左上部是参考号和日期，接下来是涉及国家和交货、付款条款；单证样式中部依次是运输标志和集装箱号，包装种类和件数，货物名称和代码、数量、单价，总值右下角是单证认证或签章区。

我国根据联合国建议书的规定，在 1993 年依据联合国的推荐标准制定了我国自己的主要国际贸易单证样式标准：GB/14393-1993《贸易单证样式》。该标准比国际标准更科学和规范，主要有三项变更：第一，明确规定国际贸易单证名称在单证格式顶部，涉外单证可以中英文对照；第二，每个栏目加中文栏目名称，与英文对照，便于在国内外使用；第三，在单证中部商品信息框中，考虑到毛重和体积在许多单证中使用较少，把这两项调整到下面，使单证样式更清晰、严谨。2008 年该标准修订为 GB/14393-2008。

四、国际贸易单证常用代码

（一）国家和地区名称代码

采用两字母代码，如表 1-1 所示。

表1-1 部分国家和地区名称代码

中文名称	英文名称	代码
中国	China	CN
美国	United States of America	US
德国	Germany	DE
法国	France	FR
英国	United Kingdom	GB
俄罗斯	Russia	RU
日本	Japan	JP
澳大利亚	Australia	AU
韩国	Korea	KR
印度	India	IN
中国香港	Hongkong	HK
加拿大	Canada	CA
意大利	Italy	IT
巴西	Brazil	BR
阿联酋	United Arab Emirates	AE

（二）中华人民共和国口岸及有关地点代码

《联合国口岸及相关地点代码标准》（Codes for Ports and Other Locations）是联合国第16项推荐标准，于1981年发布，分别在1996年和1998年发布第二版、第三版。该标准是五位字母代码，前两位为国家代码，后三位为地点代码。

美国纽约市五位标准代码是USNYC（功能12345）。纽约市三位代码NYC，但纽约市作为重要口岸，下面还有2个港口、4个机场和18个火车站，所以纽约市下面共有24个地点代码（曼哈顿港MNH，肯尼迪机场JHK）。法国巴黎五位标准代码是FRPAR（功能12345），巴黎市三位代码PAR。巴黎市下面16个地点代码，2个机场（戴高乐机场CDG，奥利机场ORY）、4个公路交货站和11个火车站。英国伦敦五位标准代码是GBLON（功能12345），伦敦市三位代码LON。伦敦市下面14个地点代码。日本东京市五位标准代码是JPTYO（功能12345），东京市三位代码TYO。东京市下面32个地点代码，其中有22个港口和6个机场。

目前，联合国口岸及相关地点代码库里已经有世界各国3万多个地点代码，可以满足国际贸易有关地点的要求（如发运地、抵运地、目的地等）。该标准的"口岸"是指经国家批准对外开放，允许外国人员、货物和交通工具直接进入国境的港口、机场、车站、跨境通道等，在口岸设有海关、商检、边防等国家常驻监管机构。"相关地点"是指设有海关常驻监管机构、能够办理货物的通关手续的港口、国际货运场站、海关办事处和其他一些政府所要求的地点。该标准已广泛应用于全球国际贸易需要确认地点的国际贸易单证之中。

特别强调一点,由于国际航空协会(IATA)最先在全世界航空口岸采用三位字母代码,世界上已有一万多个机场采用 IATA 标准代码,各国在制定三位地点代码时不允许同已有的 IATA 代码相重。

我国商务部(原外经贸部)在 20 世纪 90 年代初根据国务院下达的"金关工程"的需要,首先提出制定《中华人民共和国口岸代码》。1994 年联合国有关机构提出请求,由中国政府来制定《联合国口岸及相关地点代码标准》中有关中国部分代码的标准。1995 年我国制定的《中华人民共和国口岸及有关地点代码》收录了至 1994 年为止我国政府批准开放的 225 个国家一级口岸,该标准被联合国有关机构直接采用在 1996 年发布的第二版《联合国口岸及相关地点代码标准》中,成为我国第一个参与制定的国际标准。1998 年该标准推出第三版时,我国相应参与了更新。

2008 年,我国根据改革开放 30 年的形势发展的需要和国际标准惯例对《中华人民共和国口岸及有关地点代码》标准升级换代。新标准增加了我国全部二类口岸及我国大部分设有常驻海关机构、能够办理货物的通关手续的地点。新标准共 526 个地点代码。该标准已经被联合国采用在了 2008 年 11 月 9 日发布的新版《联合国口岸及相关地点代码标准》中。这次修订该标准时,采用了国际标准惯例的主要口岸两层代码的做法。

由于历史原因,在先前的三位代码版本中,除了北京有 BJS 和 PEK 两个代码外,上海 SHA、天津 TSN、广州 CAN 等我国的主要口岸是一个代码。在使用中容易把城市代码、机场代码、港口代码混在一起使用。实际上这些三位代码是 IATA 机场代码:SHA 上海虹桥机场,TSN 天津滨海机场,CAN 广州白云机场。广大进出口企业、运输企业、航空、铁路以及国外用户,迫切希望按国际惯例制定准确的一对一的地点代码。上海是世界最大的港口,年吞吐量超过 5 亿吨,上海口岸年进出口货物 5 000 亿美元,居世界第一位。

2008 版新标准中,上海市共 16 个地点代码,如上海市三位代码是 SGH,上海港 SHG,上海火车站 SHZ,上海虹桥机场 SHA,上海浦东机场 PVG,外高桥 WGQ;北京口岸 10 个代码,如北京市三位代码是 BJS,首都国际机场 PEK,北京火车站 BJZ,北京西站 BJX;天津 10 个代码,如天津市 TNJ,天津滨海机场 TSN,天津港 TNG,天津保税区 TBS;广州三位代码是 GGZ,广州港 GZG,广州白云机场 CAN,广州火车站 GUZ;深圳三位代码是 SNZ,深圳港 SZG,深圳宝安机场 SZX,深圳火车站 SZZ。

(三) 国际贸易用标准运输标志

《国际贸易用标准运输标志》(Standard Shipping Marks for International Trade)是联合国第 15 项推荐标准。运输标志(Shipping Marks)指在国际运输中,标在单件货物和相关单证上的标志和编号。运输标志在国际贸易单证上出现率很高,在配额许可证、商检证书、报关单、商业发票以及各种运输单证上使用频繁。在国际贸易单证标准化的进程中,联合国专门为"运输标志"制定一个世界标准,显然也是非常重视的;该标准适用于国际贸易中的各种运输方式,也适用于各种相关单证的缮制及电子数据交换。

在国际贸易单证上使用的"标准运输标志"由收货人(买方)、参考号、目的地、件数编号四个数据元依次组成;分四行,每行限 17 个字母或数字。使用大写英文字母,数字。不允许使用几何图形或其他图案;不允许用彩色编码作为运输标志。例如:

HUWE	华为电子设备技术有限公司
2009USHWJCK30568	合同号
CAN	广州白云机场
2/25	第 2 件/共 25 件

我国在1993年等同采用联合国15号推荐标准,2009年采用其第四版修订标准。《国际贸易用标准运输标志》的使用,使国际贸易单证的规范化、科学化、标准化程度前进了一大步,使电子数据传输"运输标志"成为可能。这项标准结束了历史上各类单证中运输标志五花八门、各种图形、各种颜色各自为政的混乱局面。

（四）表示货币的字母代码

采用三字母代码。如表1-2所示。

表1-2 部分国家货币字母代码

国家/地区名称	货币名称	代码
中国	中国人民币	CNY
美国	美元	USD
欧盟	欧元	EUR
英国	英镑	GBP
俄罗斯	卢布	RUR
日本	日元	JPY
澳大利亚	澳大利亚元	AUD
中国香港	港元	HKD
中国澳门	澳元	MOP
瑞典	瑞典克朗	SEK
加拿大	加拿大元	CAD
新加坡	新加坡元	SGD

（五）日期、时间和时间期限的数字表示

采用数字表示法。

常用日期表示方法举例:2009年9月16日可以表示为20090916;

常用日的时间表示方法举例:当地时间15时27分46秒可以表示为152746;

常用日期和该日的时间组合表示方法举例:2011年11月30日10时20分30秒可以表示为20111130T102030;

常用时间间隔表示方法举例:自2010年5月15日23时30分30秒起至2011年5月14日23时30分止可以表示为20100515T233030/20110514T233000;

常用循环时间间隔表示方法举例:2年零10个月15天10小时20分30秒的时间间隔循环15次可以表示为R15/P2Y10M15DT10H20M30S。

（六）《国际贸易计量单位代码》GB/T17295－2008

如表 1-3 所示。

表 1-3 国际贸易计量单位代码

中文名称	英文名称	通用代码
立方米	cubic metre	MTQ
立方英尺	cubic foot	FTQ
平方米	square metre	MTK
平方英尺	square foot	FTK
米	metre	MTR
英尺	foot	FOT
千克	kilogram	KGM
吨	Tonne	TNE

【本章重点词汇】 金融单据 商业单据 基本单据 附属单据 运输单据 保险单据 单证工作环节 制单基本要求 制单依据 国际贸易单证常用代码

【操作训练】
EXPORTER：ABC LEATHER GOODS CO，LTD
　　　　　　123 HUANGHE ROAD，TIANJIN，CHINA
IMPORTER：XYZ TRADING COMPANY
　　　　　　809 SPAGNOLI ROAD，NEW YORK，USA
C/N：123 SJIKJHU　　　　B/L NO.：SJIGDGYM
INVOICE NO.：WH21U98
PORT OF LOADING：SHANGHAI CHINA
PORT OF DISCHARGE：NEW YORK
AMOUNT：CURRENCY USDAMOUNT 2 990
UNIT PRICE：USD299/CAN，CIF NEW YORK

要求：制作一个标准的 SHIPPING MARK。

同步练习

一、单选

1. 各种进、出口单证,原则上应该做到( )。
   A. 完整、及时、无差错
   B. 完整、简明、整洁
   C. 及时、正确、完整、无差错、整洁
   D. 正确、完整、及时、简明、整洁

2. 根据制单的"完整"原则,下列表述不正确的是( )。
   A. 单据种类的完整
   B. 单据所填内容的完整
   C. 每种单据份数的完整
   D. 所有单证都必须签署

3. 在国际商务单据的分类中,商业单据通常是指( )。
   A. 商业发票、装箱单和本票
   B. 商业汇票、重量单和保险单等
   C. 商业发票、装箱单和商业汇票等
   D. 商业发票、重量单和装箱单等

4. 根据联合国设计推荐使用的用英文字母表示的货币代码,如下表述不正确的是( )。
   A. CNY89.00
   B. GBP89.00
   C. RMB89.00
   D. USD89.00

5. 根据联合国设计推荐使用的国际标准化地名代码,伦敦的正确表述是( )。
   A. UKLON
   B. UKLDN
   C. GBLON
   D. GBLDN

6. 下列( )项不属于"汇票"制单要求的"三相符"。
   A. 单据与信用证相符
   B. 单据与实物相符
   C. 单据与单据相符
   D. 单据与贸易合同相符

二、多选

1. 在信用证支付方式下,外贸单证工作主要有( )等方面的内容,它贯穿于合同履行的全过程。
   A. 审证
   B. 制单
   C. 审单
   D. 交单
   E. 存档

2. 制单原则中所说的"正确"是指( )。
   A. 单单相符
   B. 单证相符
   C. 单同相符
   D. 符合有关国际惯例和进口国有关法令法规
   E. 符合国际统一格式

3. 下列选项中,商业单据有( )。
   A. 发票
   B. 提单
   C. 报关单
   D. 汇票
   E. 形式发票

4. 单证管理的重要意义是( )。
   A. 为完成履约提供保证
   B. 为统计分析提供原始数据
   C. 为查询和处理业务差错事故提供资料
   D. 标志着某一笔交易的开始
   E. 以上均正确

三、判断

1. 制单是单证工作的基础,是按照信用证、合同和其他的要求,根据货物实际情况填制有关单据。

2. 国际商务单据的制作,不仅要符合商业习惯和实际需要,也要符合国际贸易中的有关法律、惯例和规则,并与之相适应。

3. 根据《UCP600》规定,银行接受7种运输单据,除非另有约定,一般银行不接受卖方提交的快递收据。

4. 根据《URC522》,单据按其性质可以分为"金融单据"和"商业单据"两种。

5. 《UCP600》将运输单据分为七类,这七类单据都是承运人或其具名代理人签发给托运人的货物收据,都是承运人凭以交付货物的物权凭证。

第二章

国际货物买卖合同

本章要求

通过本章学习,使学生了解并掌握贸易磋商的环节;重点掌握构成发盘和接受的重要条件;熟练解决该单元中的各类案例;初步了解英文买卖合同中各项内容。

 案例

某外贸土特产进出口公司,拟向某外商出口一批土产品。双方就出口商品品名、规格、质量、数量、价格、包装、交货日期、付款方式等交易条件通过电报往来进行磋商。3月份基本达成协议,惟有价格一项,中方坚持单价不得低于每公吨1 500元人民币,并要求外商在"两个月内答复"。但是直到下半年,国际市场该土特产品价格猛涨,外商才复电可按中方1 500元/公吨的价格成交。此时,中方发现国内货源已紧缺,无法供货,故未予理睬。外商于数日后未接到中方答复,便指责中方违约,并要求中方承担违约责任。那么,中方是否要承担违约责任呢?

在国际货物买卖中,交易双方通过磋商就各项交易条件达成一致意见,并通过订立书面合同来明确各自的责任与义务。作为卖方,其基本义务是交付货物,移交一切与货物有关的单据并转移货物所有权。由于从事国际贸易的买卖双方一般相距较远,通常情况下,不能当面交接货物和单据,这就需要双方通过一定的方式确定交货地点以及货物交接过程中有关风险、责任和费用的划分,通常将这些称作交货条件。买卖双方在磋商和签约时往往通过使用贸易术语来确定成交条件。

第一节 贸易磋商环节

交易磋商,是指买卖双方为购销某种货物就各项交易条件进行洽商,以求达成一致协议的具体过程。它是国际货物买卖过程中不可缺少的一个重要环节,也是签订买卖合同的必须阶段。

交易磋商可以通过口头或书面方式进行。口头磋商主要指交易双方当面直接协商或通过电话协商；书面磋商则是交易双方通过信函、电报、电传、电子邮箱等通讯方式磋商。

交易磋商的主要内容包括：商品名称、品质规格或花色品种、数量、包装、价格、交货方式、运输方式、付款方式、发生意外的处理方式、保险的办理、发生纠纷的处理方式等。

交易磋商的一般程序可概括为询盘、发盘、还盘、接受四个环节。其中发盘和接受是必不可少的环节。一方的发盘经对方有效接受，合同即告成立。

一、询盘

询盘（inquiry）是指交易的一方欲购买或出售某种商品，向另一方发出探询买卖该商品及有关交易条件的一种表示。实际业务中，询盘也称为询价，在法律上称询盘为"要约邀请"。

询盘既可由买方发出，也可由卖方发出。询盘是交易的起点，只是表示一种交易的愿望，邀请将来可能的交易对象向自己发盘。所列内容多是探询和参考性质，没有必须购买或出售的义务，对买卖双方均没有约束力，也不是交易磋商的必经步骤。但询盘是了解市场供求、寻找交易机会的有效手段，不应忽视。

二、发盘

发盘（offer）是指买方或卖方向对方提出交易条件并愿意按此条件达成交易的表示。实际业务中，发盘也称为报盘、报价、发价，法律上称发盘为"要约"。

发盘可以由卖方提出，习惯上叫"卖方发盘"，也可以由买方提出，习惯上叫"买方发盘"，或称递盘（bid）或订单（order）。发盘是交易磋商的必经步骤，发盘人将受发盘内容的约束，并承担按照发盘条件和对方订立合同的法律责任。

（一）构成发盘的必要条件

一项有效的发盘必须具备下列条件：

（1）发盘应向一个或一个以上特定的人提出。

（2）发盘的内容必须十分确定。发盘内容的确定性体现在：发盘所列条件是完整的、明确的和终局的。

所谓完整的，按习惯做法是准确阐明各项主要交易条件，一般包括品名规格、数量、包装、价格、装运、付款、保险七大要件。《联合国国际货物销售合同公约》第十四条第一项规定："一个建议如果写明货物并且明示或暗示地规定数量和价格或规定如何确定数量和价格，即为十分确定。"也就是说，构成发盘有三个基本要素：货物名称、数量和价格。

所谓明确的，即所指交易条件清楚、具体、不含糊、不模棱两可，不能在发盘中出现"大概"、"预计"、"可能"、"参考"等用词。

所谓终局的，即肯定的，不能有保留性、限制性的条款。

（3）发盘必须表明发盘人对其发盘一旦被受盘人接受即为受约束的意思。发盘的目的在于订立合同，发盘人应明确表示愿意按照发盘的内容订立合同，一经受盘人表示接受，合同即告成立，无须再经发盘人同意。

（4）发盘必须送达受盘人。发盘只有送达受盘人始为有效，这里强调直接送达或信函、电传或口头通知。发盘只有在受盘人收到时才生效，受盘人没收到或没正式收到就没有法律效力，发盘人也没有订立合同的义务。

（二）发盘的有效期

发盘的有效期是指可供受盘人对发盘作出接受的时间或期限。

发盘的有效期可以作明确的规定，以发盘送达受盘人时开始生效，到规定有效期届满为止。也可以不明确规定有效期，按惯例在合理时间内有效。

（三）发盘的撤回与撤销

实际业务中，一项发盘发出后，由于种种原因，发盘人可能要求撤回或撤销发盘。发盘的撤回与发盘的撤销是不同的概念。

撤回是发盘人的撤回通知，在发盘到达受盘人之前或同时到达受盘人，收回发盘阻止其生效的行为。撤回发盘的通知应当在发盘到达受盘人之前或与发盘同时到达收盘人时，发盘才得以撤回。

撤销是发盘已到达受盘人并已开始生效，发盘人通知受盘人撤销原发盘，解除其生效的行为。发盘在一定条件下可以撤销，而在有些条件下又不得撤销。《联合国国际货物销售合同公约》规定，如果撤销的通知在受盘人发出接受通知前送达受盘人，可予撤销。但下列情况不得撤销：

（1）发盘是以规定有效期或以其他方式表明为不可撤销的；

（2）受盘人有理由信赖该发盘是不可撤销的，并已本着对该发盘的信赖采取了行动。

一项发盘是否可以撤销，主要取决于受盘人是否可能因为撤销发盘而受到损害。

（四）发盘的终止

发盘的终止是指发盘法律效力的消失。发盘效力终止的原因一般有以下几个方面：

（1）在有效期内未被接受而过时；

（2）受盘人拒绝或还盘；

（3）有效的撤销；

（4）不能控制的因素所致。如战争、灾难或发盘人死亡、法人破产等。

三、还盘

还盘（counter offer）是指受盘人对发盘内容不完全同意，为了进一步协商，反过来向发盘人提出变更发盘内容或建议的表示。实际业务中，还盘也称还价，法律上称还盘为"新要约"或"反要约"。

一项还盘实际上就是还盘人（原受盘人）要求原发盘人答复是否同意还盘人提出的修改交易条件的意见或建议。就一项还盘而言，原受盘人成了新的发盘人，还盘就成了新的发盘，而原发盘人则成了新的受盘人。还盘一旦做出，原发盘随之失效。

四、接受

接受（acceptance）是指受盘人以声明或行为表示无条件地同意对方在发盘中提出的各项条件。接受在法律上称为承诺，其实质是对发盘表示同意。发盘一经接受，合同即告成立，对买卖双方都有约束力，任何一方都不得任意更改或撤销。

（一）构成接受的条件

一项有效的接受必须具备以下条件：

（1）接受必须由特定的受盘人作出。

（2）接受必须表示出来。受盘人表示接受有两种方式：声明（statement），即受盘人用口头或书面形式向发盘人表示同意,做出行为(performing an act),通常指由卖方发运货物或由买方支付价款。

如果受盘人在主观上愿意接受对方的发盘,但默不作声或不作出任何其他行动表示其对发盘的同意,那么在法律上并不存在接受。

(3) 接受必须是无条件的。接受必须与发盘相符,只接受发盘中的部分内容,或对发盘条件提出实质性的更改,或提出有条件的接受,均不能构成接受,而只能视作还盘。

所谓实质性更改,根据《联合国国际货物销售合同公约》第十九条第三款规定,有关货物价格、付款、货物重量和数量、交货时间、地点、一方当时人对另一方当事人的赔偿责任范围或解决争端等等的添加或不同条件,均视为在实质上变更发盘条件。但是,若受盘人在表示接受时,对发盘内容提出某些非实质性(不改变发盘的条件)的添加、限制或改变(如要求增加重量单、装箱单、原产地证明或某些单据的份数,包装的改变等),除发盘人在不过分迟延期间内表示反对其差异外仍构成接受。

(4) 接受必须在发盘规定的有效期内送达发盘人。发盘中规定有效期有两种意义,一方面约束发盘人不得在有效期内任意撤销或修改发盘的内容;另一方面约束受盘人只有在有效期内作出接受,才有法律效力。如发盘中未规定有效期,则应在合理时间内接受方为有效。

(二) 逾期接受

如果接受通知超过发盘规定的有效期或超过合理时间才传达到发盘人,这就成为一项逾期接受。逾期接受在一般情况下无效,但在下列两种情况下仍然有效:

(1) 发盘人毫不迟延地用口头或书面形式将该项逾期接受仍然有效的意见通知受盘人。

(2) 由于出现传递不正常的情况而造成了延误,这种逾期接受可被认为是有效的,除非发盘人毫不迟延地用口头或书面通知受盘人发盘已经失效。

所以,逾期接受能否有效,关键要看发盘人如何表态。

(三) 接受的撤回

接受是在表示同意的通知到达发盘人时生效,撤回接受的通知应当在接受通知到达发盘人之前或与接受通知同时达到发盘人时,接受才得以撤回。接受通知一经到达发盘人即不能撤销,因为接受一经生效,合同即告成立,撤销接受,即撤销合同,实质上已属毁约行为。

第二节 国际货物买卖合同的基本内容

在国际贸易中,交易双方订立合同有书面形式、口头形式和其他形式。在实际业务中,订立书面合同有如下意义:

(1) 作为合同成立的证据;

(2) 作为履行合同的依据;

(3) 作为解决争议的依据。

我国《合同法》第 11 条规定：书面形式是指合同书、信件和数据电文（包括电传、电报、传真、电子数据交换和电子邮件）等可以有形地表现所载内容的形式。合同（contract）和确认书（confirmation）是书面合同的主要形式，二者具有同等法律效力。

书面合同不论采取何种格式，其基本内容通常包括约首、本文和约尾三个组成部分。

一、约首部分

约首部分一般包括合同名称、合同编号、缔约双方当事人名称（或姓名）和地址、电话、电子邮箱、传真以及双方订立合同的意愿和执行的保证等项内容。

二、本文部分

本文部分是合同的主体，包括主要交易条件和一般交易条件，是买卖双方经过交易磋商达成一致的条款，体现了双方当事人具体的权利和义务。例如：品名、品质规格、数量、包装、价格、运输、保险、支付、检验等。

（一）品名条款（name of commodity）

一般来说，列明买卖双方成交商品的名称即可。在此种情况下，品名条款实际上已经演变为与品质条款的综合体，在合同中通常称为"货描"（description of goods）。

（二）品质条款（quality of goods）

品质条款的基本内容主要是借助适当的方法对成交商品的品质进行描述。

（三）数量条款（quantity of goods）

数量条款的基本内容主要包括成交数量、计量单位、计量方法等。

（四）包装条款（packing）

包装条款的基本内容一般包括包装方式、包装材料、包装规格、包装标志和包装费用等。

（五）价格条款（price）

价格条款的基本内容一般包括商品单价（unit price）和总值（total amount）两部分。其中商品单价包括计价货币、单位价格金额、计价单位和贸易术语四部分。

商品单价为含佣价（明佣）时，应在价格条款中规定佣金率、佣金的计算方法和佣金的支付方法。

商品单价含有折扣（明扣）时，应在价格条款中规定折扣率、折扣的计算方法和折扣的支付方法。

（六）装运条款（shipment）

装运条款的基本内容一般包括运输方式、装运期或交货期、装运地（港）与目的地（港）、是否允许分批装运与转运、装运通知等。

（七）保险条款（insurance）

当使用 FOB/FCA 或 CFR/CPT 术语出口时，只需在保险条款中规定由买方负责投保即可。

当使用 CIF/CIP 术语出口时，保险条款的基本内容一般包括规定由卖方负责投保、选择什么保险公司、适用的保险条款、投保哪些险别、保险金额如何确定、保险费负担、提供什么保险单据等。

（八）支付条款(payment)

支付条款的基本内容一般包括支付工具、支付方式、支付时间与地点等。

其中,支付工具大多采用金融票据,应在支付条款中列明是使用汇票(bill of exchange/draft)、本票(promissory note)还是支票(cheque/check)。

（九）商品检验条款(inspection)

商品检验条款的基本内容一般包括检验权、检验的时间与地点、检验机构、检验技术标准与检验证书等。

（十）索赔条款(claim)

索赔条款的基本内容一般包括索赔的证据、索赔期限、索赔金额。

（十一）不可抗力条款(force majeure)

不可抗力条款的基本内容一般包括不可抗力事件的性质和范围、不可抗力事件的通知和证明、不可抗力事件的处理原则和办法等。

（十二）仲裁条款(arbitration)

仲裁条款的基本内容一般包括仲裁地点、仲裁机构、仲裁程序规则、仲裁裁决的效力和仲裁费用的负担等。

（十三）单据条款(document)

三、约尾部分

约尾部分一般列明合同的份数、使用的文字及其效力、签约地点、生效时间和双方当事人签字等的内容。

我国绝大多数出口都采用信用证付款方式,故在履行这类合同时必须切实做好备货、催证、审证、改证、租船订舱、报检、报关、投保、装船和制单收汇等环节的工作。在这些环节中,以货(备货、报检)、证(催证、审证和改正)、船(租船订舱、办理货运手续)、款(制单收汇)四个环节的工作最为重要。

四、合同样例

SALES CONTRACT

NO. ST05-016

DATE：AUGUST 08, 2005

SELLER：JIANGSU GLORY GARMENTS CO. LTD
ADDRESS：20 HANGZHOU RD., NANJING, P.R OF CHINA
TEL：
FAX：
E-MAIL：

BUYER：WONDER INTERNATIONAL COMPANY LIMITED
ADDRESS：1020 TOWER BUILDING, OSLO, NOEWAY
TEL：
FAX：
E-MAIL：

THIS CONTRACT IS MADE BY AND BETWEEN THE SELLERS AND BUYERS, WHEREBY THE BUYERS AGREE TO BUY AND THE SELLER AGREES TO SELL THE UNDER – MENTIONED COMMODITY ACCORDING TO THE TERMS AND CONDITIONS STIPULATED BELOW:

1. DESCRIPTION OF GOODS	2. QUANTITY	PRICE TERMS	
		3. UNIT PRICE	4. AMOUNT
100% CTN T-SHIRTS STYLE NO. 123	5000 PCS	CIF OSLO USD14.00/PC	USD70 000.00
MAN'S TROUSERS STYLE NO. 456	5000 PCS	USD16.00/PC	USD80 000.00
	10 000 PCS		USD 150 000.00
5PCT MORE OR LESS IN QUANTITY AND AMOUNT ARE ACCEPTABLE			
5. TOTAL AMOUNT: SAY U.S. DOLLARS ONE HUNDRED AND FIFTY THOUSAND ONLY			

    6. PACKING: 1PC/POLYBAG 48PCS/CARTON
       SHIPPIING MARK: WONDER
                           ST05-016
                           OSLO
                           C/NO.: 1 – UP

    7. SHIPMENT: NOT LATER THAN APRIL 30 2008 BY SEA FROM CHINA PORT TO OSLO NORWAY WITH PARTIAL SHIPMENT AND TANSSHIPMENT ALLOWED. WITHIN 24 HOURS IMMEDIATELY AFTER COMPLETION OF LOADING OF GOODS ON BOARD THE VESSEL. THE SELLER SHALL ADVISE THE BUYER BY FAX OR E-MAIL OF THE CONTRACT NUMBER, THE NAME OF GOODS, WIGHT (NET/GROSS) OR QUANTITY LOADED, INVOICE VALUE, NAME OF VESSEL, PORT OF LOADING, SAILING DATE AND EXPECTED TIME OF ARRIVAL (ETA) AT THE PORT OF DESTINATION.

    8. PAYMENT: 20% OF THE CONTRACT VALUE (USD 30 000.00) BY T/T, THE REMAIN BY IRREVOCABLE SIGHT L/C, TO REACH THE SELLER NOT LATER THAN APRIL 10 2008 AND TO BE AVAILABLE FOR NEGOTIATION IN CHINA UNTIL THE 15 DAYS AFTER SHIPMENT.

    9. INSURANCE: TO BE EFFECTED BY THE SELLER AT 110% OF THE INVOICE VALUE COVERING ALL RISKS AND WAR RISK AS PER CIC CLAUSES.

    10. INSPECTION: IT IS MUTUALLY AGREED THAT THE CERTIFICATE OF QUALITY AND WEIGHT ISSUED BY AQSIQ AT THE PORT/ PLACE OF SHIPMENT SHALL BE PART OF THE DOCUMENTS TO BE PRESENTED FOR NEGOTIATION UNDER THE RELEVANT L/C.

    11. CLAIMS: ANY CLAIM BY THE BUYER REGARDING THE GOODS SHIPPED

SHOULD BE FILED WITHIN 30 DAYS AFTER THE ARRIVAL OF THE GOODS AT THE PORT /PLACE OF DESTINATION SPECIFIED IN THE RELATIVE B/L AND /OR TRANSPORT DOCUMENT AND SUPPORTED BY A SURVEY REPORT ISSUED BY A SURVEYOR APPROVED BY THE SELLER.

12. FORCE MAJEURE
13. ARBITRATION
14. DOCUMENTS：
    +SIGNED INVOICE INDICATING L/C NO AND CONTRACT NO.
    +FULL SET (3/3) OF CLEAN ON BOARD OCEAN BILL OF LADING MARKED "FREIGHT TO COLLECT"/"FREIGHT PREPAID" MADE OUT TO ORDER BLANK ENDORSED NOTIFYING THE APPLICANT.
    +TWO COPIES OF PACKING LIST INDICATING QUANTITY/GROSS AND NET WEIGHT.
    +INSURANCE POLICY COVERING 110% OF THE INVOICE VALUE, AGAINST ALL RISK AND WAR RISK AS PER CIC CLAUSE, ENDORSED IN BLANK, INCLUDING WAREHOUSE TO WAREHOUSE, WITH CLAIMS PAYABLE AT DESTINATION IN THE CURRENCY OF THE CREDIT MARKED PREMIUM PREPAID.
    +CERTIFICATE OF ORIGIN
    +NO SOLID WOOD PACKING CERTIFICATE ISSUED BY MANUFACTURER.
15. OTHER CONDITIONS REQD IN LC：
    + ALL BANKING CHARGES OUTSIDE THE OPENING BANK ARE FOR BENEFICIARY'S A/C.
    +DO NOT MENTION ANY SHIPPING MARKS IN YOUR L/C.
    +PARTIAL AND TRANSSHIPMENT ALLOWED.
16. REMATKS：THE LAST DATE OF L/C OPENING：20 AUGUST, 2005.

JIANGSU GLORY GARMENTS CO. LTD　　WONDER INTERNATIONAL COMPANY LIMITED
　　　　　　ZHANGPING　　　　　　　　　　　　　　LILY

【本章重点词汇】　发盘　接受　还盘　合同

同步练习

一、单选

1. 在国际货物买卖中,(　　)是交易磋商中必不可少的法律步骤。
   A. 询盘和发盘　　B. 发盘和还盘　　C. 发盘和接受　　D. 询盘和接受
2. 以下关于发盘表述错误的是(　　)。
   A. 畅销货一般发盘的有效期较短

B. 滞销货一般发盘的有效期较长

C. 价格变动剧烈的商品一般发盘的有效期较长

D. 贸易术语与运输、保险的逻辑关系要一致

3. 根据《公约》规定,请指出下列发盘中符合发盘基本条件的是(　　)。

A. 货名、品质、数量　　　　　　B. 货名、品质、价格

C. 货名、价格、支付方式　　　　D. 货名、数量、价格

4. 某公司于4月15日用特快专递发盘,限4月29日复到有效。4月25日下午3时同时收到受盘人表示接受的特快专递和撤回接受的电传。根据《联合国国际货物销售合同公约》,此项接受(　　)。

A. 可以撤回　　　　　　　　　　B. 不得撤回,合同成立

C. 在我方同意的情况下,可以撤回　D. 能否撤回无法确定

5. 卖方还盘限15日前复到有效,14日下午收到买方复电要求修改交货期,正准备答复时,次日上午又收到买方来电接受发盘。此时(　　)。

A. 已按卖方发盘条件达成合同　　B. 合同尚未达成

C. 已按买方提出条件达成合同　　D. 合同是否达成无法判断

6. 2005年8月1日,北京A公司向美国B公司发出一份传真("8月1日传真"),要求从B公司购买美国华盛顿苹果3 000公吨,溢短装5%,单价每公吨800美元,FOB西雅图,装运期为同年10月,目的地为中国天津新港,因合同引起的所有争议提交中国国际经济贸易仲裁委员会仲裁,8月15日复到有效。B公司收到传真后,于8月10日回电并附上B公司标准合同格式文本("8月10日回电"/"8月10日苹果合同文本"),该文本特别提到,所有与合同有关的争议均提交巴黎国际商会仲裁委员会仲裁,合同适用的法律是美国加州法律,合同文本的其他条款与A公司8月1日传真内容相同。A公司收到8月10日回电后就没有答复。根据以上事实,回答下列问题:

(1) 根据《公约》,8月1日传真是(　　)。

A. 要约邀请　　B. 要约　　C. 对要约的拒绝　　D. 承诺

(2) 8月10日苹果合同文本是(　　)。

A. 要约邀请　　B. 要约　　C. 对要约的拒绝　　D. 承诺

(3) A公司收到8月10日回电后买卖双方的契约关系(　　)。

A. 已经成立　　　　　　　　　　B. 尚未成立

C. 是否成立无法确定　　　　　　D. 是否成立由B公司决定

7. 2008年3月1日,我某公司向美商发盘,发盘中除列明各项交易条件外,还规定"PACKING IN SOUND BAGS"。2008年3月3日,美商复电称:"REFER TO YOUR OFFER FIRST ACCEPTANCE,PACKING IN NEW BAGS。"我方公司收到上述来电后,即着手备货,数日后,该商品的市场价格猛跌,美商来电称:"我对包装条件做了变更,你未确认,合同并未成立。"而我方公司则坚持合同已经成立,于是双方为此发生了冲突。

(1) 根据《公约》,美商2008年3月3日的复电是(　　)。

A. 要约邀请　　　　　　　　　　B. 要约

C. 对要约的拒绝　　　　　　　　D. 有条件的承诺

(2) 根据《公约》,本案( )。
A. 合同成立　　　　　　　　　　　　B. 合同不成立
C. 合同是否成立须按法院判决　　　　D. 合同是否成立须由买卖双方协商
(3) 如你认为合同成立,原因是( )。
A. 美商已无条件承诺我方邀约
B. 我方已备好货物
C. 该商品国际市场下跌不能成为合同不成立的理由
D. 美商在承诺时,在非实质方面对我方要约做了变更,我方未予反对,其承诺有效

8. 我方某对外工程承包公司于5月3日以电传请意大利某供应商发盘出售一批钢材。我方在电传中声明:要求这一发盘是为了计算一项承造一幢大楼的标价和确定是否参加投标之用;我方必须于5月15日向招标人送交投标书,而开标日期为5月31日。意供应商于5月5日用电传就上述钢材向我发盘。我方据以计算标价,并于5月15日向招标人递交投标书。5月20日意供应商因钢材市价上涨,发来电传通知撤销他5月5日的发盘。我方当即复电表示不同意撤盘。

于是,双方为能否撤销发盘发生争执。5月31日招标人开标,我方中标,随即电传通知意供应商我方接受该商5月5日的发盘。但意商坚持该发盘已于5月20日撤销,合同不能成立。而我方则认为合同已经成立。对此,双方争执不下,遂协议提交仲裁。
(1) 根据《公约》规定,本案中意大利商人发盘时未规定有效期,我们可以理解为该发盘有效期为( )。
A. 在合理时间内有效　　　　　　　　B. 何时接受均可
C. 2007年5月15日　　　　　　　　　D. 2007年5月30日
(2) 根据《公约》规定,本案中意大利商人的发盘( )。
A. 不能撤销,因为工程承包公司已本着对其发盘的信赖,向招标人递交了投标书
B. 可以撤销,只要撤销通知到达时,工程承包公司还未发出接受通知即可
C. 不能撤销,因为此时钢材国际市场价格已经上涨
D. 可以撤销,因为双方还未签约
(3) 根据《公约》规定,如果你是仲裁员,应判( )。
A. 意大利商人胜诉
B. 工程承包公司胜诉
C. 在本案中,双方都有责任,各打50大板
D. 在本案中,双方都有责任,意大利商人责任大些,工程承包公司责任小些

9. 我方某进出口公司向国外某客商询售某商品,不久我方接到外商发盘,有效期为7月22日,我方于7月24日用传真表示接受其发盘,但对方一直没有音讯。后因行情上涨,8月26日对方突然来电,声称已开出以我方为受益人的信用证,要求我方必须在8月28日发货,否则要我方承担违约责任。问:
(1) 若你为合同的当事人,你会( )
A. 按时发货,因为合同成立　　　　　B. 不应发货,因为合同未成立
C. 因为行情看涨,故按发盘内容交货　D. 因为行情看涨,故不应按发盘内容交货

(2) 本例中我方于7月24日用传真表示接受外商发盘,(　　)。
   A. 此时发盘已经失效　　　　　　B. 是对原发盘的接受
   C. 外商以行为表示合同成立　　　D. 卖方应承担违约责任

10. 英国某买主向我轻工业品进口公司来电:"拟购奇奇牌儿童书包1 000个,请电告最低价格及最快交货期",此来电属于交易磋商的(　　)环节。
   A. 发盘　　　　B. 询盘　　　　C. 还盘　　　　D. 接受

二、多选

1. 一项有效的发盘,应该是(　　)。
   A. 向一个特定的人发出
   B. 向一个或一个以上特定的人发出
   C. 内容完整且明确肯定,并送达对方
   D. 表明受益人一旦接受发盘的内容时,发盘人当即受到约束
   E. 发盘必须送达受盘人

2. 发盘的必备条件之一是发盘的内容必须十分确定,按《联合国国际货物销售合同公约》的规定,发盘中至少应包括(　　)。
   A. 货物名称　　B. 货物价格　　C. 交易数量　　D. 支付方式
   E. 交货时间

3. "你10日电我方接受,但支付条件D/P即期而非L/C即期。"这句话是对原发盘的(　　)。
   A. 有条件的接受　B. 拒绝　　　C. 还盘　　　D. 有效的接受
   E. 以上均不是

4. 根据《公约》规定,对发盘表示接受可以采取的方式有(　　)。
   A. 书面　　　　B. 行为　　　　C. 口头　　　　D. 缄默

5. 对发盘做出实质性的添加和修改构成还盘,下列(　　)属于实质性添加和修改。
   A. 品质　　　　B. 数量　　　　C. 包装　　　　D. 价格
   E. 支付

6. 在国际贸易中,合同成立的有效条件是(　　)。
   A. 当事人必须有签订合同的行为能力　B. 合同必须有对价或约因
   C. 合同的内容和形式必须合法　　　　D. 合同当事人的意思表示必须真实
   E. 以上都对

三、判断

1. 发盘人在其提出的订约建议中加注诸如"仅供参考"、"须以发盘人的最后确认为准"或其他类似的保留条件的,这样的订约建议就不是发盘,而只是发盘邀请。

2. 一项发盘表明是不可撤销的,则意味着发盘人无权撤销该发盘。

3. "PLS OFFER 600MT GROUNDNUTS 2007CROP CIFC5 TOKYO DIRECT STEAMER INDICATING PYMT TERMS ERALIEST SHIPMENT",上述内容是交易磋商中的发盘环节。

4. 根据《联合国国际货物销售合同公约》规定,一项发盘即使是不可撤销的,也可以撤回,如果撤回的通知在发盘生效之前或同时到达受盘人。

5. 根据《公约》规定，接受和发盘一样是可以撤销的。

6. 逾期接受，只要发盘人立即表示同意，仍可作为有效接受。

7. 根据《UCP600》，在交易磋商中，当一方发盘，另一方作出有效的接受后，合同即告成立。

8. 表示接受的方式，按我国《合同法》和《联合国国际货物销售合同公约》的规定，受盘人可在发盘的有效期内用开立信用证的方式表示接受。

9. 合同的书面形式包括销售合同、购货确认书、备忘录、订单等形式。

10. 在FOB术语、L/C支付方式的进口业务中，开证申请工作一般是在租船订舱工作之后。

11. 在买方已经支付货款的情况下，即使买方享有复验权，也无权向卖方提出索赔。

第三章

国际贸易术语

本章要求

通过本章学习,使学生了解并掌握国际贸易术语的含义与作用;重点掌握《INCOTERMS 2010》中11个贸易术语的基本含义,特别是 FOB、CFR、CIF、FCA、CPT 和 CIP 六种常用贸易术语的含义;了解 FOB、CFR 和 CIF 与 FCA、CPT 和 CIP 的异同。

按 CIF 术语成交,卖方未办保险导致损失

某外贸公司 2012 年 9 月份按 CIF 方式出口到德国两批货物。但两批货物到目的港全部有丢失情况。第一批 7 箱中各有件数短缺,严重的一箱中只有两件;第二批海运到达德国后发现 7 个完好无损的空箱子,衣服一件不剩。且两批货物均未买保险。货物丢失原因不详。有可能是工厂管理疏忽或在货代仓库丢失,或由工厂到天津的陆运上出现问题,或德国客户方出现问题,但是没买保险是最大问题之所在。由于业务员对业务不熟悉,导致客户和外贸公司都有很大的损失,最后按 FOB 价赔偿给客户了事。

第一节 国际贸易术语概述

在国际货物买卖中,交易双方通过磋商就各项交易条件达成一致意见,并通过订立书面合同来明确各自的责任和义务,作为卖方,其基本义务是交付货物,移交一切与货物有关的单据并转移货物所有权,由于从事国际贸易的买卖双方一般相距较远,通常情况下,不能当面交接货物和单据,这就需要双方通过一定的方式确定交货地点以及货物交接过程中,有关风险、责任和费用的划分,通常将这些称作交货条件,买卖双方在磋商和签约时往往通过使用的贸易术语来确定成交条件。

一、贸易术语的含义与作用

众所周知,每一笔国际货物买卖都有其独特之处,也都有其共同之处。所谓共同之处是指每一笔交易不论买卖什么、买卖多少都必然涉及的问题。这些问题包括:卖方交货的时间、地点和方式;买卖双方交接货物过程中风险转移的界限,即在货物由卖方交付给买方的过程中哪些风险由卖方承担,哪些风险由买方承担;相关进出口手续(通常包括取得进口或出口许可证、授权、安检通关、查对、包装、标记、货物检验、协助提供信息、缴纳进出口税费等)由谁负责办理,所涉及的费用由谁承担;相关货物运输合同及保险合同由谁负责;买卖双方需要交接哪些单据等等。显而易见,如果买卖双方在进行每一笔交易时都要对上述问题逐一进行磋商,必然耗时费力,不利于交易的达成。贸易术语正是为了解决这些问题,在长期的货物贸易实践中逐渐产生和发展起来的。

贸易术语(trade terms),又称为"价格术语"(price terms)。其表现形式为三字母英文代码,如 FOB;或英文短语,如 Free on Board (insert named port of shipment)。其含义是用来说明价格的构成,以及买卖双方在交接货物过程中各自承担的责任、风险、手续和费用的划分。

贸易术语的作用不仅体现在可以简化交易磋商的内容、节省交易时间和费用、便利贸易发展,而且贸易术语是买卖双方交易磋商的基础,履行合同义务及享受合同权利的依据,解决合同争议与纠纷的重要准则。贸易术语规定了买卖双方在交接货物过程中责任、手续、费用和风险的划分,是构成国际货物买卖合同中价格条款的主要内容,因此,贸易术语自然而然地具有了合同的特征,一般情况下,贸易术语的性质与买卖合同的性质相吻合。所以在实际业务中,常常以贸易术语的名称来命名买卖合同。例如:以 FOB 成交的合同称为 FOB 合同、以 CIF 成交的合同称为 CIF 合同。值得注意的是,虽然贸易术语是确定买卖合同性质的一个重要因素,但它并不是确定合同性质的唯一因素,合同中其他条款的规定也会影响到合同性质。

二、有关贸易术语的国际惯例

为统一有关各方对贸易术语的理解,通常根据相关的国际贸易惯例来规范特定贸易术语的名称和内容。与贸易术语相关的国际贸易惯例包括三种,在国际贸易实践中,INCOTERMS 应用最为广泛,其他两种惯例较少使用。

1. 《华沙—牛津规则》

《华沙—牛津规则》由国际法协会专门为解释 CIF 术语而制定。

2. 《美国对外贸易定义》

《美国对外贸易定义》针对 FOB 术语做了特殊的解释。

该 FOB 贸易术语与《国际贸易解释通则 2010》不同点较多,需谨慎选择。

3. 《国际贸易术语解释通则》

国际商会自 20 世纪 20 年代初即开始对重要的贸易术语做统一解释的研究,1936 年提出了一套解释贸易术语的具有国际性的统一规则,定名为《INCOTERMS 1936》,其副标题为 International Rules for the Interpretation of Trade Terms,故译作《国际贸易术语解释通则》。

该通则最新一次修订于 2010 年 9 月完成,名为《国际贸易解释通则 2010》(INCOTERMS 2010),即国际商会 715E 号出版物,于 2011 年 1 月 1 日起生效。

INCOTERMS 2010 包括 11 种贸易术语,删掉 2000 版本中内容交叉重合的 DAF、DES、DEQ 和 DDU 四个贸易术语,经过整合后增加了 DAT 和 DAP 两个贸易术语。

三、贸易术语的选择和使用

贸易术语的选用问题直接关系到买卖双方的经济利益。因此在贸易磋商时,贸易双方都从自身的利害得失考虑,都希望采用对自己有利的贸易术语。为了顺利执行合同和提高经济效益,根据经验教训,选用贸易术语时应注意考虑以下几个因素。

(一) 承运人风险控制

一般说来,在出口业务中,外贸企业应争取选用 CIF(CIP)或 CFR(CPT)术语,在进口业务中,特别是对于大宗货物进口,外贸企业应争取选用 FOB(FCA)术语。这样做的主要目的是为了通过由我方指定承运人,可以选择资质和信誉都放心的承运人,避免对方借指定承运人之便与承运人联手欺诈。当然,在实际业务中,一切都应从实际出发,综合考虑,灵活选用贸易术语,在适当情况下,也可作一些让步。

(二) 货物特性及运输条件

国际贸易中的货物品种很多,不同类别的货物具有不同的特点,它们在运输方面各有不同要求,故安排运输的难易不同,运费开支大小也有差异,这是选用贸易术语应考虑的因素。此外,成交量的大小,也直接涉及安排运输是否有困难和经济上是否合算。当成交量太小,又无班轮通航的情况下,负责安排运输的一方势必会增加运输成本,故选用贸易术语时也应予以考虑。例如,在大宗货物出口贸易中,如果我方组织船源有实际困难的,而买方为了获取较低的运价和保险费用上的优惠,要求自行租船装运货物和办理保险,为了达成该笔交易,我方也可按 FOB 术语与之成交。

(三) 考虑运价动态

运费是货价构成因素之一,在选用贸易术语时,应考虑货物经由路线的运费收取情况和运价变动趋势。一般来说,当运价看涨时,为了避免承担运价上涨的风险,可以选用由对方安排运输的贸易术语成交,如按 C 组术语进口,按 F 组术语出口。在运价看涨的情况下,如因某种原因不得不采用由自身安排运输的条件成交,则应将运价上涨的风险考虑到货价中去,以免遭受运价变动的损失。

(四) 考虑运输方式

不同的贸易术语都有其所运用的运输方式,如 FOB、CFR、CIF 只适用于海运和内河航运,而 FCA、CPT 和 CIP 能适用各种运输方式。不顾贸易术语所适用的运输方式,而盲目地选用,则会给交货带来诸多不便,严重的可致使贸易的某一方陷入困境并遭受损失。

目前由于集装箱运输和国际多式联运的广泛运用,使贸易术语的选用由以前主要使用传统的 FOB、CFR 和 CIF 发展到现在越来越多地使用 FCA、CPT 和 CIP。原因之一是在出口业务中,前三种贸易术语把风险分界点由货交承运人延伸到在装运港越过船舷,增加了我方的风险、责任和费用;原因之二是推迟了运输单据的出单时间,因而延缓了我方交单收汇的时间,影响我方资金周转和造成利息损失。所以,在出口业务中,只要条件允许,应尽量使用后三种贸易术语。

(五) 考虑海上风险程度

在国际贸易中,交易的商品一般需要通过长途运输,货物在运输过程中可能遇到各种自然灾害、意外事故等风险,特别是当遇到战争或正常的国际贸易容易遭到人为障碍与破坏的时期和地区,则运输途中的风险更大。因此,买卖双方洽商交易时,必须根据不同时期、不同地区、不同运输线路和运输方式的风险情况,并结合购销意图来选用适当的贸易术语。

（六）考虑办理进出口货物结关手续的难易

在国际贸易中,关于进出口货物的结关手续,有些国家规定只能由结关所在国的当事人安排或代为办理,有些国家则无此项限制。因此,当某出口国政府当局规定,买方不能直接或间接办理出口结关手续,则不宜按 EXW 条件成交;若进口国当局规定,卖方不能直接或间接办理进口结关手续,此时则不宜采用 DDP,而应选用 DDU 或 DES 条件成交。

综上所述,选用贸易术语要考虑的因素是多方面的,我们应根据不同贸易对象、不同商品、不同贸易条件进行全盘考虑,最终选择出能维护企业和国家最大利益的贸易术语。

第二节 INCOTERMS 2010 术语

一、EXW

Ex Works（insert named place of delivery）,工厂交货（插入指定交货地点）。

它指卖方负有在其所在地即车间、工厂、仓库等把备妥的货物交付给买方的责任,但通常不负责将货物装上买方准备的车辆上或办理货物结关。买方承担自卖方的所在地将货物运至预期的目的地的全部费用和风险。采用 EXW 条件成交时,卖方的风险、责任、费用都是最小的。

二、FCA

Free Carrier（insert named place of delivery）,货交承运人（插入指定交货地点）。

它指卖方应负责将其移交的货物办理出关后,在指定的地点交付给买方指定的承运人照管。根据商业惯例,当卖方被要求与承运人通过签订合同进行协作时,在买方承担风险和费用的情况下,卖方可以照此办理。该术语适用于任何运输方式。采用这一交货条件时,买方要自费订立从指定地点启运的运输契约,并及时通知卖方。《INCOTERMS 2010》规定,若双方约定的交货地点是卖方所在地,卖方负责把货物装上买方指定的承运人的运输工具即可,若交货地是其它地点,卖方在自己的运输工具上完成交货,无需卸货。

三、FAS

Free Alongside Ship（insert named port of shipment）,装运港船边交货（插入指定装运港）。

它指卖方在指定的装运港码头或驳船上把货物交至船边,从这时起买方须承担货物灭失或损坏的全部费用和风险,另外卖方须办理出口结关手续。本术语适用于海运或内河运输。

四、FOB

Free on Board（insert narned port of shipment）,船上交货（插入指定装运港）。

它指卖方必须在合同规定的日期或期间内在指定装运港将货物交至买方指定的船上,并承担货物安全交至船甲板上之前的一切费用和货物灭失或损坏的风险,货至船上买方须承担货物的全部费用、风险、灭失或损坏,另外要求卖方办理货物的出口结关手续。

本术语适用于海运或内河运输。

【FOB】术语变形

《INCOTERMS 2010》并未禁止贸易术语的变形，但同时明确指出使用贸易术语的变形是有风险的，为避免不必要的误解和纠纷，买卖双方需要在合同中非常清晰地明确他们希望通过贸易术语的变形达到的效果。清楚表示该贸易术语的变形是否只是改变买卖双方之间费用的划分，还是同时也改变了风险划分的界限。

贸易术语的变形只涉及装船费用或卸船费用的分摊，不影响风险转移和买卖双方的主要责任。

(1) FOB Liner Terms(FOB 班轮条件)：装船费用按照班轮条件办理，卖方只负责将货物交到码头港口，装卸及平舱理舱费均由支付运费的一方——买方负担。（卖方不必承担装货费用）

(2) FOB Under Tackle(FOB 吊钩下交货)：卖方承担的费用截止到买方指定船只的吊钩所及之处，有关装船的各项费用一概由买方负担。（卖方不必承担装货费用）

(3) FOB Stowed 或 FOBS(FOB 包括理舱/船上交货并理舱)：卖方负责将货物装上船，并支付包括理舱费在内的装船费用。多用于杂货船。（卖方必须承担装货费用和理舱费用）

(4) FOB Trimmed 或 FOBT(FOB 包括平舱/船上交货并平舱)：卖方负责将货物装上船，并支付包括平舱费在内的装船费用，多用于散装船。若买方租用自动平舱船，卖方应退回平舱费用。（卖方必须承担装货费用和平舱费用）

(5) FOB Stowed and Trimmed 或 FOBST(FOB 包括平舱和理舱)：卖方必须承担装货、平舱和理舱费用。

五、CFR

Cost and Freight(insert narned port of destination)，成本加运费(插入指定目的港)。

它指卖方必须支付把货物运至指定目的港所需的开支和运费，但从货物交至船上甲板后，货物的风险、灭失或损坏以及发生事故后造成的额外开支，在货物装上船后，就由卖方转向买方负担。另外要求卖方办理货物的出口结关手续。本术语适用于海运或内河运输。

【CFR】术语变形

(1) CFR Liner Terms(CFR 班轮条件)：即卸货费按照班轮的办法处理，即买方不予承担。

(2) CFR Landed(CFR 卸到岸上)：指由卖方将货物卸到目的港岸上位置的卸货费，包括从轮船到码头转运时可能发生的驳船费和码头捐税。

(3) CFR Ex Tackle (CFR 吊钩下交货)：卖方承担货物从舱底吊至船边卸离吊钩为止的费用。

(4) CFR Ex Ship's Hold(CFR 舱底交接)：买方负责将货物从目的港船舱舱底吊卸到码头的费用。

六、CIF

Cost Insurance and Freight(insert named port of destination)，成本、保险费加运费(插入

指定目的港）。

它指卖方除负有与"成本加运费"术语相同的义务外,卖方还须办理货物在运输途中应由买方承担货物灭失或损坏的海运保险并支付保险费。本术语适用于海运或内河运输。

【CIF】术语变形

（1）CIF Liner Terms（CIF 班轮条件）：卖方必须承担卸货费用。

（2）CIF Landed（CIF 卸至岸上）：卖方必须承担卸货费用包括驳运费。

（3）CIF Ex Tackle（CIF 吊钩下交接）：卖方必须承担卸货费用。

（4）CIF Ex Ship's Hold（CIF 舱底交接）：卖方不必承担卸货费用。

【注】 CIF 以及 CFR 的区别：

CIF 术语要由卖方办理保险,支付保险费,并向买方转让保险单;CFR 术语则由买方自行办理投保并支付保险费,保险也容易引起争议问题。因为按照 CIF 术语,卖方虽然负责投保并支付保险费,但货物在装运港装上船后,风险就由卖方转移到买方,卖方对运输中的货物已经不再拥有可保权益,卖方实际上是为了买方的利益而投保。因此投保什么险别、如何确定保险金额,应事先在合同中约定,否则容易在货物遭受损失时而得不到应有的赔偿而引起纠纷。

七、CPT

Carrier Paid to（insert named place of destination）,运费付至（插入指定目的地）。

本术语系指卖方支付货物运至指定目的地的运费。关于货物灭失或损坏的风险以及货物交至承运人后发生事件所产生的任何额外费用,自货物已交付给承运人照管之时起,从卖方转由买方承担。另外,卖方须办理货物出口的结关手续。本术语适用于各种运输方式,包括多式联运。

【注】CPT 以及 CFR 的区别：

（1）CPT 是卖方负责安排把货物运至指定目的地的运输,并付运费,但货物在运输途中灭失或者损坏的风险以及货物交给第一承运人后发生的任何额外费用,均由买方承担。但在 CFR 术语下,卖方完成交货时在约定的装运港越过船舷时,不是将货物交给第一承运人。

（2）CPT 术语可适用于任何运输方式,而 CFR 术语仅适用于海洋和内河运输。

八、CIP

Carrier and Insurance Paid to（insert named place of destination）,运费和保险费付至（插入指定目的地）。

它指卖方除负有与"运费付至（指定目的地）"术语相同的义务外,卖方还须办理货物在运输途中应由买方承担的货物灭失或损坏风险的海运保险并支付保险费。本术语适用于任何运输方式。

九、DAT

Delivered At Terminal（insert named terminal at port or place of destination）,运输终端交货（插入指定港口或目的地的运输终端）。该术语是 INCOTERMS 2010 新增术语。

指卖方在指定的目的地或目的港的集散站卸货后将货物交给买方处置即完成交货,

术语所指目的地包括港口。卖方应承担将货物运至指定的目的地或目的港的集散站的一切风险和费用（除进口费用外）。本术语适用于任何运输方式或多式联运。

十、DAP

Delivered At Place（insert named place of destination），目的地交货（插入指定目的地），该术语是 INCOTERMS 2010 新增术语。

指卖方在指定的目的地交货，只需做好卸货准备无需卸货即完成交货。术语所指的到达车辆包括船舶，目的地包括港口。卖方应承担将货物运至指定的目的地的一切风险和费用（除进口费用外）。本术语适用于任何运输方式、多式联运方式及海运。

十一、DDP

Delivered Duty Paid(insert named place of destination)，完税后交货（插入指定目的地）。

它是指卖方将备好的货物在进口国指定地点交付，而且承担将货物运至指定地点的一切费用和风险，并办理进口结关。本术语可适用于各种运输方式。

综上，上述术语可总结如下，如表 3-1 所示。

表 3-1　INCOTERMS 2010 术语

适用范围	国际代码	中英文全称
任何单一运输方式或多种运输方式	EXW	Ex Works（insert named place of delivery），工厂交货（插入指定交货地点）
	FCA	Free Carrier（insert named place of delivery），货交承运人（插入指定交货地点）
	CPT	Carrier Paid to(insert named place of destination)，运费付至（插入指定目的地）
	CIP	Carrier and Insurance Paid to（insert named place of destination），运费和保险费付至（插入指定目的地）
	DAT	Delivered At Terminal（insert named terminal at port or place of destination），运输终端交货（插入指定港口或目的地的运输终端）
	DAP	Delivered At Place（insert named place of destination），目的地交货（插入指定目的地）
	DDP	Delivered Duty Paid（insert named place of destination），完税后交货（插入指定目的地）
海运和内河水运	FAS	Free Alongside Ship（insert named port of shipment），装运港船边交货（插入指定装运港）
	FOB	Free on Board（insert named port of shipment），船上交货（插入指定装运港）
	CFR	Cost and Freight（insert named port of destination），成本加运费（插入指定目的港）
	CIF	Cost Insurance and Freight（insert named port of destination），成本、保险费加运费（插入指定目的港）

【本章重点词汇】　贸易术语　FAS FOB CFR CIF　贸易术语变形

同步练习

一、单选

1. 1932年《华沙—牛津规则》只对哪个贸易术语作了详细的规定(　　)。
   A. FOB　　　　B. CFR　　　　C. CIF　　　　D. FCA
2. 根据《INCOTERMS 2010》,以FOBST条件成交,买卖双方风险的划分界限是在(　　)。
   A. 货交承运人　　　　　　　　B. 货物在目的港卸货后
   C. 货物在装运港装上船　　　　D. 装运码头
3. 下列贸易术语中,(　　)是含佣价。
   A. FOBT　　　　B. FOBS　　　　C. FOBC3　　　　D. FOB
4. 某公司从美国进口精美玉器500件,外商报价为每件100美元,FOB Vessel New York。我方如期将金额为50 000美元的不可撤销即期信用证开给对方,但美商要求将信用证金额增至50 800美元,否则有关的出口关税及签证费用将由我方另行汇付。针对美商的要求,

   (1) 我方应(　　)。
   A. 拒绝美方的无理要求
   B. 答应美方的合理要求
   C. 要求美方自行办理有关出口货物的关税及签证费用
   D. 在美方发货时可同意少发8件玉器,但抵800美元的出口关税及签证费用

   (2) 本题涉及的有关贸易术语的国际惯例是(　　)
   A.《INCOTERMS2010》　　　　B. 1990年《美国对外贸易定义修正本》
   C. 1932年《华沙—牛津条约》　　D.《日内瓦公约》

   (3) 根据《INCOTERMS 2010》的解释,FCA与FOB的主要区别是(　　)。
   A.《美国对外贸易定义》适合的运输方式不同
   B. 办理出口手续的责任方不同
   C. 办理进口手续的责任方不同
   D. 负责订立运输合同的责任方不同

   (6) 我方某公司与外商按CIF Landed London条件出口一批货物,合同规定以信用证方式付款,货物顺利装运完毕后,我方在信用证规定的条件下办好了手续并收回货款。不久我方收到外商寄来的货物在伦敦港的卸货和进口报关费收据,要求我方付款,为此,我方(　　)。
   A. 应承担卸货费及报关费
   B. 不应承担卸货费,只承担报关费
   C. 只应承担卸货费,不承担报关费
   D. 应同外商协商由外商承担卸货费及报关费

(7) 上题涉及的贸易术语变形说明(   )。
A. 卖方承担的交货责任及风险发生了变化
B. 未改变卖方承担的交货责任及风险
C. 买方承担的交货责任及风险发生了变化
D. 买方自行承担将货物卸到岸上的费用

(8) 贸易术语 CIFC 表示的是(   )。
A. 含定金价　　B. 含预付款价　　C. 含折扣价　　D. 含佣金价

(9) 某公司与英国一家公司以 CFR landed 的条件成交一笔交易,按国际惯例,该笔交易的货物在目的港的卸货费用、驳船费用应由(   )承担。
A. 买方　　　　B. 卖方　　　　C. 船方　　　　D. 港务部门

(10) 象征性交货是指(   )。
A. 卖方没有实际交货
B. 卖方按约定完成装运,并向买方交单据大体交货
C. 卖方未按期在约定地点完成装运
D. 卖方未按合同履行交货义务

(11) 根据《INCOTERMS 2010》的解释,由买方办理出口手续的术语是(   )。
A. EXW　　　　B. FOB　　　　C. FCA　　　　D. CPT

(12) 根据《INCOTERMS 2010》,CPT 贸易术语后面应注明(   )。
A. 目的地名称　　　　　　　　B. 目的港名称
C. 装运港名称　　　　　　　　D. 指定出口地点

(13) 我国甲公司与加拿大乙公司签订出口服装销售合同,拟采取空运方式,甲公司承担将货物运至目的地的运费但不负责保险,根据《INCOTERMS 2010》,应采用的贸易术语是(   )。
A. CPT　　　　B. CFR　　　　C. FOB　　　　D. FAS

(14) 在出口业务中,如采用托收支付方式,我方应争取使用(   )贸易术语。
A. FOB　　　　B. CFR　　　　C. FCA　　　　D. CIF

(15) 卖方必须在合同规定的期间在指定装货港将货物交至买方指定的船上,并负担货物越过船舷为止的一切费用和货物灭失或损坏的风险。这样情况的术语应是(   )。
A. DES　　　　B. FAS　　　　C. FOB　　　　D. FAS

(16) 在采用海运集装箱出口货物时,如果卖方想提前转移风险并提早取得运输单据,根据《INCOTERMS 2010》,以下比 FOB 术语更为有利的贸易术语是(   )。
A. CIF　　　　B. CFR　　　　C. FCA　　　　D. DES

(17) 出口一批水产品,拟采用空运,我方负责将货物运至对方机场并支付空运费和保险费,根据《INCOTERMS 2010》,应采用的贸易术语是(   )。
A. CIF　　　　B. CPT　　　　C. CIP　　　　D. CFR

(18) CFR EX SHIP'S HOLD 与 DES 相比,买方承担的风险(   )。
A. 前者大　　　　　　　　　　B. 两者相同
C. 后者大　　　　　　　　　　D. 买方不承担任何风险

(19) 某外贸企业对外以 CFR 报价,如果客户要求将货物交到某货运站指定承运人时,那么采用( )为宜。
    A. FCA   B. CIP   C. CPT   D. DDP

(20) 我国某公司出口某大宗货物,按 CIF LONDON 成交,合同规定采用租船运输,若我公司不愿承担卸货费,应选择的贸易术语变形为( )。
    A. CIF EX SHIP'S HOLD LONDON   B. CIF EX TACKLE LONDON
    C. CIF LANDED LONDON   D. CIF LINER TERMS LONDON

(21) 按 C 组术语成交,货物启运后的风险由( )负担。
    A. 卖方   B. 买方   C. 承运方   D. 保险公司

(22) 根据《INCOTERMS 2010》,下列术语中,术语后接装运港的是( )。
    A. CPT   B. FAS   C. DDP   D. DAF

(23) 根据《INCOTERMS 2010》,一笔 DDP 贸易术语成交的合同,以下不是卖方承担的义务的是( )。
    A. 卖方应按合同的规定将货物置于买方的控制之下
    B. 承担一切出口应付的税费
    C. 按照合同的规定提供有关的货物凭证,并代买方销售货物
    D. 承担运输过程中的风险和费用

(24) 以下出口单价只有( )是正确的。
    A. 250 美元/桶   B. 250 美元/桶 CIF 纽约
    C. 250 美元/桶 CIF 广州   D. 250 美元/桶 CFR 德国

(25) 我国出口报价时,单价可写为( )。
    A. FOB 上海每吨 120 美元   B. 每箱 95 英镑 CIF 伦敦
    C. CIF 纽约每件 80 元   D. 每箱 200 美元 CIF 美国

(26) 我国某公司进口某商品,下述报价中表示正确的是( )。
    A. 250 美元/桶 FOB 上海   B. 250 美元/桶 CIF 伦敦
    C. 250 美元/桶 CIF 广州   D. 250 美元/桶 CFR 德国

(27) 上海某公司出口货物至纽约,正确的报价(单价)表示应为( )。
    A. USD 100.00 PER CARTON
    B. USD 100.00 PER CARTON CIF NEW YORK
    C. USD 100.00 PER CARTON FOB NEW YORK
    D. USD 100.00 PER CARTON CIF SHANG HAI

二、多选

1. 有关贸易术语的国际贸易惯例有( )。
    A.《INCOTERMS 2010》   B. 1932 年《华沙—牛津规则》
    C. 1990 年《美国对外贸易定义修订本》 D.《汉堡规则》
    E.《URC522》

2. 买方采用 FOB 条件进口散装小麦,货物用承租船运输,当买方不愿承担装货费用时,可选用的价格变形是( )。

A. FOB Liner Terms B. FOB Under Tackle
C. FOB Trimmed D. FOB Stowed
E. FOB Stowed and Trimmed

3. 下列贸易术语中,风险转移的界限在进口国的是( )。
A. FCA B. DES C. DDU D. CIP
E. CPT

4. FOB、CIF、CFR 的主要区别是( )。
A. 风险划分的界限不同 B. 交货地点不同
C. 买卖双方承担的责任不同 D. 买卖双方承担的费用不同
E. 合同的性质不同

5. 以下对贸易术语变形正确的是( )。
A. 不改变费用的负担 B. 不改变交货地点
C. 不改变风险划分界限 D. 不改变支付条件
E. 以上均正确

6. 根据《INCOTERMS 2010》,CIF 与 DES 的区别是( )。
A. 交货地点不同 B. 交货方式不同
C. 适用的运输方式不同 D. 风险划分和费用承担不同
E. 以上均正确

7. 根据《INCOTERMS 2010》,CIF 与 DES 的主要区别是( )。
A. 进口报关的责任不同 B. 交货地点不同
C. 出口报关的责任不同 D. 风险划分界限不同
E. 适用运输方式不同

8. 下列术语中,在装运港完成交货的有( )。
A. FOB B. FAS C. CFR D. CIF

9. 下列术语中,( )风险划分以货交第一承运人为界,并适于各种运输方式。
A. FAS B. CPT C. CIF D. FCA
E. DDP

三、判断

1. 在国际上有关贸易术语的惯例有三种,即:《海牙规则》、《汉堡规则》和 2000 年《国际贸易术语解释规则》。

2. 国际贸易惯例已经得到各国公认,因此它对于买卖双方都具有普遍的约束力。

3. 在 FOB 条件下,卖方可以接受买方委托,代办租船订舱手续。

4. 一般情况下,在以 FOB 术语成交的合同中,货物的价格构成是:货物成本 + 运费 + 保险费。

5. 从美国或美洲地区国家采用 FOB 进口货物时,装运港口名称前,一定要加上"船"(vessel)字。

6. 根据《INCOTERMS 2010》,在 FCA 贸易术语下,如货物在卖方仓库处交付后使用公路运输方式,则意味着卖方要负担将货物装上卡车的费用。

7. 以 FAS 术语成交,若装货船舶不能直接靠岸,则货物从码头驳运到船边的一切风险和费用,由卖方负担。

8. 根据《INCOTERMS 2010》,FOB 术语仅适于海运和内河航运,如果卖方先将货物交到货场或使用滚装与集装箱运输时,宜采用 FCA。

9. 按我国习惯做法,如以 CFR 和 FOB 贸易术语成交,进口商在接到国外出口商发来的装船通知后,即应填制投保单或预约保险启运通知书向保险公司投保。

10. CFR EX SHIP'S HOLD 术语是目的港交货的贸易术语。

11. 按 CFR EX SHIP'S HOLD NEW YORK 条件成交后,卖方应负担船到 NEW YORK 后的所有费用。

12. 在 CFR 条件下,卖方在货物装船后必须发出装船通知,以便买方办理投保手续。否则卖方不能以风险在船舷转移为由免除责任。

13. 在 CFR 条件下,如合同未规定卖方在货物装船后发装船通知,卖方就没有该义务。

14. 按 CIF 术语成交,尽管价格中包括至指定目的港的运费和保险费,但卖方不承担货物必然到达目的港的责任。

15. CIF Landed New York,是指卖方必须将货物交到纽约港岸上,才算完成交货义务。

16. 根据《INCOTERMS 2010》,在 FAS 贸易术语下,如买方所派的船不能靠岸,则卖方只要将货物装上驳船即可。

17. 按《INCOTERMS 2010》,F 组术语均由买方负责订立运输合同,C 组术语均由卖方负责订立运输合同。

18. 按 CFR 术语进口时,我方在国内投保了一切险,保险公司承担的风险起讫应为"仓至仓"。

19. 《INCOTERMS 2010》总共包括 12 种术语,分为 E、F、C、D 四组。

20. 我某公司从美国旧金山进口木材,如按 FOB 条件成交,需我方安排船只到旧金山装运货物;而按 CIF 条件成交,则由旧金山供应商负责租船订舱,将木材运往我国。由此可见,按 FOB 进口比按 CIF 进口风险大。

21. 根据《INCOTERMS 2010》中的 D 组贸易术语,属于象征性交货。

22. 《INCOTERMA 2010》中,C 组贸易术语的主要特点之一是费用和风险划分相分离。

四、案例分析

2001 年 10 月,法国某公司(卖方)与中国某公司(买方)在上海订立了买卖 200 台电子计算机的合同,每台 CIF 上海 1 000 美元,以不可撤销的信用证支付,2001 年 12 月马赛港交货。2001 年 11 月 15 日,中国银行上海分行(开证行)据买方指示向卖方开出了金额为 20 万美元的不可撤销的信用证,委托马赛的一家法国银行通知并议付此信用证。2001 年 12 月 20 日,卖方将 200 台计算机装船并获得信用证要求的已装船清洁提单、一切险的保险单、商业发票等单据后,即到该法国议付行议付。经审查,单证相符,银行即将 20 万美元支付给卖方。与此同时,载货船离开马赛港 10 天后,由于在航行途中遇上特大暴雨和暗礁,承运人驾驶船舶出现失误,导致货船及货物全部沉入大海。此时开证行已收到了议付行寄来的全套单据,买方也已得知所购货物全部灭失的消息。中国银行上海分行拟拒绝偿付议付行已议付的20万美元的货款,理由是其客户不能得到所期待的货物。根据国际贸易惯例,请回答:

1. 这批货物的风险(　　)起由卖方转移给甲方?
   A. 货物交到装运港的船上时　　　　B. 买方收取货物时
   C. 双方约定的时间　　　　　　　　D. 合同成立时
2. 下列说法错误的是(　　)。
   A. 案中所涉及的信用证交易独立于买卖合同
   B. 开证行无权拒付
   C. 开证行可因这批货物全部灭失而免除其所承担的付款义务
   D. 开证行必须承担其付款义务
3. 买方损失的补偿办法是(　　)。
   A. 买方可凭保险单及有关载货船舶沉没的证明到保险公司索赔
   B. 买方不可向保险公司索赔
   C. 买方向卖方索赔
   D. 买方向开证行索赔
4. 本案中信用证要求的提单、保险单、发票等单据中属于官方单证的是(　　)。
   A. 提单　　　　B. 保险单　　　　C. 发票　　　　D. 以上均不是
5. 由于航行途中遇到特大暴雨和暗礁,货船及货物全部沉入大海的损失属(　　)。
   A. 实际全损　　B. 推定全损　　C. 共同海损　　D. 部分损失

第四章

国际贸易付款方式

本章要求

通过本章学习,使学生了解并掌握国际结算票据的概念和种类;掌握汇票的主要内容、汇票的种类和出票行为;熟练区分汇票、支票和本票的区别;掌握汇付、托收的流程以及使用范围,特别需要掌握托收的类型。

汇付、托收相结合付款案

2010年,某外贸公司在网上结识一埃及客户,经过一个多月磋商,双方达成了一笔交易,其中,支付方式为30% T/T 预付,70% D/P 即期。由于是第一次交易,我外贸公司对埃及客户的资信情况不是很放心,于是办理了出口信用保险,出口信用保险公司通过其在埃及的分支机构调查了客户的资信情况,给出了5万美元的额度,于是,收到客户汇来的30%预付款后,我方公司即凭全套货运单据通过托收行向埃及客户办理托收70%货款(2万多美元),客户应该见票即付,结果一直拖到货到目的港才付款,相当于做了D/P远期。

第一节 国际结算票据

一、国际结算票据的概念

(一)国际结算票据的定义和种类

国际结算票据是以支付金钱为目的的特种证券,是由出票人签名、约定由自己或另一人无条件支付确定金额的、可流通转让的证券。国际结算票据可分为汇票、本票和支票三种,凡约定由出票人本人付款的称为本票,约定由另一人付款的则称为汇票和支票。在国际贸易结算中,主要使用汇票,有时也使用本票和支票。

(二)票据法

为便于票据的流通,保障有关当事人的权益,促进结算的顺利进行,各国制定专项法律——票据法,即关于票据的种类、形式、内容,票据行为,以及有关当事人权利义务的法律规范。如英国于1982年颁布实施的《英国票据法》、国际联盟特别委员会于1931年通过的《日内瓦统一法》。我国借鉴国际上的习惯和立法经验,于1995年5月10日在第八届全国人民代表大会常务委员会第十三次会议上通过了《中华人民共和国票据法》。全球范围内尚无统一的票据法。

二、汇票

汇票(bill of exchange)，简称 draft 或 bill，是国际贸易结算中使用最广泛的票据。

（一）汇票的定义

根据《中华人民共和国票据法》第十九条，汇票是出票人签发的，委托付款人在见票时或者在指定日期无条件支付确定的金额给收款人或者持票人的票据。

根据《英国票据法》的定义，汇票是"由一人签发给另一人的无条件的书面命令，要求受票人见票时或于未来某一规定的或可以确定的时间，将一定金额的款项支付给某一特定的人或其指定人或持票人"(A bill of exchange is an unconditional order in writing, addressed by one person to another, signed by the person giving it, requiring the person to whom it is addressed to pay on demand or at a fixed or determinable future time a sum certain in money to aspecified person or to the order of a specified person or the bearer)。

（二）汇票的当事人

汇票有三个当事人，即出票人、付款人和收款人。

出票人(drawer)指写成汇票并将汇票交付给收款人的人。出票人以签发汇票的形式创设了一种债权并将其赋予收款人。根据《票据法》的一般规则，在汇票上签字的是汇票的债务人，承担付款或担保的责任。出票人因出票签章而成为汇票的主债务人。

付款人(drawee/payer)是出票人在汇票中指定的、在受到汇票提示时进行付款的当事人。他可以自行决定付款与否，因此他只是接受汇票提示的受票人(addressee)。但如果付款人在汇票上签名承兑，则成为汇票的主债务人，必须承担汇票的到期付款责任。因此，付款人承兑前，出票人为汇款的主债务人；付款人承兑后，付款人成为汇票的主债务人，而出票人成为汇票的从债务人。

收款人(payee)是从出票人手中获得汇票的当事人，也是基本当事人中唯一的债权人。收款人的权利包括：付款请求权、转让权和追索权。汇票的收款人可以是记名的特定的人或其指定人，也可以是无记名的任一持票人。

汇票在转让时，一般要经持票人(转让人)背书后交付给受让人，从而出现汇票的背书人和被背书人。

（三）汇票的内容

汇票是一种要式证券。只有具备法定的形式要件，载明法定事项的汇票才具有法律效力。相关法定事项包括：

1. 票据名称(word of exchange)

我国票据法和《日内瓦统一法》都规定：汇票上必须表明"汇票"字样，以区别于本票和支票，明确各当事人的权利和责任。《英国票据法》无此要求，但结算汇票大都有"汇票"字样。

2. 无条件的支付命令(unconditional order to pay)

汇票是出票人给付款人的无条件支付命令。这里所说的无条件支付命令，是指汇票上载有无条件支付委托的文句，该委托不受任何限制，不能将其行为的履行或事件的发生作为其先决条件。如果汇票上有"于货物抵达目的地后付款"、"从出售某批货物所得价款中支付某人 XX 万元"等附加条件或限制,则该汇票无效。但在汇票上加注出票条款(drawn clause)以表明出票依据,如"按 XX 号信用证开立"、"按 XX 合同装运某货物"等,则不在此列。

支付委托书应当是书面的,可以手写、打字或印刷,但不能用铅笔书写。

3. 确定的金额(the sum certain in money)

汇票的支付标的必须是金钱,且数额必须确定,即按照票据文义,任何人计算应付金额都能得到同样的结果,不会发生歧义。如有利息条款,须明确利率和计息天数。

汇票金额同时以文字和数字表示的,两者应一致。如有差异,按照《英国票据法》和《日内瓦统一法》的规定,应以文字表达为准。但我国《票据法》第八条规定:"票据金额以中文大写和数码同时记载的,两者必须一致。两者不一致的,票据无效。"

4. 付款人名称(payer)

各国票据法都要求汇票必须载明付款人的姓名和商号。付款人的名称和地址应表达清楚,以便持票人提示承兑或提示付款。

5. 收款人名称(payee)

根据《英国票据法》,汇票可以指定收款人,也可以不指定收款人,而仅写付给持票人。但我国《票据法》和《日内瓦统一法》规定:汇票必须记载收款人名称。

我国《票据法》第二十二条规定,汇票必须记载收款人名称,未记载收款人名称的汇票无效。该规定表明我国的汇票必须是记名汇票。这主要从票据使用的安全性考虑。因为不记名汇票仅凭交付转让,持票人无须背书,汇票上既没有转让人的签章,也没有受让人的名称,票据转让的真实情况无从反映,而转让人不在汇票上签字,就无从追究票据责任,这不利于保护持票人的票据权利。记名汇票则不同,持票人必须经过背书才可转让汇票。我国《票据法》规定:汇票的转让必须经过记名背书,以便于认定汇票的转让关系。背书人在汇票上签字,意味着背书人须对持票人承担票据责任,以增强票据的信用度,保护持票人的票据权利。

汇票的收款人,俗称"抬头",具体写法有三种:① 限制性抬头。如:"仅付给甲公司(Pay to A Co. only)"或"付给甲公司,不准转让(Pay to A Co., not transferable)"。该类汇票不能转让。② 指示式抬头。如:"付给甲公司或其指定人(Pay to A Co. or order; Pay to the order of A Co.)"。这类汇票可背书转让。③ 来人抬头。根据《英国票据法》,汇票可做成来人抬头,即不明确收款人,只写明"付给持票人(Pay to holder)"或"付给来人(Pay to bearer)"字样。该类汇票仅凭交付转让,无须背书。

6. 出票日期(date of issue)

我国《票据法》和《日内瓦统一法》规定,汇票应当记载出票日期,否则汇票无效。《英国票据法》则认为出票日期不是汇票必须记载的事项。如果汇票未填写出票日期,持票人可以将自己认为正确的日期填入。

汇票记载出票日期的作用有三个:① 决定票据的有效期。按票据法的一般规则,票据均有一定的有效期,持票人必须在有效期内向付款人提示要求付款或承兑。我国《票据法》规定:即期汇票的有效期为自出票日起的 1 个月。② 决定付款到期日。以汇票出票日期推算付款到期日(payable at XX days after sight)的远期汇票,必须明示出票日期。③ 判断出票人的行为能力。如出票人在出票时已宣告破产、清理,则可判定出票人在出票时已丧失行为能力,该汇票应认定为无效。

7. 付款到期日(tenor)

汇票的付款到期日就是汇票所载金额的支付日期。按《英国票据法》,到期日不是汇票的必备项目,未载明到期日的汇票按见票即付处理。《日内瓦统一法》虽然规定汇票应载明付款时间,但允许有例外,对未载明付款时间的汇票视为见票即付。我国《票据法》则规定:汇票上记载付款日期应当清楚、明确,未记载付款日期的视为见票即付。

在实际业务中,汇票付款日期的记载形式有四种:① 见票即付(at sight 或 on demand)。收款人向付款人提示汇款的当天,即为付款到期日。② 定期付款(at a fixed date)。如:于2009年11月15日付款(on Nov. 15, 2009)。③ 出票日后定期付款(at a determinable date after the date of drawing the draft)。指自出票日期起算确定付款日期。如:汇票出票日后30天后付款(30 days after drawing the draft)。④ 见票日后定期付款(at a determinable date after sight)。指自收款人向付款人提示并经承兑之日起推算确定付款日期。如:见票后30天付款(30 days after sight)。实践中还有"运输单据出单日期后定期付款"的做法,如:提单日后30天付交(30 days after issuing the bill of lading)。

各国票据法对计算到期日方法的规定大致相同:① 算尾不算头。如:见票日为3月15日,付款期限为见票日后30天,则应从3月16日起算30天,到期日为4月14日。② 节假日顺延。上例中,如果4月14日为银行节假日,则付款期限应延至下一个银行营业日。③ "月"为日历月,以月为单位计算付款期限的,指日历上的月份,不考虑每月的具体天数,一律以相应月份的同一天为到期日,若当月无对应日期,则以该月的最后一天代替。如见票日为1月31日,见票后1个月、2个月、3个月付款,则到期日分别为2月28日(如遇闰年,为29日)、3月31日、4月30日。

8. 出票地点和付款地点(place of issue, place of payment)

出票地点和付款地点的记载,对涉外汇票具有重要意义,因为按照国际惯例,汇票所适用的法律多采用行为地法律的原则。《日内瓦统一法》明确规定:汇票应当记载出票地点和付款地点。未载明出票地点的,以出票人的营业场所、住所或居住地作为出票地点。我国《票据法》虽未将出票地点和付款地点列为必要项目,但在第二十三条中也明确规定:汇票上记载的付款地、出票地等事项,应当明确清楚;未记载付款地的,以付款人的营业场所、住所或者经常居住地为付款地;未记载出票地的,以出票人的营业场所、住所或经常居住地为出票地。

9. 出票人签章(drawer)

各国票据法都规定,汇票必须要有出票人签名才能生效。我国《票据法》第二十二条也把"出票人签章"作为汇票必须记载的事项之一。

除上述项目外,汇票还可以有一些票据法允许记载的其他内容,例如利息和利率、付一不付二、禁止转让、免做拒绝证明、汇票编号、出票条款等。

(四)汇票的种类

汇票可从不同的角度进行分类。

1. 银行汇票和商业汇票

按出票人的不同,汇票可分为银行汇票(banker's draft)和商业汇票(commercial draft)。银行汇票是指由银行签发的汇票,其付款人也是银行,通常用于资金转移(如汇款)业务。商业汇票指指由工商企业或个人签发的汇票,付款人可以是工商企业或个人,也可以是银行,广泛用于各类经济交易中。

2. 即期汇票和远期汇票

按付款时间不同,汇票可分为即期汇票(sight draft/demand draft)和远期汇票(time draft/usance draft)。

以运输单据出单日期后定期付款、见票后定期付款等形式记载付款日期的汇票,均为远期汇票。远期汇票的收款人一般需先行向付款人提示承兑以明确付款人的付款责任,在见票后定期付款的情况下,还按承兑日期确定付款日期。

3. 光票和跟单汇票

按是否随附货运单据,汇票可分为光票(clean draft)和跟单汇票(documentary draft)。

光票是指不附带货运单据的汇票。光票的出票人和付款人既可以是工商企业或个人,也可以是银行。光票的流通依赖于出票人、付款人或转让人(背书人)的信用。在国际贸易结算中,一般仅限于从属费用、尾款、佣金等的收付。

跟单汇票是指附有货运单据的汇票。跟单汇票的付款以交付单据(如提单、发票、保险单)为条件。跟单汇票体现了钱款与单据对流的原则,为进出口双方提供了一定的安全保障,是较多采用的贸易结算工具。

4. 商业承兑汇票和银行承兑汇票

按承兑的人不同,远期商业汇票可分为商业承兑汇票(commercial acceptance draft)和银行承兑汇票(banker's acceptance draft)。商业承兑汇票是由工商企业或个人承兑的远期汇票,以商业信用为基础。银行承兑汇票是由银行承兑的远期汇票,以银行信用为基础。银行承兑汇票的信用等级较高,更易于在金融市场上流通。

(五)汇票的票据行为

票据行为是指在票据的流通过程中,依票据上规定的权利和义务所确立的法律行为。根据票据法的一般规则,每个票据行为不因其他票据行为的缺陷而受影响。

汇票的票据行为包括:出票、背书、提示、承兑、付款、拒付、追索等。其中,出票为主票据行为,其他票据行为都以出票所设立的票据为基础,统称为从票据行为。

1. 出票(draw)

出票,即汇票的签发,是指出票人写成汇票经签字后交付给收款人的票据行为。出票行为由两个动作组成:一是由出票人写成汇票并在汇票上签字;二是由出票人将汇票交付给收款人。由于出票是设立债权债务的行为,只有经过交付,汇票才能生效。

出票人签发汇票后,即承担保证该汇票必然会被承兑和付款的责任。在汇票得不到承兑或付款时,出票人应当向持票人清偿被拒付的汇票金额和自到期日或提示付款日起至清偿日止的利息,以及取得拒绝证书和发出拒付通知等的费用。

2. 提示(presentation)

收款人或持票人将汇票提交付款人要求其付款或承兑的行为,叫做提示。付款人看到汇票,即为见票。提示可分为两种:①提示承兑(presentation for acceptance),是指远期汇票的持票人向付款人出示汇票,要求付款人承诺到期付款的行为。②提示付款(presentation for payment),是指汇票的持票人向付款人或承兑人出示汇票要求付款的行为。

提示承兑和提示付款均应在法定期限内进行。但是,各国的票据法对此规定不一。《英国票据法》规定应在合理时间内进行,《日内瓦统一法》则规定为自出票日起算一年内作出提示。我国的《票据法》规定为:见票即付和见票后定期付款的汇票自出票日后一个月内提示,定日付款或出票日后定期付款的汇票应在汇票到期日前向付款人提示承兑。已经承兑的远期汇票的提示付款期限,《英国票据法》规定在付款到期日提示;《日内瓦统一法》则规定在到期日或其后两个营业日内做出付款;我国《票据法》规定为自到期日起10天内。

3. 承兑(acceptance)

承兑是指汇票付款人承诺在汇票到期日支付汇票金额的票据行为,承兑也由写成和交付两个动作组成。

承兑的具体做法是:由付款人在汇票正面写上"已承兑"(accepted)字样,注明承兑的日期,并由承兑人签名,交还收款人或其他持票人。按票据法的一般规定,仅由承兑人签名而未写"已承兑"字样的,也构成承兑。我国《票据法》第四十二条规定:未写明承兑日期的,以付款人自收到提示承兑的汇票之日起的第3天为承兑日期。承兑的交付通常有两种做法:

(1) 付款人在承兑后将汇票交还给持票人。这种做法称为实际交付(actual delivery);

(2) 付款人签发记载有承兑日期的承兑通知书给持票人。这种做法称为推定交付(constructive delivery)。

银行实务中后一种做法较多。承兑日即见票日,见票后定期付款的汇票即由此推算出到期日。

对付款人而言,承兑就是承诺按票据文义付款。我国《票据法》第四十四条明确:付款人承兑汇票后,应当承担到期付款的责任。可见,汇票一经承兑,承兑人(acceptor)就成为主债务人,出票人成为从债务人。

付款人承兑汇票应当是无条件的。但实际业务中付款人可能在承兑汇票时附加一定的保留,常见的有:① 完成某项条件才付款。如:凭交付提单付款;② 仅对票面金额的一部分承兑和支付,如:汇票的金额为10 000美元,仅承兑8 000美元;③ 限定支付地点;④ 改变支付时间。如:汇票原规定见票后60天付款,承兑时注明见票后180天付款。对于这些载有限制、保留或改变票据文义的承兑,统称为限制承兑(qualified acceptance),又称保留承兑或有条件承兑(conditional acceptance)。按票据法的一般规则,对于这种承兑,应视作拒绝承兑。我国《票据法》第四十三条明确:"承兑附有条件的,视为拒绝承兑。"

4. 付款(payment)

付款是指付款人向持票人按汇票金额支付汇票的行为。

付款人的责任有两个:① 正当付款。付款必须出于善意,即付款人不知道持票人的票据权利有缺陷。实务中如无反证,均可视作善意;其次,付款人必须鉴定背书是否连续。对经过多次背书转让的远期票据,只有连续背书才能证明持票人获得票据权利的合法性。

再者,必须在到期日付款。② 必须支付金钱。汇票权利是一种金钱权利,所以付款人必须支付金钱,而不能用其他物品代替。支付的货币应与汇票所载的币种一致。如果载明的是外国货币,付款人一般有权按当地金融管制法令折成本国货币支付。

付款人足额付款后,汇票上的一切债权债务关系即告结束,汇票也因此而注销。

5. 背书(endorsement)

汇票可通过背书或仅凭交付进行转让。所谓背书,指收款人或持票人在汇票的背面或粘单上记载有关事项并签章的行为。即使不加文字说明,而仅在汇票的背面签字,也视为背书。背书也包括两个动作,即持票人在汇票背面签名或再加上受让人的名称,并交付给受让人。汇票经背书后,收款的权利就转让给了受让人(即被背书人)。

背书的方式主要有:

(1) 限制性背书(restrictive endorsement),即不可转让背书,是指背书人对支付给被背书人的指示带有限制性的词语。如:仅付 XX 公司(Pay to XX Co. only);付给 XX 公司,不可转让(Pay to XX Co., not transferable);付给 XX 银行,不可流通(Pay to XX Bank, not negotiable)。按《英国票据法》,凡做成限制性背书的汇票,只能由指定的被背书人凭票取款,而不能把汇票再行转让或流通。我国《票据法》第三十四条规定:背书人在汇票上记载的"不得转让"字样后,其后再背书转让的,原背书人对后手的被背书人不承担保证责任。《日内瓦统一法》有相同的规定。实务中限制性背书使用较少。

(2) 特别背书(special endorsement),又称记名背书,正式背书或完全背书。记名背书时,背书人须记载被背书人并签章。如:付交 XX 公司或其指定人(Pay to the order of XX Co.)。

(3) 空白背书(endorsement in blank),又称无记名背书,或不记名背书。空白背书的背书人只需在票据背面签字即可进行交付转让,而不记载被背书人名称。空白背书的汇票可以自由流通,无须再背书转让。

出于票据使用的安全性考虑,我国《票据法》第三十条规定:汇票以背书转让或以背书将一定的汇票权利授予他人行使时,必须记载被背书人名称。我国法律不允许持票人采用"空白背书"的方式转让票据权利。

6. 拒付(dishonor)

拒付又称退票,包括拒绝付款(dishonor by non-payment)和拒绝承兑(dishonor by non-acceptance)。其基本含义有二:持票人向付款人作提示承兑时,被拒绝或未能获得承兑;无须承兑或已获承兑的汇票在持票人向付款人作提示付款时,未获得付款。

根据票据法的一般规则,拒绝承兑或拒绝罚款,可以在承兑人或者付款人明确表示拒绝时成立,也可在发生下列情况时成立:① 承兑人或者付款人已死亡或逃匿或避而不见,持票人经过合理努力仍未找到的;② 承兑人或者付款人被依法宣告破产或者因违法被责令终止业务活动的;③ 付款人是虚构人物或是根本没有资格支付汇票的人,以及经过合理努力后,都无法作出提示的。

7. 追索(recourse)

追索是指汇票被拒付后,持票人要求其前手背书人、出票人、承兑人清偿汇票金额及有关费用的行为。追索金额为票据金额加利息和做成拒绝证书等费用。我国《票据法》

第七十条规定,追索金额可包括:① 被拒付的汇票金额;② 汇票金额自到期日或提示付款日起至清偿日止的利息;③ 取得有关拒绝证明和发出通知书的费用。

持票人的这种权利被称为"追索权"(right of recourse)。应当指出,追索权虽然也是一种票据权利,但这种权利是一种有条件的票据权利。换言之,持票人要对其前手行使追索权,必须满足一定条件,即持票人按期向付款人提示,在遭拒付后按期向前手发出拒付通知书,按期做成拒绝证明。

追索权的行使应在法定时间内进行,逾期追索无效。我国《票据法》规定:持票人对出票人和承兑人的权利,应在票据到期日起两年内行使;即期汇票应自出票日起两年内行使;持票人对前手的追索权时效为自被拒绝承兑或被拒绝付款之日起 6 个月;持票人对前手的追索权是自其清偿之日或者被提起诉讼之日起 3 个月内行使。《英国票据法》规定:自债权成立之日起 6 年内行使追索权。《日内瓦统一法》则规定:从拒绝证书做成日起算 1 年内行使追索权;在免做拒绝证书时,从到期日起算 1 年内行使追索权;背书人向前手再追索的时效是从他作清偿之日起算 6 个月。承兑人作为票据的主债务人,其票据责任是从汇票到期日起算 3 年。

三、汇票、本票、支票的比较

在国际贸易结算中使用票据除汇票外,有时也使用本票和支票。支票常被作为一种支付工具代替现钞使用。

(一)本票和支票的定义比较

根据《中华人民共和国票据法》第七十三条,本票(promissory note)是出票人签发的,承诺自己在见票时无条件支付确定的金额给收款人或持票人的票据。第八十一条规定:"支票是出票人签发的,委托办理支票存款业务的银行或者其他金融机构在见票时无条件支付确定金额给收款人或持票人的票据。"

可见,本票是出票人向收款人签发的书面承诺,本票的基本当事人只有两个,即出票人和收款人,本票的付款人就是出票人本人。本票的出票人必须承担付款责任。支票和汇票一样,有三个基本当事人:出票人、付款人和收款人。但支票的出票人为在银行设有存款账户的开户人;付款人是该户设有户头的开户银行。支票与汇票、本票相同,付款都是无条件的。但是,如果载明要将金额记入出票人作为借方的账户,则仍是有效的支票。

本票可以由两个或更多的出票人签发,各出票人自行签名,共同或单独对本票负责,如记载:我们承诺支付(we promise to pay);我们共同和分别承诺支付(we jointly and seperally promise to pay);我承诺支付(I promise to pay)等字样。

支票的出票人所签发的支票金额不得超过其付款时在付款人处实有的存款金额,否则就是空头支票。各国法律一般都禁止签发空头支票。

(二)本票和支票的内容比较

对本票应当具备的内容,各国票据法的规定大同小异。我国《票据法》第七十五条和第八十四条对本票和支票必须记载下列事项有相似的规定:① 表明"本票"或"支票"字样;② 无条件支付的承诺或委托。未记载以上事项之一的,本票或支票无效。

而按照《日内瓦统一法》,本票须载明付款地点和出票地点。未载明付款地点的,出票地点就是付款地点;未载明出票地点的,出票人地点就视为出票地点。我国《票据法》

虽未把付款地点和出票地点作为本票必须记载的内容,但也要求"本票上记载付款地、出票地等事项应当清楚、明确"。如未记载付款地、出票地的,出票人的营业场所为付款地与出票地。

我国《票据法》规定:支票上的金额可以由出票人授权补记,未补记前的支票不得使用;支票上未记载收款人名称的,经出票人授权也可以补记;支票上未记载付款地点的,付款人的营业场所为付款地;未记载出票地的,出票人的营业场所、住所或经常居住地为出票地。出票人的签章应当与其在付款人处所预留的签名式样或印鉴相符。而《日内瓦统一法》规定:支票须记载收款人名称或加上"或其指定人"或"持票人"字样以及付款地点、出票地点。

(三) 本票和支票的种类比较

1. 本票的种类

根据《日内瓦统一法》和《英国票据法》,按出票人的不同,本票可分为一般本票和银行本票。一般本票(general promissory note)的出票人是工商企业或个人,又称商业本票。银行本票(banker's promissory note/cashier's order)的出票人是银行或其他金融机构。根据付款时间不同,一般本票又可分为即期本票和远期本票两种。即期本票见票即付,远期本票是承诺在未来某一规定的或可以确定的日期支付票款的本票。银行本票都是即期的。按我国《票据法》,本票仅限于银行本票,工商企业和个人不能签发本票。

2. 支票的种类

支票都是即期的。我国《票据法》第九十条明确:支票限于见票即付,不得另行记载付款日期。另行记载付款日期的,该记载无效。

我国《票据法》第八十三条规定:"支票可以支付现金,也可以转账。在用于转账时,应当在支票正面注明。支票中专门用于支取现金的,可以另行制作现金支票,现金支票只能用于支取现金。支票中专门用于转账的,可以另行制作转账支票,转账支票只能用于转账,不得支取现金。"据此,支票按用途可分为普通支票、现金支票和转账支票。

按有无收款人姓名记载,国际支票可分为记名支票(check payable to X X X)不记名支票(check payable to bearer)。记名支票在收款人栏中记载收款人的名称,如付交亚细亚公司(pay to Asia Co.)。持记名支票取款时,须由指定收款人在背面签章。不记名支票,又称来人支票或空白抬头支票,不记载收款人名称,只写明"付交来人"(pay to bearer)。支款时无须收款人签章,持票人仅凭交付转让支票权利。

按是否有平行横线,国际支票可分为划线支票(crossed check)和未划线支票(uncrossed check)。划线支票在支票正面划两道平行横线,表明持票人只能委托银行收账,不能提现。其目的是防止在票据遗失时被人冒领。即使被冒领,也可能通过银行收款线索追回款项。根据划线方式的不同,划线支票可分为普通划线支票(general crossed cheque)和特别划线支票(special crossed cheque)。前者仅在支票正面(左上角)划上两道平行线。有的使用印戳盖上划线,表明持票人可委托任何一家银行代收款项。后者须在两条平行线间注上具体银行的名称,表明只能委托该银行代收款。未划线支票既可委托银行收款,也可凭以提现。支票的划线人可以是出票人,也可以是持票人或代收银行。代收银行可以特别划线方式注明自己为收款人。

（四）本票和支票的票据行为比较

本票和支票对于出票、背书、保证、付款行为和追索权的行使，均适用《票据法》中对汇票的相应行为和权利行使的规定，如有特定规定则除外。例如，按我国《票据法》，本票只能由银行或其他金融机构签发；出票人必须具有支付本票金额的可靠资金来源并保证支付；本票自出票之日起，付款期限不得超过两个月；本票持票人未按规定期限提示见票的，丧失对出票人以外的前手的追索权。

（五）汇票和本票的比较

本票和汇票的区别体现在五方面：① 本质不同。本票是允诺式票据，而汇票是委托式票据。② 基本当事人不同。本票的基本当事人只有两个，即出票人和收款人。汇票有三个基本当事人，即出票人、收款人和付款人。③ 是否需要承兑不同。远期本票的付款人即是出票人本身，签发本票就等于承诺在持票人提示付款时付款，因此无须承兑。远期汇票须经付款人承兑。④ 主债务人不同。本票的主债务人始终是出票人；而远期汇票的主债务人在付款人承兑前是出票人，承兑后承兑人为主债务人，出票人退居为从债务人。⑤ 份数不同。本票只能一式一份，而汇票通常签发一式两份或多份（银行汇票除外）。

（六）汇票和支票的比较

支票和汇票同是委托式票据，都有三个基本当事人，但支票必须以银行为付款人，而汇票的付款人不一定是银行。此外，还有以下差别：① 用途不同。汇票既可作结算和押汇工具，也可作为信贷工具；而支票只能用作结算。② 付款期限不同。汇票有即期和远期之分，远期汇票需经承兑；而支票为即期，无须承兑。③ 提示期限不同。支票须在短期内使用，而汇票可在较长时期内流通。④ 可否止付不同。即期汇票见票即付；远期汇票在承兑后即不可撤销，承兑人必须到期付款，因此不存在止付问题。但支票可以止付。

第二节　常用国际贸易付款方式

国际贸易结算的基本方式有汇付、托收和信用证三种。

一、汇付

汇付是最简单的一种国际付款方式，但近年来它的使用有增多的趋势。

（一）汇付的含义

汇付（remittance），又称汇款，指订立商务合同后，进口人（汇款人）通过银行向出口人（收款人）汇寄款项的做法。

（二）汇付的当事人

汇付方式涉及四个基本当事人，即：汇款人、汇出行、汇入行和收款人。

汇款人（remitter）即付款人，国际贸易实务中，汇款人通常是合同买方或其他经贸往来中的债务人。

汇出行（remitting bank），是接受汇款人的委托或申请，汇出款项的银行，通常是汇款人所在地的银行。

汇入行（receiving bank）又称解付行（paying bank），是接受汇出行的委托解付款项的银行,通常是汇出行在收款人所在地的代理行。

收款人(payee)通常是出口人、合同卖方或其他经贸往来中的债权人。

(三) 汇付的种类及其业务程序

汇付方式下,汇款人委托汇出行办理汇款时,通常先开具汇款申请书,写明收款人的名称和地址、汇款金额、汇款方式等内容。汇出行接受委托后,即有义务按照申请书的指示,通知汇入行将款项解付给收款人。

汇付有电汇、信汇和票汇三种方式。从具体流程和应用上来看,每一种方式都具有其特点。

1. 电汇(telegraphic transfer, T/T)

电汇业务中,汇款人将款项和电汇申请书交汇出行,请其以电报、电传或SWIFT方式通知汇入行解付一定金额的款项给收款人。汇入行收到电汇委托书并经审核无误后,据以缮制取款通知书通知收款人取款。之后,汇入行向汇出行发出付讫通知。

2. 信汇(mail transfer, M/T)

信汇是指汇款人把款项交给银行时,在信汇申请书中,申请银行用信函格式开立汇款委托书并航寄(by anirmail)给汇入行的方式。(图4-1)

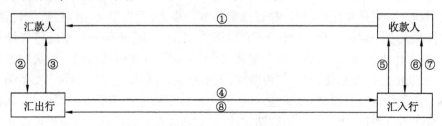

图4-1 信汇的流程

说明:

① 汇款人和收款人约定采用电汇/信汇方式汇款;
② 汇款人向当地银行提交电汇/信汇申请书并交款付费;
③ 汇出行向汇款人签发回单;
④ 汇出行向汇入行发出电汇/信汇委托书;
⑤ 汇入行向收款人发取款通知书;
⑥ 收款人凭取款通知书到汇入行取款;
⑦ 汇入行向收款人付款;
⑧ 汇入行向汇出行发出付讫通知。

3. 票汇(remittance by bank's Demand Draft, D/D)

票汇业务中,汇款人填写票汇申请书,将款项和手续费交予汇出行,汇出行依要求开立银行汇票(或银行本票)后将票据交汇款人,由其自行或通过邮局将票据交给收款人。同时,汇出行将票汇通知书寄给汇入行。待收款人(或持票人)凭票据到汇入行取款时,汇入行经核对无误后,即解付票款并通知汇入行。在票汇实务中,汇款人可申请银行出具汇票或本票。如票据上指定的付款行不在收款人所在地,收款人须将收到的票据交给一家当地银行,委托该银行代为收款。(图4-2)

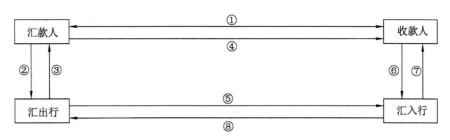

图 4-2　票汇的流程

说明：
① 汇款人与收款人约定以票汇方式汇款；
② 汇款人向当地汇出行提交汇票申请书并交款付费；
③ 汇出行签发银行汇票给汇款人；
④ 汇款人将银行汇票转交收款人；
⑤ 汇出行签发票汇通知书给指定的汇入行；
⑥ 收款人凭银行汇票到汇入行取款；
⑦ 汇入行核对无误即付款给收款人；
⑧ 汇入行向汇出行发出付讫通知。

无论采用电汇、信汇还是票汇，所用的结算工具（汇款委托书或票汇通知书）的传送方向与资金的流动方向相同，均属顺汇。但三种汇款方式也有不同之处，如在付款速度上，电汇最快，最受收款人欢迎；从操作手续看，票汇相对简单，最受银行欢迎。而信汇因速度较慢，操作手续多，目前已极少使用。

（四）汇付的应用

按照支付时间的不同，汇付有预付货款和货到付款之分。

1. 预付货款（payment in advance）

预付货款是指进口人先行支付全部或部分货款，允许出口人收款后交货的做法，包括全额预付和部分预付两种。① 全额预付。即出口人发货前，进口人先行预付全部货款。② 部分预付。即进口人先行支付相当于买卖合同总金额一定比例的定金或在交货前分期分批预付货款。这样即使进口人违约，出口人已先行获得损失补偿。

2. 货到付款（payment after arrival of the goods）

货到付款，也称"赊账交易"（open account transaction，简称 O/A），是指签订合同后，出口人先行发货，进口人收到货物或单据后立即或在约定的一段时间后付款。

（五）汇付的特点

汇付方式用于国际贸易结算中，主要有以下特点：① 商业信用。银行仅凭汇款人的指示转移相关款项，不负责传递单据，更不承担任何付款或担保责任。预付货款项下，出口人是否及时交货、所交货物是否符合合同的约定；进口人是否全额、及时付款，全凭买卖双方的商业信用，因此存在商业信用风险。如采用该付款方式，应事先调查对方资信。② 资金负担不平衡。预付项下，卖方可利用预付款备货、送货，减轻自行垫付资金的负担。货到付款项下，进口人可收货后甚至可在出售货物后方支付货款。③ 手续简便、费用低廉。汇付方式因方便快捷而受到相互信任的贸易方或跨国公司内部母、子公司之间交易者的青睐。此外,在支付小额交易的货款、定金及一些贸易从属费用(包括货款尾数、佣金、运费、保险费、样品费等)时也常使用该方式。

面对日趋明显的买方市场特征,出口人为扩大出口,占领海外市场,除强化品质、价格、售后服务竞争外,越来越多地采用货到付款等有利于进口人的支付方式,以吸引订单。

二、托收

在国际贸易中,托收(collection)是较常用的付款方式。

(一) 托收的含义

《托收统一规则》(国际商会第 522 号出版物)第二条规定:托收意指银行根据所收到的指示处理金融单据和/或商业单据,以便取得付款和/或承兑,或者凭付款和/或承兑交付单据,或者按其他条款和条件交单。根据该定义,托收是银行根据债权人的指示向债务人取得付款和/或承兑,或者在取得付款和/或承兑(或其他条件)时交付单据的付款方式。

(二) 托收的当事人

托收涉及四个主要当事人,即委托人、付款人、托收行和代收行。

委托人(principal/consignor)是委托银行办理托收业务的一方。在国际贸易实务中,出口人开具汇票,委托银行向国外进口人(债务人)收款。

付款人(payer/drawee)是银行根据托收指示书指示的提示单据的对象。托收业务中的付款人,即商务合同中的买方或债务人。

托收行(remitting bank)又称寄单行,指受委托人的委托办理托收的银行,通常为出口人所在地的银行。

代收行(collecting bank)是指接受托收行委托,向付款人收款的银行,通常是托收行在付款人所在地的联行或代理行。

必要时,托收业务中还可能出现"提示行"和"需要时的代理"。

提示行(presenting bank)又称交单银行,指向付款人提示单据的银行,一般情况下由代收行兼任。但若代收行与付款人素无业务往来,可主动或应付款人的请求,委托与代收行和付款人均有业务往来关系的银行充当提示行。

需要时代理(principal's representative in case of need)是委托人为防止付款人拒付,在目的地事先指定的代理人,委托其在付款人拒付时处理相关货物。如果委托人在托收指示书中明确"需要时代理",他应同时明确且完整地注明该代理人的权限。如无注明,银行将不接受该代理人的任何指示。如果该代理出发超越其规定权限的指示,银行也将不予接受。

(三) 托收的业务流程

托收的业务流程如图 4-3 所示。

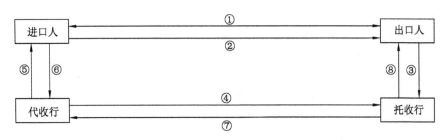

图 4-3 托收的业务流程

说明：

① 进出口方订立国际货物买卖合同，约定以托收方式结算；

② 出口人发货、制单；

③ 出口人填写托收申请书，向托收行提出托收申请。托收行审查托收申请书及托收单据；

④ 托收行选定代收行后，填写托收委托书，委托代收行代为收款；

⑤ 代收行审查托收委托书及有关单据，决定是否接受委托；接受委托后通知进口人并向其提示有关单据；

⑥ 进口人验单、付款/承兑和领取单据；

⑦ 代收行通知托收行款已收妥，并将款项划拨托收行账户；

⑧ 托收行将款项交给出口人。

（四）托收的种类

《根据托收统一规则》第二条 b 款，委托人通过银行向付款人提示要求其付款的单据可以分为两大类：① 金融单据（financial documents），指汇票、本票、支票或其他用于取得付款的类似凭证；② 商业单据（commercial documents），指发票、运输单据、物权单据或其他类似单据，或者一切不属于金融单据的其他单据。在此基础上，国际商会把托收分为光票托收和跟单托收。

1. 光票托收（clean collection）

光票托收是指不附有商业单据的金融单据的托收。实务中的金融单据也可包括银行汇票、本票、私人支票和商业汇票等。票汇业务中，收款人拿到银行汇票、本票或私人支票时，往往委托当地银行通过付款人所在地的代理行收款；卖方收取货款余额或贸易从属费用（保险费、运费、样品费等）时，也可采用光票托收方式。

2. 跟单托收（documentary collection）

跟单托收有两种情形：附有商业单据的金融单据托收和不附有金融单据的商业单据托收。实务中前种方式较多采用。

（1）跟单托收的交单方式。

按照银行向付款人交单条件的不同，跟单托收有付款交单和承兑交单之分。

付款交单（documents against payment，简称 D/P）是指代收行待买方人付款后将单据交予买方的方式。按付款时间的不同，付款交单又可分为即期付款交单（D/P at sight）和远期付款交单（D/P at…days after sight）。前者指代收行在收到托收行的单据和托收委托书后立即直接或通过提示向买方提示单据,如单据合格,买方立即付款,代收行收款后交单;后者指代收行收到单据后立即向进口人提示票据和单据,如果单据合格,进口人应即承兑汇票,并在付款到期日向代收行付款,代收行在收妥票款后向进口人交单。

承兑交单(documents against acceptance,简称 D/A)是指凭证远期汇票收款时,代收行或提示行向买方提示汇票或单据,如单据合格,买方对汇票加以承兑,银行凭买方承兑即向买方交付单据。待汇票到期,买方再向代收行付款。

(2) 跟单托收中的融资。

跟单托收中,卖方可出口押汇,买方可凭信托收据借单,以获得银行的资金融通。所谓托收出口押汇,是指卖方以商业单据为抵押,从托收行获得的资金融通。具体做法是:委托人将托收申请书连同托收单据一起交给托收行要求收取货款时,托收行经过审单,若认为单据合格且付款人信用可靠,即以单据为抵押买入委托人的汇票,按照汇票的票面金额扣除垫付日当天与付款日之间的利息后将余款支付给委托人。该方式下,托收行因垫付资金而承担买方拒付的风险。虽然托收行可向卖方行使追索权,或凭商业单据提取并处理货物,但往往存在诸多麻烦,会遭受一定的损失。因此,只有对资信好的委托人和付款人并在即期付款交单方式下,银行才愿意去做,而且一般不会全额垫付。

所谓凭信托收据借单(trust receipt,简称 T/R),是指远期付款交单业务中,买方人承兑汇票后,可凭信托收据向代收行借出单据,凭单提取并处理货物,在付款到期日将货款交付给银行,收回自己的信托收据。该做法通常被称为"付款交单凭信托收据借单"(D/P.T/R)。该方式项下,买方能否获得资金融通,通常由代收行自行决定,即代收行通过审查买方的资信,认为其可靠或要求其提供担保、抵押品后,自行同意买方凭其信托收据借单。如货物被提走而到期买方拒付货款,则所有后果由代收行承担。实务中也有由卖方指示银行向买方 T/R 借单的做法,即卖方在托收申请书中授权托收行转告代收行并通知买方:买方在承兑汇票后可凭自己出具的信托收据向代收行借单,在付款前先行处理货物,到期再行付款。此时,代收行可以在买方承兑汇票后,直接凭买方的信托收据放单,而无须要求买方提供担保或抵押品。如买方到时拒付,一切后果由卖方自负。

(五) 托收的特点及应用注意事项

托收的基本特征是商业信用,其可靠性一般低于银行信用,实务中往往需有条件地使用。

1. 卖方风险大

托收业务中,银行仅提供服务,不提供任何信用和担保。银行在传递单据、收取款项的过程中,既不保证付款人一定付款,也不负责审查单据的合规性。货抵目的地后,如遇进口人拒绝付款赎单、无人提货等情形,除非事先征得银行同意,银行不负照管货物之责。托收项下,卖方须承担较大的风险。

2. 卖方资金负担大

跟单托收项下,卖方需垫付资金备货、装运,然后通过银行收款,能否收回货款全凭买方的信用。承兑交单项下,买方只须做出承兑即可获得单据并凭以提货,以售货所得款项向银行付款,等于获得了卖方给予的全额资金融通。

虽然托收费用相对汇付高、手续也更繁琐,但受到进口人欢迎,容易调动进口人的经营积极性、提供出口竞争能力。据此，托收常被看成是一种非价格的竞争手段。但使用时应严格注意风险防范：① 调查进口人的资信和经营作风；② 了解商品在进口国的市场动态、熟悉进口国的贸易管制和外汇管制情况；③ 了解进口国的商业习惯；④ 健全财务管理制度；⑤ 严格按合同的规定交货、制单；⑥ 力争自办货运保险，即争取以 CIF 或 CIP 条件成交。如须由进口人办理保险，出口人应另行加保"卖方利益险"，以防货物遇险而进口人拒不付款赎单时，可由出口人自行向保险公司索赔。

（六）《托收统一规则》

托收业务中，由于每个当事人对权利、义务和责任的解释不一致，不同银行的习惯做法也有差异，银行与委托人之间、托收行与代收行之间容易因理解分歧产生纠纷和争议。为统一各国做法，国际商会先后于 1958 年、1967 年、1978 年和 1995 年公布了有关托收的惯例。现行的托收惯例为《托收统一规则》（Uniform Rules for Collection），是国际商会第 522 号出版物（ICC Publication No.522），以下简称《URC 522》，于 1995 年 4 月公布、1996 年 1 月 1 日起正式实施。《URC 522》全文共有 26 条，分为总则，托收的形式及结构，提示方式，义务和责任，付款，利息、手续费及其他费用，其他规定共七个部分，其主要内容如下：

（1）《URC 522》的适用：如交易双方明示同意并在托收指示书上注明按《URC 522》处理，则各有关方须受《URC 522》约束。

（2）银行在托收业务中的责任：银行应以善意和合理的谨慎从事。银行的义务是严格按托收指示书及《URC 522》行事。在其不能做到或无法处理时，应毫不迟延地通知委托人并要求进一步指示。

（3）银行对单据的责任与免责：银行必须确定所收到的单据与托收指示书中所列的完全一致。对于单据缺少或发现与托收指示书中所列的单据有不一致时，必须毫不迟延地以电讯方式（如电讯方式不可能时，则以其他快捷方式）通知发出托收指示书的一方。

（4）银行对货物的免责：除非事先征得银行同意，货物不能直接运交银行，也不应以银行或其指定人为收款人。否则，即使货物已发运至银行或者以银行或其他指定人为收货人，银行也无提货的责任，货物的风险和责任由委托人负担。对于托收项下的货物，即使托收指示书做了规定，银行亦无义务采取任何行动。

（5）银行的其他免责：当银行为了执行委托人的指示而使用另一家银行或其他银行的服务时，其风险由委托人承担。银行对任何通知、信件或者单据在寄送途中的延误和/或丢失所引起的后果，对任何电信工具在传递中的延误、残缺或其他错误，对专门术语在翻译或解释上的错误，对其收到的需要进一步澄清的指示而引起的延误，对由于自然灾害、暴动、内乱、叛乱、战争或其本身无法控制的任何其他原因所造成的后果，不承担责任。

（6）交单方式：在远期付款的情况下，托收指示书中必须注明是"凭承兑交付商业单据"还是"凭付款交付商业单据"，否则银行将按付款交付商业单据的方式办理。但是，《URC 522》又特别指出："托收不应含有凭付款交付商业单据指示的远期汇票。"据此，国际商会不赞成并劝阻远期付款交单的做法。实务中，如委托人仍然使用远期付款交单方式，则因此而引起的任何纠纷及后果由其自负。

（7）拒付的处理：付款人拒付时，除非托收指示书特别注明，代收行无须做拒绝证书，但它应尽力确定拒绝付款或拒绝承兑的理由,并毫不迟延地相应通知托收行转告委托人,以便及时采取措施。在收到此项通知后,托收行应在单据处理方面给予相应的指示。如在发出拒付通知后的60天内未接到任何指示,代收行可将单据退回托收行以注销此笔托收业务,而不负任何责任。

(8)银行费用:托收业务中的银行费用,包括银行为执行委托人的指示而使用另一家银行或其他银行的服务时的有关费用,一般由委托人承担。所以,代收行可凭付款人的付款或承兑向付款人放单,而将其银行费用从汇给委托人的货款中扣除。如果委托人有意让付款人承担付款人所在地的银行费用,则应在托收申请书中特别注明:"代收手续费由付款人承担,不得放弃。"此时,代收行必须要求付款人承担银行费用,并在付款人付清所有款项(包括货款与银行费用)后,才能向付款人交单。对因付款人不愿承担银行费用而引起延迟交单所造成的任何后果,银行不负责任。当代收手续费和/或费用被拒付时,代收行必须毫不迟延地以电讯方式(如不可能时,则以其他快捷方式)通知托收行。

【本章重点词汇】　汇票　出票行为　支票　本票　汇付　托收

同步练习

一、单选

1. 在我国进出口业务中,计价货币应尽量选择(　　)。
   A. 硬货币　　　　　　　　B. 软货币
   C. 进口用软货币,出口用硬货币　　D. 进口用硬货币,出口用软货币
2. 国际贸易中使用的金融票据主要有汇票、本票和支票,其中(　　)使用最多。
   A. 汇票　　　B. 本票　　　C. 支票　　　D. 票汇
3. 承兑是(　　)对远期汇票表示承担到期付款责任的行为。
   A. 付款人　　B. 收款人　　C. 出票人　　D. 议付银行
4. 只有背书人在票据背面签名,而不记载被背书人名称的背书为(　　)。
   A. 限制性背书　B. 特别背书　C. 记名背书　D. 空白背书
5. 其他条件相同的条件下,(　　)的远期汇票对受益人最为有利。
   A. 出票后30天付款　　　　　B. 提单签发日后30天付款
   C. 见票后30天付款　　　　　D. 货到目的港后30天付款
6. 在国际贸易支付中,信用证是银行信用,使用的通常是(　　)。
   A. 商业汇票　B. 银行汇票　C. 银行本票　D. 支票
7. 以下英语与中文翻译对应正确的是(　　)。
   A. BILL OF EXCHANGE:本票　　B. PROMISSORY NOTE:承兑汇票
   C. ACCEPTANCE:承兑　　　　　D. CHEQUE/CHECK:背书
8. 支票的基本关系人中没有(　　)。
   A. 出票人　　B. 付款人　　C. 承兑人　　D. 收款人

9. 支票的当事人和付款时间分别为( )。
   A. 三个当事人;即／远期付款   B. 三个当事人;即期付款
   C. 二个当事人;即／远期付款   D. 二个当事人;即期付款
10. 英文缩写为 D/D 的是( )。
    A. 信汇   B. 电汇   C. 票汇   D. 汇票
11. 以下关于汇付陈述正确的是( )。
    A. 由于汇付方式涉及两家银行之间的资金支付,因此汇付属于银行信用
    B. 汇付方式比托收方式更安全,更迅速
    C. 汇付的基本当事人是汇款人和收款人
    D. 汇付属于顺汇性质
12. 下列关于汇付表述正确的是( )。
    A. 汇付属于顺汇
    B. 汇付的基本当事人就是汇款人和收款人
    C. 汇付方式涉及两家银行之间的资金支付,因此汇付属于银行信用
    D. 汇付属于逆汇
13. D/A 方式下,代收行将单据交给付款人的条件是( )。
    A. 付款人承兑后   B. 付款人付款后
    C. 付款人提货后   D. 付款人核对单据后
14. 托收方式下远期付款交单,代收行交单的条件是( )。
    A. 进口商付款   B. 进口商承兑
    C. 进口商凭信托收据   D. 代收行自行处理
15. 根据《URC522》,D/A90 天远期,代收行应在( )交单。
    A. 收到据安居后 7 个工作日内   B. 承兑后交单
    C. 船到港后交单   D. 承兑后付款时交单
16. D/P 付款条件下,出口商业汇票上的受票人应是( )。
    A. 代收行   B. 托收行   C. 出口商   D. 进口商
17. D/P.T/R 项下,货到目的港后,买方凭 T/R 向代收行借单提货。若事后卖方收不回货款,则( )。
    A. 代收行应负责向卖方偿付   B. 由卖方自行承担货款损失
    C. 由卖方与代收行协商共同承担损失   D. 托收行应负责向卖方偿付
18. 托收方式下 D/P 和 D/A 的主要区别是( )。
    A. D/P 是属于跟单托收,D/A 是属于光票托收
    B. D/P 是付款交单,D/A 是承兑交单
    C. D/P 是即期付款,D/A 是远期付款
    D. D/P 是银行信用,D/A 是商业信用

二、多选

1. 根据《中华人民共和国票据法》,汇票上必须记载的事项包括( )。
   A. 确定的金额　　　　　　　　B. 出票日期
   C. 付款人姓名　　　　　　　　D. 汇票编号
   E. 付款项目

2. 本票与汇票的区别在于( )。
   A. 前者是无条件的支付承诺,后者是无条件支付命令
   B. 前者的当事人为两个,后者则有三个
   C. 前者在使用过程中有承兑,后者则无须承兑
   D. 前者的主债务人不会变化,后者则会因承兑而变化
   E. 前者只有即期的,而后者有即期与远期两种

3. 计算汇票付款到期日的一般国际惯例是( )。
   A. 算尾不算头
   B. 算头不算尾
   C. 以月为单位计算付款期限的,若当月无对应日期,则以该月最后一天代替
   D. 先算整月,后算半月,半月按15天计算
   E. 若到期日恰逢周末或节假日,则顺延至其后第一个营业日

4. 下列属于托收方式的当事人之间的委托代理关系的有( )。
   A. 委托人与付款人　　　　　　B. 委托人与托收银行
   C. 托收行与代收行　　　　　　D. 委托人与保兑行
   E. 以上均可

5. 根据《UCP600》,在出口业务中,卖方可凭以结汇的单据有( )。
   A. 提单　　　　　　　　　　　B. 不可转让海运单
   C. 装货单　　　　　　　　　　D. 航空运单

三、判断

1. 票据是一种流通证券,所有票据都可经过背书转让。
2. 票据的转让必须通知债务人方为有效。
3. 一张未记载付款日期的汇票,按惯例可理解为见票后21天付款。
4. 一张汇票的收款人写成"PAY TO JOHN STORE OR ORDER",此汇票可经背书转让。
5. 出票即票据的签发,指由出票人写成汇票并在汇票上签字的票据行为。
6. 一张商业汇票上的收款人是:"仅付给ABC有限公司"(Pay to ABC Co., Ltd. only),这种汇票不能转让。
7. 汇票往往可以同时具备几种性质,因此一张商业汇票同时又可以是银行即期汇票。
8. 出票就是出票人在汇票上写明有关内容并签名的行为。
9. 承兑是各种票据都有的一种票据行为。
10. 汇票经背书将汇票的收款权利转让给被背书人后,被背书人在遭拒付时可向其

前手行使追索权。

11. 指示性抬头汇票不能作记名背书。

12. 追索(Recourse)是指汇票等票据遭到拒付时,持票人要求其前手背书人、出票人、承兑人或其他的汇票债务人清偿汇票金额及有关费用的行为。

13. 票据法规定,背书人对票据所负的责任与出票人相同,但对其后手没有担保责任。

14. 本票可以是远期的,远期本票像远期汇票一样也存在承兑行为。

15. 支票可以作为结算工具,也可以作为押汇和信贷工具。

16. 采用汇款支付方式,单证的交付是指出口商在货物出运之后,将进口商所需要的各种单据提交出口地银行,通过出口地银行寄给进口商,以便进口商收货付款。

17. 信汇、电汇和托收业务中的结算工具与资金流向相同,所以属于顺汇。

18. 在票汇情况下,买方购买了银行汇票寄往卖方,由于采用的是银行汇票,所以这种付款方式是银行信用。

19. 托收业务是银行办理的,因此托收属于银行信用。

20. 光票托收中没有货运单据,只有金融单据。

21. 根据《URC522》规定,未经银行事先同意,货物不能直接发给银行,也不能做成以银行为收货人的记名提单。否则,由发货人自行承担货物的风险和责任。

22. 采用托收方式结算时如发现进口商财务状况恶化,出口商应采取承兑交单方式。

23. 信托收据实质上是银行向进口商提供资金融通的一种方式。

24. 托收项下,提单收货人一栏打"TO ORDER OF ***BANK",应事先获得该银行的同意。

25. 采用托收支付方式,单证的交付是指出口商装运货物后,将合同要求的全套单据提交给托收行,由托收行按不同的要求,向国外银行寄单、索汇。

26. 在托收业务中,如果委托人没有指定代收行,托收行可自行选择代收行。

27. D/A方式下即可以使用即期汇票也可以使用远期汇票,但只能是商业汇票。

28. 在承兑交单的情况下,是由代收行对汇票进行承兑后,向进口人交单。

29. 对出口商而言,通常采用 D/A30 天比采用 D/P30 天承担的风险更大。

30. 出口交易中采用 D/P 方式,出口人投保了"卖方利益险",货物安全到达目的港,但遭到进口人的拒付,出口人即可凭保险单向保险公司索赔。

第五章

信 用 证

通过本章学习,使学生了解并掌握国际贸易支付方式中最重要的信用证。了解信用证中当事人的主要责任和义务,能够熟练画出信用证使用流程;掌握信用证的类型和其使用范围;熟悉英文信用证的主要条款,并且能够根据合同修改信用证中出现的问题。

孟加拉银行信用证诈骗案

2012年3月,某外贸公司通过阿里巴巴国际网站接触到一孟加拉客户,经过三个月的磋商,达成一笔出口化工产品的交易,采用的贸易术语是 CFR 吉大港,金额 USD22 428,支付方式为不可撤销的即期信用证。买方按时请银行开来信用证,卖方按合同和信用证规定履行了交货和交单的义务,但是开证行地不付款,出口地银行一再交涉,开证行就是置之不理,而且开证行已经把单据放给了买方。卖方意识到是买方和开证行合起来诈骗,通过正常途径很难解决了。于是,就决定自己补救,在网上找到了开证行总行的联系方式,并且了解到开证行在中国浙江一带有很多业务,于是就不断地把情况反映给开证行总行,但是开证行总行也不予理睬,后来卖方不得不下了最后通牒,要是问题再得不到解决的话,就会把开证行列入黑名单,把开证行诈骗情况通告给其在中国的客户,最后迫使开证行付了款,历时三个多月,问题才得以解决。

第一节 信用证概述

跟单信用证是国际贸易中重要的结算方式之一。

一、跟单信用证的含义

根据《跟单信用证统一惯例》(国际商会第600号出版物)(Uniform Customs and Practice for Documentary Credits, ICC Publications No.600)(以下简称《UCP600》)第二条,信用证(Letter of Credit, L/C)指一项不可撤销的安排,无论其名称或描述如何,该项安排构成开证行对相符交单予以承付的确认承诺。简单地说,信用证就是开证行根据开证申请人的要求和指示或为其自身业务需要,向受益人开立的在一定条件下保证付款的凭证。这里所说的一定条件,是受益人提交符合信用证条款规定的单据。付款人可以是开证行本人,也可以是开证行指定的其他银行;收款人可以是受益人本人,也可以是其指定人,如议付行或其往来银行。

二、跟单信用证的当事人

跟单信用证涉及的主要当事人有四个:开证申请人、开证行、通知行和受益人。

开证申请人(applicant)是指要求开立信用证的一方,通常是进口人,也就是买卖合同的买方。开证申请人依据合同向其往来银行申请开证。如开证行接受申请、愿意为其开出信用证,开证申请人就要承担开证行为,执行其指示所产生的一切费用和凭与信用证条款相符的单据进行付款的义务,开证申请人为信用证业务的发起人。

开证行(opening bank/issuing bank)是指应申请人要求或者代表自己开出信用证的银行,一般是进口地银行。开证申请人与开证行的权利和义务以开证申请书为依据。开证申请人通过开证申请书要求开证行向受益人提供信用,同时代为行使根据买卖合同应由开证申请人享有的要求受益人交付单据的权利。按信用证条款的规定,开证行负有到期付款的责任。

通知行(advising bank/notifying bank)是指应开证行的要求通知信用证的银行。通知行一般是开证行在出口人所在地的代理行。通知行除应合理审慎地鉴别信用证及其修改书的表面真实性并及时、准确地通知受益人以外,无须承担其他义务。

受益人(beneficiary)是指接受信用证并享受其利益的一方,一般为出口人,也就是买卖合同的卖方。受益人通常也是信用证的收件人(addressee)、货运单据的发货人(shipper)、汇票的出票人(drawer)与发票和装箱单的制作人(maker)。只要履行了按信用证条款发货制单的义务,就有向信用证开证行或其指定银行提交单据收取价款的权利。可转让信用证的受益人通常为中间商,其转让信用证是就成为可转让信用证的转让人或称第一受益人,供货方为受让人或第二受益人。

除基本当事人以外,信用证通常还需要议付行、付款行、保兑行、偿付行等当事人的配合和协作。

议付行(negotiating bank),又称押汇银行,是根据开证行的授权买入或贴现受益人开立和提交的符合信用证条款规定的汇票及/或单据的银行。在信用证业务中,议付行通常又是以受益人的指定人和汇票的善意持票人(bona fide holder)的身份出现。

付款行(paying bank),通常是开证行自身或开证行指定的担任信用证项下付款义务或充当汇票付款人的银行,是承担信用证最终付款责任的银行。由于付款行通常是信用证业务中汇票的受票人,故亦称受票银行(drawee bank)。信用证规定由开证行自己付款时,开证行就兼为付款行,因为开证行自开立信用证之时起即不可撤销地承担付款责任。指定付款行要负责审查单据,在确认无误后,才根据表面上符合信用证条款的单据付款,随后再要求开证行予以偿付。指定银行承付相符单据并将单据转给开证行之后,开证行即承担偿付该指定银行的责任。

保兑行(confirming bank)是指根据开证行的授权或要求对信用证加具保兑,在开证行承诺之外作出承付或议付相符交单的确定承诺的银行。保兑行具有与开证行相同的责任和地位。保兑行自对信用证加具保兑之时起,即不可撤销地对受益人承担承付或议付的责任。

偿付行(reimbursement bank)是指受开证行的委托或授权,对有关指定银行(索偿行)予以偿付的银行。偿付行是开证行的偿付代理人,有开证行的存款帐户。偿付行接受开证行的委托或授权,凭指定银行的索偿指示进行偿付,但此偿付不视作开证行的终局性付款,因为偿付行并不审查单据,不负单据不符之责。开证行在见单后发现单据不符时,可直接向索偿行追回业已付讫的款项。

三、跟单信用证的业务流程

跟单信用证的业务流程因信用证的类型不同而异。但基本环节大体相同。现扼要介绍即期跟单议付信用证的业务流程,如图5-1所示:

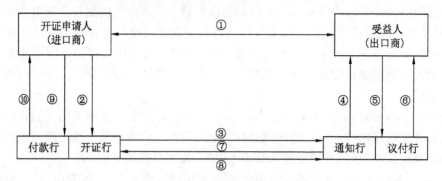

图5-1 跟单信用证业务流程

说明:
① 买卖双方签订买卖合同,规定采用即期跟单议付信用证方式支付货款。
② 进口人向当地银行提出开证申请书,并缴纳押金或其他担保,要求开证行向受益人开出信用证;
③ 开证行开具信用证并以电讯或航邮方式传递给出口人所在地银行(通知行);
④ 通知行核对印押无误后,将信用证通知受益人;
⑤ 受益人审证并认可后,即按规定条件交货。之后制作信用证规定的单据,并在规定的有效期和交单期内送议付行议付。
⑥ 议付行按信用证条款审核单据无误后,进行议付;
⑦ 议付行将汇票和单据寄开证行或付款行索偿;
⑧ 开证行或付款行审单无误后,偿付货款给议付行;
⑨ 开证行通知进口人付款赎单,进口人验单无误后付款;
⑩ 开证行将单据交给进口人,进口人凭以提货。

四、跟单信用证的种类

根据保证性质、兑现方式的不同,跟单信用证有不同的分类。

1. 保兑信用证和未保兑信用证

保兑信用证是指除开证行以外,还有另一家银行参加负责、保证兑付的信用证。这家参加负责保证兑付的银行被称为保兑行(confirming bank)。保兑行通常是通知行,也可能是通知行以外的另一家银行。

保兑信用证有开证行和保兑行两家银行对受益人负责,有利于安全收汇。

根据《UCP600》第八条,保兑行自对信用证加具保兑之时起即不可撤销地承担承付的责任。

未保兑信用证的情况与保兑信用证恰好相反,这里不作介绍。

2. 即期付款信用证、延期付款信用证、承兑信用证和议付信用证

《UCP600》的第六条规定:信用证必须规定其是以即期付款、延期付款、承兑还是议付的方式兑付。

(1) 即期付款信用证(sight payment L/C)。

即期付款信用证是指开证行或指定付款行收到与信用证条款相符的单据后立即履行付款义务的信用证。该类信用证有时不需要汇票,只凭货运单据付款。证中通常列有"当受益人提交规定单据时即行付款"的保证文句。其到期日以受益人向付款行交单要求付款的日期为准,到期地点为付款行所在地。

(2) 延期付款信用证(deferred payment L/C)。

延期付款信用证,又称迟期付款信用证。它是一种不用汇票的远期信用证,其远期付款的日期计算方法有"自运输单据出单日期后若干天"和"自单据到达开证行之日起若干天"两种。这类信用证因无汇票,所以无承兑行为,不具备贴现条件,风险较一般的承兑信用证大。如开证行资信不足,可要求加具保兑。

(3) 承兑信用证(acceptance L/C)。

承兑信用证是一种要求提供汇票的远期信用证。付款人在收到符合信用证规定的远期汇票和单据时,先在汇票上履行承兑手续,待汇票到期日再行付款。

有时,进口商为融资便利,或为利用银行承兑汇票以取得比银行贷款利率更低的优惠贴现率,在与出口商达成即期付款的交易后,要求开证行开立承兑信用证,证中规定"远期汇票可即期付款,所有贴现和承兑费用由买方承担"。这种信用证的贴现和承兑费用由买方负担,因此又称为"买方远期信用证"。习惯上成为"假远期信用证"。

(4) 议付信用证(negotiation L/C)。

根据《UCP600》,议付是指指定银行在相符交单下,在其应获偿付的银行工作日当天或之前向受益人购买汇票及/或单据的行为。议付信用证按是否限定议付行分为公开议付信用证和限制议付信用证。

3. 可转让信用证、循环信用证、对开信用证和对背信用证

因用途和运用方式不同,信用证有可转让信用证、循环信用证、对开信用证和对背信用证。

(1) 可转让信用证(transferable L/C)。

根据《UCP600》,可转让信用证系指特别注明"可转让 transferable"字样,受益人(第一受益人)可将信用证的全部或部分金额转给另一受益人(第二受益人)的信用证。第一受益人有权以按原证缮制的发票和汇票替换第二受益人的发票和汇票,以获得两个发票之间的差价。

可转让信用证只能转让一次,第二受益人不能再将信用证转让给他人,但第二受益人可将信用证重新转让给第一受益人。

要求开立可转让信用证的第一受益人通常是中间商,他将信用证转让给实际供货人,由后者办理装运手续,从中赚取差额利润。

应注意的是,凡信用证上未注明"可转让"字样的,就是不可转让信用证。

(2) 循环信用证(revolving L/C)。

循环信用证是指信用证金额被全部或部分使用后,仍可回复原金额再行使用。直到规定的循环次数届满或规定的总金额用完为止。

进出口商之间订立的买卖合同,如需要在较长时间内分批分期履行,采用循环信用证可节省手续费和开证押金。

根据循环的方式,可分为自动式循环使用,非自动式循环使用和半自动式循环使用三种。所谓自动循环,是指受益人在信用证项下议付后,信用证可自动恢复到原金额再度使用。所谓非自动回复循环,指原证议付后,须等开证行通知,受益人方可再度使用原金额。所谓半自动循环,指每次议付后一定时期内若开证行未提出停止循环使用的通知,信用证再度回复到原金额使用。

(3) 对开信用证(reciprocal L/C)。

对开信用证是指易货交易中通过相互向对方开出信用证进行结算。其特点是:第一张信用证的受益人就是第二张信用证(或称回头证)的开证申请人;第一张信用证的开证申请人就是第二张信用证的受益人。两张信用证的金额可以相等或大体相等,也可以有较大出入;可以分别生效,即先开先生效,也可以同时生效,即第一张信用证暂不生效,等对方开来第二张回头证并经受益人接受认可后,再通知对方银行两证同时生效。因此,对开信用证是彼此开出的两张相互联系、互为条件的信用证。

对开信用证多用于来料加工和来件装配业务中。具体做法是,进口料件时要求开立远期付款信用证。我方在承兑对方汇票后先行取得进口原材料、配件和设备。出口成品时采用即期付款信用证,以即期收汇并偿付进料所需支付的到期票款。该结算方式有利于节约外汇,但要求在付款期限的安排上必须与加工装配的生产周期紧密配合并留有适当余地,以防出现回头证项下成品因不能及时出口和收汇而无法如期偿付进口票款的情况。

(4) 对背信用证(back to back L/C)。

对背信用证又称背对背信用证、桥式信用证、从属信用证或补偿信用证,指中间商收到进口商开来的信用证后,要求原通知行或其他银行以原证为基础,另外开立一张内容相似的新证(对背信用证)给另一受益人。

对背信用证虽以原证为基础,但某些条款可以与原证不同,如装运期和交单期可较原证提前,以便中间商能及时换单;单价可较原证低,以保证中间商有利可图。

五、跟单信用证的特点及其应用

信用证付款方式的基本特点表现为三方面:

1. 开证行负首要付款责任

信用证是开证行以自己的名义作出的付款承诺,属银行信用,开证行承担第一位的付款责任。

2. 信用证是纯单据业务

信用证项下,各当事人处理的是单据,而不是有关的货物、服务或履约行为。在信用证业务中,只要受益人或其指定人提交符合信用证规定的单据,开证行就应承担付款、承兑或议付的责任;只要单据符合开证申请书的规定,开证申请人就有义务接受单据并对已付款的银行进行偿付。但如果开证申请人对合格单据付款后,发现货物与单据不一致,开证申请人只能根据买卖合同和收到的相关单据与受益人或有关责任方交涉,与银行无关。相反,即使货物合格,但提交的单据与信用证规定不符,银行和开证申请人也有权拒付。

3. 信用证是一项自足文件

信用证虽以买卖合同为基础,但一经开立就成为独立的法律文件。买卖合同是进出口人之间的契约,只对买卖双方有约束力;信用证是开证行与受益人(合同卖方)之间的契约,开证行、受益人、参与信用证业务的其他银行均受信用证的约束。

《UCP 600》第四条 a 款规定:"就其性质而言,信用证与可能作为其开立基础的销售合同或其他合同是相互独立的,即使信用证中含有对此类合同的任何援引,银行也与该合同无关,且不受其约束。因此,银行关于承付、议付或履行信用证项下其他义务的承诺,不受开证申请人基于其与开证行或与受益人之间的关系而产生的任何请求或抗辩的影响。"所以,信用证是一项自足文件,开证行只对信用证负责,并只凭符合信用证条款的单据付款。参与信用证业务的其他银行也完全按信用证的规定办事。

六、信用证的修改

《UCP 600》规定,未经开证行、保兑行(如有的话)及受益人同意,信用证既不得修改,也不得撤销。受益人在审证中,如发现有不能接受、与买卖合同不一致的条款或含有内容不完整、无法办到的条款,应通过开证申请人向开证行提出改证。开证申请人也可能因形势变化而要求修改信用证。

信用证修改的程序为:开证申请人向开证行发出修改信用证的指示,该指示必须完整、明确;开证行同意修改后,向原信用证的通知行发出信用证修改书;通知行收到修改书,鉴别其真实性,再通知受益人;受益人收到修改书后,应提供接受或拒绝修改的通知。如受益人未给予通知,但交单与信用证及修改通知书的内容一致时,视为受益人已接受修改。

七、信用证项下单据不符的处理

《UCP 600》规定,未经开证行、保兑行(如有的话)及受益人同意,信用证既不得修改,也不得撤销。受益人在审证中,如发现有不能接受、与买卖合同不一致的条款或含有内容不完整、无法办到的条款,应通过开证申请人向开证行提出改证。开证申请人也可能因形势变化而要求修改信用证。

信用证修改的程序为:开证申请人向开证行发出修改信用证的指示,该指示必须完整、明确;开证行同意修改后,向原信用证的通知行发出信用证修改书;通知行收到修改书,鉴别其真实性,再通知受益人;受益人收到修改书后,应提供接受或拒绝修改的通知。如受益人未给予通知,但交单与信用证及修改通知书的内容一致时,视为受益人已接受修改。

如果受益人提交的单据存在不符点,开证行可以拒付。对不符点,如果处理得当,受益人仍可以挽回损失,甚至变被动为主动。

受益人收到开证行或保兑行的拒付通知时,应首先确认其是否有效。有效的拒付通知应该符合以下所有条件:① 开证行提出的不符点必须明确,且以单据为依据,没有提出具体不符点的拒付不能构成完整的拒付通知;② 开证行必须以自身的名义提出不符点拒付,不得以"开证申请人认为单证有不符点而不愿付款"为由提出拒付;③ 开证行必须在规定的时间内提出拒付,即在收到单据翌日起的 5 个银行工作日内提出;④ 开证行必须一次性地提出所有不符点;⑤ 拒付电必须包含拒付的字样;⑥ 声明代为保留单据听候交单人处理;或直接退单;或按交单人之前的指示处理等。否则开证行或保兑行仍必须付款。

其次,受益人应对照留底单据审核不符点是否成立。若不符点不成立,应立即通过交单行进行反拒付。若开证行提出的不符点确实成立,受益人应争取在有效期内更改全部单据并重新寄单,开证行在第二次收到单据后应视作全新单据予以重新审核,可提出与第一次不同的不符点;如受益人接受的是部分退单修改,则开证行只能就原不符点修改之处提出不符点,无权再提新的不符点。如来不及更改单据,受益人应尽快联络开证申请人赎单提货,避免引起滞港费、仓储费等额外费用。如进口人拒绝赎单,受益人应立即查询货物的下落,了解货物是否到港、是否被提等情况。如果货物被进口人凭信用证项下单据或凭提货保函提走,那么不管单证是否有不符点,不管进口商是否赎单,开证行必须付款。

第二节　信用证开证申请书

一、信用证操作规则

信用证在很大程度上缓解了买卖双方互不信任的矛盾、满足了进出口商加速资金周转的愿望,故自 19 世纪 80 年代第一份银行信用证在英国伦敦出现以后,很快在全世界得到推广。到 20 世纪初叶,跟单信用证在国际贸易中已被广泛应用并具有相当规模。

但是,不同国家和地区的法律规则和业务操作习惯不同,使用的语言各异,国际上对跟单信用证有关当事人的权利、责任以及所用条款、术语的含义等缺乏统一的解释和公认的准则,信用证的争执和纠纷经常发生。有必要制定一套能约束信用证各方当事人并为各方共同遵守的统一、明确的规则。在此背景下,国际商会先后于 1929 年、1933 年、1951 年、1962 年、1975 年、1983 年、1993 年、2006 年分别公布了第 74 号、82 号、151 号、222 号、290 号、400 号、500 号出版物。在《UCP 500》实施的十多年期间,国际贸易和信息电子技术迅猛发展,国际商会制定并公布了很多新的规则或文件以适应运输、保险、质检、物流等方面的新做法和新变化。2006 年 10 月,在国际商会银行技术与惯例委员会的秋季年会上,通过《跟单信用证统一惯例》(国际商会第 600 号出版物,简称《UCP 600》),并于 2007 年 7 月 1 日开始实施。《UCP 600》对《UCP 500》的 49 个条款调整和增删成 39 个条款,删除了部分过时或超出 UCP 范围的内容,在结构、措辞以及内容方面作了许多重要修改:在第二条和第三条中汇总了概念和某些词语在本惯例下的特定解释,把原本散落在各个条款中的解释定义归集在一起,使全文变得清晰;在条文编排上参照了 ISP98 的模式,按照业务过程对条款进行归结,把通知、修改、审单、偿付、拒付等环节涉及的条款集中,对每一问题的规定更加明确和系统化;在措辞方面,尽量使用通俗、准确的语言;在内容上,《UCP 600》的修改之处主要体现在:① 引入了"honor"(兑付)的概念,意在表明无论哪一种信用证,银行在信用证下的义务是同一性质的;② 改进了"negotiation"(议付)的定义,明确议付是对票据及单据的一种买入行为,是对受益人的融资;③ 确立了银行审单的5天规则,避免了《UCP 500》规定的不确定性给银行带来的困扰,同时审单时限缩短,对受益人更为有利;④ 对拒付后的单据处理方式,增加了"开证行留存单据直到其从申请人处接到放弃不符点的通知并同意接受该放弃,或者其同意接受对不符点的放弃之前从交单人处收到其进一步指示"和"银行将按之前从交单人处获得的指示处理"两个选项,更加符合现实业务的发展;⑤ 在转让信用证项下,强调第二受益人的交单必须经转让行,保证第一受益人的权利不受侵害,但当第二受益人提交的单据与转让后的信用证一致,而第一受益人换单导致单据与信用证出现不符时,如在第一次被要求时不能作出修改的,转让行有权直接将第二受益人提交的单据寄开证行,以保护正当发货制单的第二受益人的利益;⑥ 明确单据遗失时的责任:如果指定银行确定交单相符并将单据发往开证行或保兑行,无论指定银行是否已经承付或议付,开证行或保兑行必须承付或议付或偿付指定银行,即使单据在指定银行送往开证行或保兑行的途中,或保兑行送往开证行的途中丢失。

作为信用证领域最权威、影响最为广泛的国际惯例,《UCP 600》比以往任何版本都更加清晰和简洁,而且既确保了自身条款的严谨和准确,也促进了在实践中的使用便利。《UCP 600》更加坚定了信用证的独立性及不可撤销性,明晰了各当事人的权利及义务,从而维护了信用证作为付款及融资工具的主导地位,必将促进整个国际经济的发展。

二、根据合同资料用英文缮制开证申请书

合同资料:

买方:长城贸易公司　天津市生力路123号　TEL:022-87654321

卖方:TAKAMRA IMP. & EXP. CORP.
　　　324, OTOLIMACH TOKYO, JAPAN　TEL: 028-54872458

品名:48英寸彩色电视机

单价:每台1 000美元 CIF 天津

数量:100台

包装:每台装一纸箱

总值:100 000美元

装运时间:2005年8月31日前,不允许分批装运和转运

装运港:大阪　　　目的港:天津

开证方式:电开

支付:不可撤销即期跟单信用证,最迟开证日期:2005年7月20日

保险:按发票金额加一成投保一切险和战争险

单据条款:商业发票一式五份,注明信用证号码和合同号
　　　　　装箱单一式四份
　　　　　全套清洁以装船正本提单,做成空白抬头,空白背书,注明运费预付
　　　　　检验检疫机构出具的品质检验证书一份

保险单正本一份,做空白背书
合同号:GWM050831
开户行及账号:中国银行 1357924680
买方法人代表:李红

IRREVOCABLE DOCUMENTARY CREDIT APPLICATION

TO: BANK OF CHINA   Date:

Beneficiary (full name and address)	L/C No. Ex-Card No. Contract No.
	Date and place of expiry of the credit
Partial shipment ☐ allowed ☐ not allowed	Transshipment ☐ allowed ☐ not allowed	☐ Issued by airmail ☐ With brief advice by teletransmission ☐ Issued by express delivery ☐ Issued by teletransmission (which shall be the operative instrument)
Loading on board/dispatch/taking in charge at/from	
Not late than For transportation to	Amount (both in figures and words)
Description of goods: Packing:	Credit available with ☐ By sight payment ☐ by acceptance ☐ by negotiation ☐ by deferred payment at ☐ against the documents detailed herein and beneficiary's drafts for % of the invoice value at on
	☐ FOB ☐ CFR ☐ CIF ☐ or other terms

Documents required: (marked with ×)
1. (　) Signed Commercial invoice in _____ copies indication L/C No. and Contract No.
2. (　) Full set of clean on board ocean Bill of Lading made out _____ and (　) blank endorsed, marked "freight" (　) to collect / (　) prepaid
3. (　) Air Waybill showing "freight (　) to collect / (　) prepaid (　) indicating freight amount" and consigned to
4. (　) We normal issued by _____ consigned to
5. (　) Insurance Policy / Certificate in _____ copies for % of the invoice value showing claims payable in China in currency of the draft, blank endorsed, covering (　) Ocean Marine Transportation / (　) Air Transportation / (　) Over Land transportation (　) All risks, war risk.
6. (　) Packing List / Weight Memo in _____ copies indication quantity / gross and net weights for each package and packing conditions as called for by the L/C.
7. (　) Certificate of Quantity / Weight in _____ copies issued by an independent surveyor at the loading port, indicating the actual surveyed quantity / weight of shipped goods as well as the packing condition.
8. (　) Certificate of Quality in _____ copies issued by (　) manufacturer / (　) public recognized surveyor / (　).
9. (　) Beneficiary's Certified copy of cable / telex dispatched to the accountees within _____ hours after shipment advising (　) name of vessel / (　) flight No. / (　) wagon No., date, quantity, weight and value of shipment.

10. (　　) Beneficiary's Certificate certifying that extra copies of the documents have been dispatched according to the contract terms.
11. (　　) Shipping Co's certificate attesting that the carrying vessel is chartered or booked by accountee or their shipping agents.
12. (　　) Other documents, if any.
Additional Instructions:
1. (　　) All banking charges outside opening bank are for beneficiary's account.
2. (　　) Documents must be presented within _____ days after the date of issuance of the transport documents but within the validity of this credit.
3. (　　) Third party as shipper is not acceptable. Short form / Blank back B/L is not acceptable.
4. (　　) Both quantity and amount _____% more or less are allowed.
5. (　　) Prepaid freight drawn in excess of L/C amount is acceptable against presentation of original charges voucher issued by(　) Shipping Co / Air Line / or it's agent.
6. (　　) All documents to be forwarded in one cover, unless otherwise stated above.
7. (　　) Other terms, if any.

Account　　　　　　　　　　　　　　　　　　　　　　　　　　　　No.
with _____(name of bank)
Transacted by:　　　　　　　　　　　　　(Applicant: name signature of authorized person)
Telephone No.:　　　　　　　　　　　　　　　　　　　　　　　　(with seal)

三、信用证样本

ISSUE OF DOCUMENTARY CREDIT

SEQUENCE OF TOTAL	*27: 1/1
FORM OF DOC. CREDIT	*40 A: IRREVOCABLE
DOC. CREDIR NUMBER	*20: ELC-TFS-981520
DATE OF ISSUE	*31 C: 130212
DATE AND PALCE OF EXPIRY	*31 D: DATE 130515 PLACE CHINA
APPLICABLE RULES	*40 E: UCP600
APPLICANT	*50: J&B PACIFIC ENTERPRISES INC. 1052, PARK AVENUE, NEW YORK, USA
ISSUE BANK	*52 A: CITY BANK OF NEW YORK, NEW YOR
BENEFICIARY	*59: QINGDAO ORIENTAL FOOTWEAR I. E. CO. LTD. 88, HONGKONG EAST ROAD, QINGDAO, CHINA
AMOUNT	*32 B: CURRENCY USD70 000.00
AVAILABLE WITH/BY	*41 D: CITIC INDUSTRIAL BANK QINGDAO BY PAYMENT
DRAFT AT	*42 C: AT SIGHT
DRAWEE	*42 A: CITY BANK OF NEW YORK, NEW YOR, USA
PARTIAL SHIPMENTS	*43 P: ALLOWED
TRANSSHIPMENT	*43 T: NOT ALLOWED

LORDING/DISPATCH AT/FROM	*44 A:	QINGDAO, CHINA
PORT OF DISCHARGE	*44 B:	NEW YORK, USA
LATEST DATE OF SHIPMENT	*44 C:	130501
DESCRIPTION OF GOODS	*45 A:	NIKE BRAND SHOES AS PER PROFORMA INVOICE NO. QD – PI – 1234, DATED 8 MARCH, 2013.
		DELIVERY TERMS: FOB QINGDAO
DOCUMENTS REQUIRED	*46A:	

+ SIGNED COMMERCIAL IN 3 ORIGINALS AND 3 COPIES, STATING L/C NO. ELC – TFS – 981520 AND CONTRACT NO.

+ FULL SET OF CLEAN ON BOARD BILL OF LADING, (2 ORIGINALS AND 3 COPIES), MADE OUT TO THE OEDER MARKED "FREIGHT COLLECTED".

+ CERTIFICATE OF ORIGIN GSP FORM A.

+ PACKING LIST IN 3 ORIGINALS AND 3 COPIES.

+ INSURANCE POLICY IN THE CURRENCY OF THE CREDIT ISSUED TO ORDER AND ENDORSED IN BLANKED FOR THE FULL INVOICE VALUE PLUS 10 PERCENT COVERING ALL RISKS AND WAR RISKS OF PICC CLAUSES.

ADDITIONAL CONDITIONS   *47 A:

+ ALL DOCUMENTS MUST BE IN ENGLISH LANGUAGE.

+ ALL DOCUMENTS MUST INDICATE THIS CREDIT NUMBER.

+ THE OPENING BANK IS OBLIGED TO PAYMENT ONLY AFTER GOODS ARE SHIPPED TO THE PORT OF DESTINATION.

+ FOR EACH SET OF DOCUMENTS PRESENTED WITH DISCREPANCY(IES), A DISCREPANCY FEE AND THE RELATIVE TELEX/SWIFT COST WILL DEDUCTED FROM THE PROCEEDS NO MATTER THE BANKING CHARGES ARE FOR WHOEVER A/C.

DETAILS OF CHARGES   *71 B:

+ ALL FOREIGN BANK CHARGES ARE ON ACCOUNT OF BENEFICIARY

PERIOD FOR PRESENTATION   *48: DOCUMENTS MUST BE PRESNETED WITHIN 5 DAYS AFTER B/L ON BOARD DATE BUT WITHIN CREDIT VALIDITY.

INSTRUCTION TO THE PAYING/ACCEPTING/NEGOTIATING BANK

*78:

+ UPON RECEIPT OF DOCUMENTS IN COMPLIANCE WITH ALL THE TERMS AND CONDITIONS OF THE CREDIT, WE WILL PAY YOU AS PER YOUR INSTRUCTIONS.

四、信用证开证申请书的缮制

信用证申请书的格式和内容各银行印制的都差不多，大同小异，这里介绍中国银行的格式，并简单介绍申请人填制的内容、方法及注意的事项。

（1）申请开证日期：在申请书右上角。

（2）传递方式：有四种，即信开（航空邮寄）、电开（电报）、快递、简电后随寄电报证实书，需要哪一种方式，在前面方框中打"×"，如：选用信开本航空邮寄，在"Issue by airmail"前的方框中打"×"。

（3）信用证性质：不可撤销跟单信用证已印制好，如要增加保兑或可转让等内容，可加上。信用证号码由开证行填。信用证有效期及到期地点，由申请人填写。

（4）申请人：必须填写全称及详细地址，还要注明联系电话、传真等号码，便于有关当事人之间的联系。

（5）受益人：必须填写全称及详细地址，也要注明联系电话、传真等号码，便于联系。

（6）通知行：由开证行填写。

（7）信用证金额：必须用数字和文字两种形式表示，并且要表明币种。信用证金额是开证行付款责任的最高限额，必须根据合同的规定明确表示清楚，如果有一定比率的上下浮动幅度，也应表示清楚。

（8）分批与转运：应根据合同的规定明确表示"允许"或"不允许"，在选择的项目前方框中打"×"。

（9）装运条款：应根据合同规定填写装运地（港）及目的地（港），最晚装运日期，如有转运地（港）也应写清楚。

（10）价格术语：有 FOB、CFR、CIF 及"其他条件"四个备选项目，根据合同成交的贸易术语在该项前方框中打"×"，如是其他条件，则在该项目后面写明。

（11）付款方式：信用证有效兑付方式有四种选择，即：即期支付、承兑支付、议付、延期支付，应根据合同规定，在所选方式前的方框中打"×"。

（12）汇票要求：应根据合同的规定，填写信用证项下应支付发票金额的百分之几。如合同规定所有货款都用信用证支付，则应填写信用证项下汇票金额是发票金额的100%；如合同规定该笔货款由信用证和托收两种方式支付，各支付50%，则应填写信用证项下汇票金额是全部发票金额的50%；依此类推。另外，还应填写汇票的支付期限，如即期、远期，如是远期汇票，必须填写具体的天数，如30天、60天、90天等。最后是填写付款人，根据《UCP600》的规定，信用证项下汇票的付款人必须是开证行或指定付款行。

（13）单据条款：印制好的单据要求共12条，其中第1条到第12条是针对具体的单据，第12条是"其他单据"，即以上12种单据以外的单据要求，可填在第13条中。有几条可顺序添加几条，填制单据条款时应注意：

① 在所需单据前的括号里打"×"；

② 然后在该单据条款后填上具体的要求，如一式几份，应包括什么内容等等，印制好的要求不完整，可在该单据条款后面填写清楚；

③ 必须注意的是：申请人必须根据合同规定填写单据条款，既不可随意提出超出合同规定的要求，也不能降低或减少合同规定的要求。

（14）合同项下的货物包括：货物的名称、规格、数量、包装、单价条款、唛头等。所有内容必须与合同规定一样，尤其是单价条款、数量条款不得有误。包装条款如有特殊要求的,如包装规格、包装物的要求等,应具体、明确表示清楚。

(15) 附加条款:印制好的有6条,其中第1条至第6条是具体的条款要求,如需要可在前面括号里打"×",内容不完整的,可根据合同规定和买方的需要填写清楚,第7条是"其他条款",即以上6条以外还有附加条款的,可填在该条款中,有几条可顺序添加几条。

(16) 申请书下面是有关申请人的开户银行(填银行名称)、账户号码、执行人、联系电话、申请人(法人代表)签字等内容。

【本章重点词汇】 信用证当事人 信用证流程图 信用证的种类 信用证的修改

同步练习

一、单选

1. 按照惯例,开证行在收到国外寄来的全套单证后应进行严格审核,但下列不属于审核事项的是(   )。
   A. 单据与信用证之间是否相符　　　　B. 单据与单据之间是否相符
   C. 单据与货物之间是否相符　　　　　D. 单据与《UCP600》是否相符

2. 在合同规定以信用证付款的条件下,(   )负有申请开立信用证的义务。
   A. 买方　　　　B. 卖方　　　　C. 开证行　　　　D. 议付行

3. 以下不属于出口商审证的内容的是(   )。
   A. 信用证与合同的一致性　　　　　　B. 信用证条款的可接受性
   C. 价格条件的完整性　　　　　　　　D. 开证银行的资信

4. 信用证装运期限为ON OR ABOUT 18TH APR. 2001,装运日期可在(   )。
   A. 可含当日提前或延后10天　　　　　B. 可含当日提前或延后5天
   C. 可不含当日提前或延后10天　　　　D. 可不含当日提前或延后5天

5. 信用证修改书的内容在两项以上时,受益人(   )。
   A. 要么全部接受,要么全部拒绝
   B. 必须全部拒绝
   C. 必须全部接受
   D. 只能部分接受

6. 信用证未规定交单期,出口商交单在信用证有效期内但不得晚于提单签发日后(   )。
   A. 5天　　　　B. 10天　　　　C. 15天　　　　D. 21天

7. 使用循环信用证的目的在于简化手续和减少开证押金,这种信用证一般适用于(   )。
   A. 易货贸易、来料加工和补偿贸易
   B. 中间商用于转运他人货物的合同
   C. 母公司与子公司之间的贸易合同
   D. 定期分批、均衡供货、分批结汇的长期合同

8. 买卖双方按 CIF 条件和信用证支付方式达成一项买卖粮食的大宗交易,合同规定"1-5 月份分批装运,每月装运 1 万公吨。"买方按合同规定开出了信用证,卖方在 1-2 月份,每月装运 1 万公吨并提交了符合信用证要求的单据。3 月份卖方因故未按时装运,而延至 4 月 20 日才装运出口。根据以上事实,回答下列问题:

(8) 卖方 1-2 月的交货能否安全收回货款(　　)。

A. 能　　　　　　　　　　　B. 不能

C. 不一定　　　　　　　　　D. 卖方必须出具保函

(9) 根据《UCP600》规定,关于卖方 4 月的交货说法正确的是(　　)。

A. 只要在 4 月底前再发出 1 万公吨,就可算作 3、4 两月按时交货

B. 无需继续交货,即使继续交货也无法正常收汇

C. 能否收汇不一定

D. 只要单据合格,银行无权拒付

(3) 根据《UCP600》规定,以下说法正确的是(　　)。

A. 3、4、5 月均视为交货失败

B. 只有 4、5 月均视为交货失败

C. 只有 3 月均视为交货失败,4、5 月仍可交货

D. 4、5 月仍可交货,只要单据合格银行就无权拒付

(9) 出口合同规定的付款条件为全部货款的 50%按信用证方式支付,其余 50%按 D/P 即期收取,为安全收汇起见,应在合同中规定(　　)。

A. 开两张汇票,各随附一套等价的货运单据

B. 开两张汇票,信用证项下采用光票,全套货运单据随附在托收的汇票项下

C. 开两张汇票,托收项下光票,全套货运单据随附于信用证的汇票项下

D. 不使用汇票,全套单据直寄开证申请人

(10) 信用证上若未注明汇票的付款人,根据《UCP600》,汇票的付款人应是(　　)。

A. 开证人　　　B. 开证行　　　C. 议付行　　　D. 出口人

(11) 就出口商的收汇时间来说,假远期信用证相当于(　　)。

A. 循环信用证　　　　　　　B. 远期信用证

C. 备用信用证　　　　　　　D. 即期信用证

(12) 如果信用证规定汇票的期限为 30 DAYS FROM DATE OF BILL OF LADING,提单日期为 MARCH 1ST,2005,则根据《国际银行标准实务》,汇票的到期日应为(　　)。

A. 2005 年 3 月 30 日　　　　B. 2005 年 3 月 31 日

C. 2005 年 3 月 20 日　　　　D. 2005 年 4 月 1 日

(13) 下面关于信用证的表述中,正确的是(　　)。

A. 不可撤销信用证意味着开证行已开出信用证即不可再作修改

B. 可转让信用证可像汇票一样连续转让,无限制次数

C. 在信用证支付方式中,汇票的付款人是开证申请人

D. 保兑信用证使卖方可获得开证行和保兑行的双重付款保证

(14) 90天假远期信用证,出口商在填制汇票的时候,应在付款期限栏中( )。
　　A. 打上 AT SIGHT　　　　　　　　B. 填 90 DAYS
　　C. 打上"……"或"*****"　　　　D. 留空白

(15) 出口贸易中,采用信用证和托收方式时,常用的汇票是( )
　　A. 银行汇票　　　　　　　　　　　B. 商业汇票
　　C. 商业承兑汇票　　　　　　　　　D. 光票

(16) 根据《UCP600》,开证行的合理审单时间是收到单据次日起的( )个工作日内。
　　A. 5　　　　B. 6　　　　C. 7　　　　D. 8

(17) 出票人出具的汇票,如遭到付款人拒付,( )有权行使追索权。
　　A. 开证行　　B. 议付行　　C. 保兑行　　D. 付款行

(18) 在托收项下,单据的缮制通常以( )为依据。如有特殊要求,应参照相应的文件或资料。
　　A. 信用证　　B. 发票　　　C. 合同　　　D. 提单

(19) 根据《UCP600》,信用证的第一付款人是( )
　　A. 进口人　　B. 开证行　　C. 议付行　　D. 通知行

(20) 我出口新加坡一批货物共3万美元,分批交货,循环信用证支付,每期使用金额1万美元。如合同规定,每期需要等开证行通知到达,才能恢复到原金额使用,则这张信用证是( )。
　　A. 非自动循环信用证　　　　　　　B. 半自动循环信用证
　　C. 自动循环信用证　　　　　　　　D. 自动与非自动同时使用

(21) 某公司出口惠普电脑1 000台,合同和信用证都规定不准分批装运。装船时有30台包装破裂,外观变形,不能出口。根据《UCP600》,只要货款不超过信用证总金额,交货数量可以有5%的增减。据此,该公司发货时,可以装运( )。
　　A. 1 000台　　B. 970台　　C. 950台　　D. 1 050台

(22) 收到国外来证两份:① 棉布10万码,每码0.40美元,信用证总金额42 000美元;② 服装1 000套,每套20美元,信用证总金额21 000美元。据此,两证出运的最高数量和金额可分别掌握为( )。
　　A. 棉布100 000码,40 000美元;服装1 000套,20 000美元
　　B. 棉布105 000码,42 000美元;服装1 050套,21 000美元
　　C. 棉布105 000码,42 000美元;服装1 000套,20 000美元
　　D. 棉布100 000码,40 000美元;服装1 050套,21 000美元

(23) 根据《UCP600》,信用证中货物的数量规定有"约"、"大约"、"近似"或类似意义的词语时,应理解为其有关数量增减幅度不超过( )。
　　A. 3%　　　　B. 5%　　　　C. 10%　　　D. 15%

(24) 某一信用证装运期为3月30日,有效期是4月15日,对交单期未做规定。货物于3月上旬出运,取得船公司3月10日签发的提单,该套单据的最迟交单期为( )。
　　A. 3月21日　　B. 3月25日　　C. 3月31日　　D. 4月15日

(25) 一份信用证规定有效期为2008年11月15日,装运期为2008年10月,未规定装运后交单的特定期限,实际装运货物的日期为2008年10月10日,根据《UCP600》,受益人在( )前向银行交单。
A. 2008年11月15日　　　　　　B. 2008年11月31日
C. 2008年10月15日　　　　　　D. 2008年10月25日

(26) 定装运后交单的特定期限,实际装运货物的日期为2007年10月1日,根据《UCP600》,最迟交单期限为( )。
A. 2007年10月10日　　　　　　B. 2007年10月22日
C. 2007年10月23日　　　　　　D. 2007年10月30日

(27) 根据《UCP600》,商业发票的抬头必须以( )为抬头。
A. 开证行　　　B. 开证申请人　　　C. 指定付款行　　　D. 议付行

(28) 信用证项下,出口人开具的汇票,如遭到付款人拒付时,则( )。
A. 开证行有权行使追索权　　　　B. 保兑行有权行使追索权
C. 议付行有权行使追索权　　　　D. 付款行有权行使追索权

二、多选

1. 关于信用证中"Date and place of expiry",说法正确的是( )。
   A. 表明该信用证的到期日期和到期地点
   B. 信用证的到期地点可以在开证行所在地,也可以在受益人所在地
   C. 可以推算出信用证的开证日期
   D. 如果是在开证行所在地,出口审单人员一定要把握好交单时间和邮程,防止信用证失效

2. 如果信用证没有对货物数量订有增减条款,只要同时符合( ),该货物的出运数量允许有5%的增减幅度。
   A. 信用证未规定数量不得增减
   B. 支付金额不超过信用证金额
   C. 货物的数不是按包装单位或个数计数的,如长度(米、码),体积(立方米),容量(升,加仑),重量(吨,磅)
   D. 信用证不准分批
   E. 支付金额可超过信用证金额的5%

3. 对于信用证与合同关系的表述正确的是( )。
   A. 信用证的开立以买卖合同为依据
   B. 信用证业务的处理不受买卖合同的约束
   C. 有关银行办理信用证业务应适当开率合同
   D. 合同是审核信用证的依据
   E. 信用证业务的处理受买卖合同的约束

4. 在国际贸易中,常用于中间商转售货物交易的信用证是( )。
   A. 对背信用证　　　　　　　　B. 对开信用证
   C. 可撤销信用证　　　　　　　D. 可转让信用证

E. 循环信用证

5. 因( )开证行有权拒付票款。
   A. 单据内容与信用证条款不符　　B. 实际货物未装运
   C. 单据与货物有出入　　　　　　D. 单据与单据互相之间不符
   E. 单据内容与合同条款不符

6. 用于议付信用证项下结算的汇票可以是( )。
   A. 即期汇票　　B. 远期汇票　　C. 商业汇票　　D. 银行汇票
   E. 以上均可

7. 下列信用证条款中属于软条款的是( )。
   A. 三份正本已装船海运提单,做成"凭指定"抬头,通知买方
   B. 一份开证申请人手签的质量检验证书,字迹须和开证行预留签字样本相符
   C. 待进口商取得进口许可证后,开证行以信用证修改形式通知信用证生效
   D. 所装船名和船期由进口商通知开证行,开证行以信用证修改形式通知受益人
   E. 货物运抵目的港后,待进口地商检机构检验合格并出具书面证书后开证行才付款

8. 下列应被视为信用证的"软条款"的是( )。
   A. 开证人在检验证书上的签名必须与开证行所保留的签名样本相符
   B. 信用证项下要求受益人提供船龄证明
   C. 受益人出具的报关单、合同及商业发票必须做使馆认证
   D. 必须得到开证人对样品的确认后,信用证方可生效
   E. 货物必须经开证人代表检验合格后方可装船

9. 国际贸易中采用保付代理方式收取货款,对出口人的好处是( )。
   A. 保理商负责进口人资性调查　　B. 出口商承担信贷风险
   C. 保理商承担信贷风险　　　　　D. 保理商向出口人提供资金融通
   E. 保理商向进口人提供资金融通

10. 关于信用证与合同关系的表述正确的是( )。
    A. 信用证的开立以买卖合同为依据
    B. 信用证业务的处理不受买卖合同的约束
    C. 有关银行办理信用证业务应适当考虑合同
    D. 合同是审核信用证的依据
    E. 信用证业务的处理受买卖合同的约束

三、判断

1. 根据《UCP600》,信用证未清楚地表明"可撤销"或"不可撤销",应视为"不可撤销信证"。

2. 出口公司在收到对方开出的信用证后,应严格按照信用证的有关条款进行发货、装运、制单结汇。不管有什么情况,都无权要求开证行修改信用证。

3. 在进口贸易中,我方对外开证时,一般不主动开出"可转让信用证",以免使我方被动。

4. 根据《UCP600》,对开信用证中的第一张信用证和第二张信用证的金额,既可相

等,也可以不相等。

5. 根据《UCP600》,信用证项下单据应在信用证效期和交单期内向银行提交。如果信用证对交单期未作规定,则交单期不得迟于运输单据日期后的15天,并且不得迟于信用证的效期。

6. 信用证是一种银行开立的无条件承诺付款的书面文件。

7. 银行对于信用证未规定的单据将不予审核。

8. 开证行对于单证不符,若要拒付,必须在5个工作日内拒付。

9. 开证行在接受开证申请书时,应查验申请人同时提交的有效文件,如:进口许可证、贸易进口付汇核销单、有关部门的登记文件等。

10. 如果国外银行开来的信用证中金额比买卖合同的金额多了1 000美元,装运期比合同规定早了20天,受益人可要求对装运期修改,信用证金额不必修改。

11. 信用证申请书反面的内容是申请人对开证行的声明,用以明确双方的责任。

12. 进口贸易是以信用证为主要支付方式,由于它是以符合信用证规定的货运单据为条件支付货款,所以有较大的风险。

13. 采用信用证支付方式,单证的交付是指出口商在规定的时间内将全套单据连同正本信用证通过出口地银行寄给开证行,以便开证行付款。

14. 除信用证项下正常交单外,还存在含有不符点单据的交单。

15. 对开信用证多用于易货贸易、补偿贸易和来料加工、来件装配等业务。

16. 信用证支付方式下,如果国外开来的信用证条款与买卖合同相互矛盾,制单审单时应以信用证为准。

17. 信用证可以不规定有效期,但必须规定装运期。

18. 进口企业申请开立信用证时,须填写开证申请书,并向银行递交进口合同副本、有关附件,向银行交纳一定的押金和手续费。

19. 在审核信用证时,对信用证中的附加条款一般可以不审核。

20. 根据《UCP600》,标明"正本"(original)字样的单据为正本单据,须经出单人签署方为有效。标明"副本"(copy)或不标明"正本"字样的单据为副本单据,无需签署。

21. 根据《UCP600》,保兑行保兑信用证后,对随后接到的修改书可自行决定是否将保兑责任扩展至修改书。

22. 如果信用证只规定最迟装运期,未列有效期,受益人应按双到期来操作。

23. 可转让信用证只能转让一次,所以,当第二受益人将可转让信用证再转让给第一受益人是不被允许的。

24. 根据《UCP600》规定,信用证中没有明确表明该证是否可以转让时,视为可以转让。

25. 我某公司按CIF条件出口某商品,采用信用证支付方式,买方在约定的时间内未开来信用证,但约定的装运期已到,为了重合同和守信用,我方仍应按期发运货物。

26. 开证行、保兑行或其他指定银行都有一段合理的时间审核单据,但不超过收到单据次日起15个银行工作日。

27. 转让信用证项下,只要受益人提交合格的单据,转让银行就应承担与开证行相同的付款责任。

28. 即期议付信用证条件下,议付行ABC银行提交的汇票收款人规定为:TO ORDER OF ABC BANK,但未对汇票做背书,则应视为不合格发票。

29. 依据《中华人民共和国票据法》,汇票的大小写金额必须一致,否则汇票无效。

30. 来证规定装运期限为"AFTER12TH MAY,2007",则应理解为2007年5月12日或以后装运。

31. 信用证项下的汇票付款人,如无特别规定,应为信用证的开证行。

32. 在信用证业务中,受益人收到信用证修改通知书后,如不同意修改,应立即将信用证修改书退回通知行,否则视为同意接受。

33. 信用证的装运期和有效期分别为9月30日和10月15日,同时规定提单出具后15天交单。若受益人提交议付单据的日期是10月12日,而提单日期是9月22日,根据《UCP600》规定,银行可以拒绝对这套单据付款。

34. 根据《UCP600》规定,若信用证在货物数量方面有伸缩,而金额方面没有,该证货物总值则不能超过信用证金额。

35. 汇票是信用证项下的必备单据。

36. 某公司出口大豆2 000公吨,每公吨220美元,数量可增减5%,合同订立后,进口商开来信用证,信用证的总金额为440 000美元,数量为2 000公吨。此时我方必须在修改了信用证后,才能装运货物。

37. 根据《UCP600》规定,除非信用证另有规定,银行可以接受出具日期早于信用证开立日期的单据。

38. 根据《UCP600》规定,在规定装运期时,如使用了"迅速"、"立即"、"尽速"或类似词句者,银行将不予置理。

39. 使用保兑信用证时,受益人应先交单至开证行,如开证行不付款再找保兑行。

40. 一张用完一定金额后,需某开证行通知到达才能恢复原金额继续使用的信用证是非自动循环信用证。

41. 出口企业在审核来证时,只要有不符点都应提出改证。

42. 在信用证支付方式下,卖方凭以向客户收取货款的,不是实际货物,而是与信用证要求完全相符的全套单据。

43. 在对开信用证业务中,两张信用证可以同时生效,也可以分别生效。

44. 在备用信用证条件下,如开证申请人按期履行了合同义务,则该信用证必须使用。

四、案例分析

1. 我方某公司与德商签订一出口合同,德商按时开来了信用证,证中规定的装运条款为:1月装100公吨,2月装150公吨,3月装150公吨。我公司1月份按规定如数装运并顺利收到货款。考虑到货源分散,经与船公司协商同意,"月亮河号"于2月10日在烟台、2月11日在青岛共装运150公吨。当我公司持单据到银行要求付款时,遭到开证行的拒绝。请问开证行的拒付是否合理?为什么?

2. 我方某公司向韩国出口一批大豆,双方签订的合同中规定:数量2 000公吨,单价

150美元/公吨,允许10%的数量增减。对方如期开来了信用证,证中规定:总金额300 000美元,数量2 000公吨。我方未要求改证,直接发货2 100公吨。请问我方是否能安全收汇?为什么?

3. A公司对英国出口一批货物,国外开来信用证中对发票规定:"Commercial Invoice in duplicate."。A公司交单后被拒付,理由是商业发票上受益人漏签字盖章。A公司经检查发现的确漏签字盖章,立即补寄签字完整的发票。但此时信用证已过期,故又遭拒付。A公司与买方再三交涉,最后以降价处理才收回货款。本案中的拒付有无理由?为什么?A公司的处理是否妥当?为什么?

4. 我方某出口公司于6月30日接澳商来电洽购XX品牌的抽湿器1 800台。正好该公司有现货放在仓库,并查悉7月份有班轮直达澳大利亚。我方于7月1日向对方发盘:"现报即装XX牌抽湿器1 800台,每台80美元CIF悉尼,即期不可撤销信用证付款,限7月5日复到有效。"7月4日对方复电称:"你7月1日发盘接受,即开信用证。"接电后,我方立即组织装运,取得7月26日的清洁已装船提单,但对方的信用证一直未到,几经催促,终于8月2日收到对方7月29日电开的信用证。证中规定:装运期为"不得迟于8月16日",信用证有效期为"8月30日"。请问:根据该证的规定,我方可否顺利结汇?为什么?

5. 我方某公司向新加坡某公司出口某农副产品一批共20 000公吨。国外开来的信用证规定:"Time of Shipment: during Apr./May, 2004, Partial shipment is not allowed; Port of Shipment: Guangzhou/Zhanjiang; Port of Destination: Singapore"。我公司在4月28日和5月2日分别在广州和湛江港各装10 000公吨货物于第169航次的"海丰号"轮,目的港为新加坡。根据国际惯例,我方的做法违反信用证规定吗?为什么?

6. 我方某公司与外商按CIF条件签订一笔大宗商品出口合同,合同规定装运期为8月份,但未规定具体开证日期。外商拖延开证,我方见装运期快到,从7月底开始,连续多次电催外商开证。8月5日,收到开证行简电通知,我方因怕耽误装运期,即按简电办理装运。8月28日,外方开来信用证正本,正本上对有关单据做了与合同不符的规定。我方审证时未予注意,交银行议付时,银行也未发现,开证行即以单证不符为由,拒付货款。你认为,我方应从此次事件中吸取哪些教训?

操作训练

一、根据合同内容审核信用证,指出不符之处并提出修改意见。

SALES CONTRACT

THE SELLER: NO. YH08039
SHANDONG YIHAI IMP. & EXP. CO., LTD. DATE: DEC. 1, 2008
NO. 51 JINSHUIROAD, QINGDAO, CHINA SIGNED AT: QINGDAO, CHINA
THE BUYER:
LINSA PUBLICIDAD, S. A.
VALENCIA, 195 BAJOS. 08011. BARCELONA, SPAIN

This Sales Contract is made by and between the Sellers and the buyers, whereby the sellers Agree to sell and the buyers agree to buy the under-mentioned goods according to the terms and Conditions stipulated below:

Commodity & Specification	Quantity	Price Terms	
		Unit Price	Amount
CARDHOLDER DYED COW LEATHER BLACK BROWN	5000PCS 8000PCS	FOB QINGDAO USD1.45/PC USD1.50/PC	USD 7250.00 USD 12000.00 USD 19250.00
Total amount: U.S. DOLLARS NINETEEN THOUSAND TWO HUNDRED AND FIFTY ONLY			

Packing: 1PC/POLYBAG, 500PCS/CTN **Shipping Mark**: L.P.
Time of Shipment: DURING JAN. 2009 BY SEA   BARCELONA
   NOS. 1-26
Loading port and Destination: FROM QINGDAO TO BARCELONA
Partial Shipment and Transshipment: ALLOWED
Insurance: TO BE EFFECTED BY THE BUYER.
Terms of Payment: THE BUYER SHALL OPEN THROUGH A BANK ACCEPTABLE TO THE SELLER AN IRREVOCABLE SIGHT LETTER OF CREDIT TO REACH THE SELLER 30 DAYS BEFORE THE MONTH OF SHIPMENT AND TO REMAIN VALID FOR NEGOTIATION IN CHINA UNTIL THE 15th DAY AFTER THE FORESAID TIME OF SHIPMENT.

ISSUE OF DOCUMENTARY CREDIT

27: SEQUENCE OF TOTAL: 1/1
40A: FORM OF DOC. CREDIT : IRREVOCABLE
20: DOC. CREDIT NUMBER : 103CD137273
31C: DATE OF ISSUE : 081215
40E: APPLICABLE RULES : UCP LATEST VERSION
31D: DATE AND PLACE OF EXPIRY : DATE 090202 PLACE IN SPAIN
51D: APPLICANT BANK: BANCO SANTANDER, S. A.
   28660 BOADILLA DEL BARCELONA, SPAIN
50: APPLICANT: LINSA PUBLICIDAD, S. A.
   VALENCIA, 195 BAJOS. 08011. BARCELONA, SPAIN
59: BENEFICIARY : SHANDONG YIHAN IMP. & EXP. CO. , LTD.

   NO. 51 JINSHUI ROAD, QINGDAO, CHINA
32B: AMOUNT: CURRENCY EUR AMOUNT 19250.00

41A: AVAILABLE WITH... BY   ANY BANK IN CHINA BY NEGOTIATION
42C: DRAFTS AT...   30 DAYS AFTER SIGHT
42A: DRAWEE : LINSA PUBLICIDAD,S. A.
43P: PARTIAL SHIPMTS: NOT ALLOWED
43T: TRANSSHIPMENT: NOT ALLOWED
44E: PORT OF LOADING: ANY CHINESE PORT
44F: PORT OF DISCHARGE : VALENCIA,SPAIN
44C: LATEST DATE OF SHIPMENT: 090115
45A: DESCRIPTION OF GOODS
    GOODS AS PER S/C NO. YH08036 DATED ON DEC. 1 ,2008
    CARDHOLDER DYED COW LEATHER
    BLACK COLOUR/8000PCS AT USD1.45/PC FOB QINGDAO
    BROWN COLOUR/5000PCS AT USD1.50/PC FOB QINGDAO
    PACKING:200PCS/CTN
46A: DOCUMENTS REQUIRED
    1. SIGNED COMMERCIAL INVOICE IN 3 COPIES
    2. CERTIFICATE OF ORIGIN GSP FORM A ISSUED BY OFFICIAL AUTHORITIES
    3. PACKING LIST IN 3 COPIES
    4. FULL SET CLEA ON BOARD BILLS OF LADING MADE OUT TO ORDER MARKED FREIGHT PREPAID AND NOTIFY APPLICANT
    5. INSURANCE POLICY/CERTIFICAE IN DUPLICATE ENDORSED IN BLANK FOR 100% INVOICE VALUE COVERING ALL RISKS AND WAP RISK AS PER CIC.
47A. ADDITIONAL CONDITIONS
    BILL OF LADING ONLY ACCPTABLE IF ISSUED BY ONE OF THE FOLLOWING SHIPPING COMPANIES: KUEHNE-NAGLE (BLUE ANCHOR LINE) VILTRANS (CHINA) INT'L FOREARDING LTD. OR VILTRANS SHIPPING (HK) CO. , LTD.
71B: CHARGES: ALL CHARGES ARE TO BE BORN BY BENEFICIARY
48: PERIOD FOR PRESENTATION: WITHIN 5 DAYS AFTER THE DATE OF SHIPMENT, BUY WITHIN THE VALIDITY OF THIS CREDIT
49: CONFIRMATION INSTRUCTION: WITHOUT

第六章

几种常用商务单证填写和制作

本章学习，使学生了解并掌握商业发票、装箱单、汇票、装运通知、受益人证明和保险单等六种单据的缮制要点。

开证行以单证不符拒付案

某外贸公司向巴基斯坦一公司以 CIF 条件出口一批货物，国外来证中对单据条款规定如下：商业发票一式两份；全套清洁已装船海运提单，注明"运费已付"，做成指示抬头、空白背书；保险单一式两份，按照中国人民保险公司 1981 年 1 月 1 日海洋货物运输保险条款投保一切险和战争险；信用证内注明按《UCP600》办理。外贸公司在信用证规定的装运期内将货物装上船，并于到期日前向议付行交单议付，议付行随即向开证行寄单索偿。开证行收到单据后来电表示拒绝付款，其理由是单证有以下不符点：

（1）商业发票上没有签字；

（2）正本提单上是以一份组成，不符合全套要求；

（3）保险单上的保险金额与发票金额相等，投保金额不足。

第一节 商业发票

商业发票（commercial invoice）在实际工作中简称为发票（invoice）。商业发票是出口方向进口方开列的发货价目清单，是买卖双方记账的依据，也是进出口报关交税的总说明。它是收汇单证中最重要的单据，能让有关当事人了解一笔交易的全貌。其他单据都是以发票为依据。

发票是卖方向买方开立的，对所交货物的总说明，是一张发货价目清单。进口商凭票核对货物及了解货物的品质、规格、价值等情况，它是进出口商记账与核算的依据。在没有汇票时，出口商可凭发票向进口商收款。发票还是报关纳税的基本依据，也是实施其他管理的基础。需说明的是，发票作为收汇单据之前，即货物出运时，还有以下作用：（1）作为国际商务单证中的基础单据,是缮制报关单、产地证、报检单、投保单等其他单据的依据。(2)作为报关、报检单据的组成部分。出运过程中,报检单、报关单都需要附上发票才能起到相应的作用。而在作为收汇单证之后,发票还有核销外汇的作用,出口商收到外汇后,办理核销时需提供发票。

一、发票样本

Commercial Invoice

1. 出口商 Exporter SUZHOU IMPORT & EXPORT TRADE CORPORATION 321 FENGXIAN ROAD, SUZHOU, CHINA	4. 发票日期和发票号 Invoice Date and No. JUNE 1, 2010 TX0522	
:::	5. 合同号 Contract No. TXT264	6. 信用证号 L/C No. XT173
2. 进口商 Importer TANJIN-DAIEI CO., LTD. SHIBADAIMON MF BLDG, 2-1-16, SHIBADAIMON MINATO-KU, OSAKA, JAPAN	7. 原产地国 Contry/region of origin P. R. CHINA	
:::	8. 贸易方式 Trade node	
3. 运输事项 Transport detsils FROM SUZHOU PORT TO OSAKA PORT BY SEA	9. 交货和付款条款 Terns of delivery and payment CIF OSAKA L/C AT SIGHT	

10. 运输标志和集装箱号码 Shipping marka: Connainer No. TANJIN-DAIEI TXT264 OSAKA C/NO. 1-66 CN:GATUO506118	11. 包装类型及件数;商品编码;商品描述 Number and kind of packapec; Comodity No.; Comodity deperition 66 CARTONS OF BLACK TEA ART NO. 555 ART NO. 666 ART NO. 777 TOTAL	12. 数量 Quantity 100KGS 110KGS 120KGS 330KGS	13. 单价 Unit price CIF OSAKA USD 110.00/KG USD 100.00/KG USD 90.00/KG	14. 金额 Aacount USD 11000.00 USD11000.00 USD10800.00 USD32800.00
15. 总额(用数字和文字表示)Total amount (in figure and word) SAY U.S. DOLLARS THIRTY TWO THOUSANDS AND EIGHT HUNDRED ONLY				
	16. 出口商签章 Experter stamp and signature 黄河			

二、发票制作要点

(1)出票人的名称、地址等描述必须醒目、正确。如是采用信用证方式收汇的,发票出票人为受益人,必须与信用证已被转让,银行也可接受有第二方受益人出具的发票。

非信用证方式时,发票的出票人栏目显示合同的卖方。

发票的出票人有两种表示方法:一是发票的信头直接显示受益人名称;二是由受益人在发票上进行签署。在实务中,如果发票的出票人是受益人下属的某个部门(例如 ABC Co Ltd ,Export DEPT),根据国际商会专家小组的意见,这是不允许的。

(2)出票日期及出票的基础信息方面必须注意以下事项。

① 出票日期一般不迟于装运日。如信用证没有特别规定,发票日期早于信用证的开证日也是可以接受的。

② 发票上,一般需要显示有关此笔交易的基础信息,(如合约号、订单号)。如果发票的货物涉及不止一个合约的,发票上显示合约号必须包括全部合约。

如果信用证没有要求表明合约号,也可以不显示。在信用证方式下,必须表明该笔交易中的信用证号码。

(3)在先是发票付款人(抬头人)时,必须注意发票抬头应作成信用证的申请人名称、地址。《UCP 600》允许地址细节有不一致之外(只要与信用证述及的地址处于同一国家),用于联系的资料(电话、电传、电子邮箱等类似细节)可不予置理。但是平时操作时,还是填写为妥,银行审单时,一般也是从严掌握的。

如果信用证有指定其他抬头人的,按来证规定制单。如果该信用证已被转让,则银行也可接受由第二受益人提交的以第一受益人为抬头的发票。

非信用证方式收汇时,一般将合同的买方作为发票的抬头人。

(4)运输路线、起运地、目的地必须与其他单据上显示的相一致,并且要显示具体的地名,不要用统称,如信用证中只标明国名,在发票制作时,应打上具体的地名(除非一些特定交易出运时还未确定目的地)。

(5)发票上的货物描述部分是发票的中心内容,一般情况下,必须描写具体。

信用证方式项下,《UCP600》规定"商业发票中对货物、服务或履行行为的描述应该与信用证中的描述不矛盾"。但并不要求如同镜子反射那样一致。托收和汇款方式的发票的货物描述按照合同填写。

关于发票品名的表述,在实务中通常有以下几种情况:

① 信用证只规定了货物的总称,发票应照样显示外,还可加列详细的货名,但不得与总称矛盾。例如:信用证规定"blue cotton wears",而发票却显示"colored cotton wears",这就不允许。

② 如所列商品较多,信用证上标有统称时,发票上可在具体品名上放按来证显示统称。

③ 信用证未规定货物的总称,但列举的货名很详细,则发票应照信用证规定列明。

④ 信用证规定的货名并非英文文字时,发票也应照原文显示出来。(可同时用英文表述)

⑤ 信用证规定了多种货名,应根据实际发货情况注明其中的一种或几种,不可盲目照抄。

⑥ 除了信用证规定的货物外,发票不能显示其他货物(包括样品、广告材料等),即使注明是免费的。

如果发票的货物描述中某个字母写错,但不能影响对该词理解时,开证行不能以此拒付。例如:信用证是 MACHINE,发票误打成 MASHINE,但是如信用证用的是 DRIED GRAPES,发票写成 RAISIN,则因意思不同,会形成不符点。尽管现在国际商会对发票品名描述要求不是那么苛刻,但是出口商制作发票时还是应该拼写正确为妥。

(6)货物的规格。规格是货物品质、特征的标志,如一定的大小、长短、轻重、精密度、性能、型号、颜色等。一般当信用证开列了对规格的要求和条件时,所制发票必须和信用证规定完全一致,并且应正确表达,如信用证规定"水分不超过 XX%",应在发票上注明实际含水量。

在发票上可添加货物规格、成分、状态等细节,但不能与信用证矛盾。

(7)货物的数量。发票必须明确表明货物的数量,并与其他单据相一致。

当信用证在表述数量时,如果使用了"约(about)"、"大约(approximately)"字样,应理解为有关数量不超过10%的增减幅度。

如果信用证规定的货物是以重量、长度、面积或体积等作为数量单位的,而不是按包装单位或个数记数的,在信用证对货物数量没有不得增减要求和所支取的金额未超过信用证金额的前提下,允许货物数量有5%的增减幅度。

如果信用证规定在指定的期限内分期装运货物数量,只要其中有一期未按规定限制装运,就会造成信用证失效,开证行将不再对信用证负责。但是信用证经过修改,可以恢复生效。

(8)货物重量和包装情况。发票应表明货物的包装类型(箱、袋等)、包装件数和重量,并且须注意与其他单据上的相一致。

信用证上明确要求在发票上需列明货物重量或以重量计价的商品,在缮制发票时,应详细列明毛重、净重。

(9)价格术语(价格条件)。发票中的价格术语十分重要,因为它涉及买卖双方责任的承担、费用的负担和风险的划分问题。另外,也是进口地海关核定关税的依据。

来证价格术语如与合同中规定的有出入,应及时修改信用证,如事先没有修改,还是应该照信用证规定制单,否则会造成单证不符。有的信用证规定的价格术语后列出一些附加条件,如 FOB liner terms、CIF TOKYO INCOTERMS 2000 等。制作发票时,必须按此表述在发票上注明。

发票应完整、正确地显示价格条款,做到与相应单据的表述相一致。

如果合同规定(使用信用证时,信用证规定)发票必须显示货物成本、运费和保险费的细目,则发票应分别列明,这时须注意有关金额与其他单据相一致。

(10)单价和总值。完整的货物单价包括计价货币、单价价格金额、计量单位和贸易术语四个内容,例如 EUR100.00PER DOZEN CIF HAMBURG。

总值是经过计算后得出的货物总价值,发票的总金额。

单价和总值是发票的主要项目,必须准确计算,正确缮打,并认真复核,特别要注意小数点的位置是否正确,金额和数量的横乘、竖加是否有矛盾。

关于发票金额的注意事项:

① 发票金额必须用与信用证相同的货币表示。如果出口国外汇管制要求发票以当

地货币表示金额，出口商可以在发票上显示信用证货币金额的同时，写上以当地货币表示的等值金额。

② 发票总值不能超过信用证的总金额。如信用证的总金额是按含佣金价计算的，则商业发票上的总金额也应按含佣金计算，不需要扣除佣金；如信用证单价为佣金价，但总金额已扣佣金的，即使信用证没有规定扣减，发票总金额也应是扣除佣金后的货物总值。

例如：一信用证显示 USD21/DOZ CIFC5 KOBE，单价包含佣金，数量 500DOZ，信用证总金额是 USD 9 975.00，制作发票，应写成：

$$\begin{aligned}&\text{USD 10 500.00}\\&\text{Less commission}\quad 525.00\\&\text{USD 9 975.00}\end{aligned}$$

③ 凡"约"或"大约"用于信用证金额时，应理解为有关金额可有不超过 10% 的增减幅度。但是需要注意的是"约"放在哪一项，就适用于哪一项，不能以此类推。例如，信用证中货物的数量条款中有"约"等词语，但金额表述中没有此类词语，金额就不允许有上述幅度的增减。

④ 当信用证规定的金额和数量允许有一定比例增减时，该信用证项下不同颜色、规格的货物，分别可以满足该增减幅度。但是如果其中有单独一项货物数量或金额超过规定，即使总金额和总数量在规定的范围之内，亦是不允许的。

⑤ 如果信用证规定了货物数量，而该数量已经全部发运，及如果信用证规定了单价，而该单价又未降低，则即使不允许部分装运，也允许支取的金额有 5% 的减幅。

⑥ 来证规定的数量已装完，而发票金额还有一些多余，在议付行表示接受的情况下，可采取"扣除"、"放弃"的办法处理，即在总额下面减除差额零头，检除后的发票总金额不超过信用证所允许的金额。

⑦ 托收和汇款项下，按合同制作发票。如果合同规定（使用信用证时，信用证规定）发票必须显示货物成本、运费和保险费的细目，则发票应分别列明，这时须注意有关金额与其他单据相一致。

(11) 运输标志唛头。发票作为交货清单应正确显示运输标志。运输标志是指印刷在货物外包装上的图形、文字和数字，便于各方辨识货物，有助于货物的装卸、运输等工作，以防错运错发。

制作运输标志的要求：

① 运输标志一般以简明、易于识别为原则。标准运输标志由收货人简称、贸易业务参考号、目的地名称和件数编号组成。

如遇货物运至目的港后还要转运到内陆城市的，可在目的港下面加打 IN TRANSIT TO XXX 或 IN TRANSIT 字样。

② 采用信用证时，如有指定运输标志的，必须按照规定制作运输标志。

如果信用证规定了具体运输标志，而且带有"运输标志仅限于……(mark is restricted to...)"，或"只有这样的运输标志才能接受(only such mark is acceptable)"，或"运输标志唛头应包括……(mark should include...)"等类似语句时，则运输标志应严格按信用证规定的原样显示在发票上。

如果信用证规定了具体运输标志唛头,例如"QTY,GM"等,但没有"仅限于"等类似字样,则唛头可以按文字要求加注实际内容,如"QTY 100 SETS,GW 1000KGS"等。

如果信用证规定的运输标志唛头用英文表示图形,例如:"in diamond"或"in triangle"等,则发票可将菱形或三角形等具体图形表示出来,也可用文字表示。

如果信用证中没有规定运输标志唛头,发票既可以显示出口商自行设计的运输标志唛头,也可以依据实际情况用"no mark"或"N/M"来表示无运输标志。服装类货物使用挂装集装箱时,运输标志处写成 NO MARK。

无论哪种方法,发票上记载的运输标志及件号应与货物实际使用的相一致。

(12)补充信息及声明文句。国外来证有时要求在发票上加注各种费用金额、特定号码、有关证明句,一般可将这些内容打在发票商品栏以下的空白处,大致有以下几种:

① 注明特定号码。如进口号码、配额许可证号码等。

② 运费、保险费等。

③ 缮打证明句。如澳大利亚来证要求加注原材料来源证明据,有些国家来证要求加注非以色列证明句或有关产地说明等。例如:We hereby declare that the goods are of pure origin of China. We hereby certify that the contents of invoice herein are true and correct.

发票加注词句内容必须依据具体情况,不是一字不差地照搬信用证上的文字。

(13)更正和"错漏当查"(E&OE)。发票的更正处应盖有签发人的更正章。"E&OE"是"errors and omissions expected"的简称。应该注意的是当发票已经显示了证明真实、正确等文句的,就不能出现"E&OE"的字样。

(14)发票份数。信用证项下,提交银行的发票份数应与信用证规定的一致,如果信用证中没有特殊要求,其中一份必须是正本。如信用证要求"in duplicate"或"in two copies"时,所提供的发票中必须有一张是正本。

(15)出口商签署。如果信用证没有规定,用于对外收汇的商业发票不需要签署(但用于报关、退税等国内管理环节的发票,必须签署)。当信用证要求"signed invoice"时,发票需要做签署;而要求"manually signed invoice"时,该发票必须是手签。

如果发票上有证明的字句(we certify that ...),此类发票必须签署。

另外注意事项:

① 如果以影印、自动或电脑处理或复写方法制作的发票,作为正本者,应在发票上注明"正本"(ORIGINAL)字样,并由出单人签章。

② 近年来,各地已陆续出现了国内税务机关统一印制的通用出口发票,常见的是一套六联。根据用途分为发票联、记账联、税务联、报关联、核销联、存根联,内容与上述介绍的普通外销商业发票项目相同。

如进口商接受此种格式发票的话,也可用于收汇。但若与 L/C 或进口商要求不一致的,则不对外使用,只在报关、报检等国内环节中使用此格式的发票。对外收汇时,另外再制作原来常见格式的发票。

③ 现在有一些进口商要求出口商按进口商特有的格式发票制单,内容栏目基本上也与普通发票相同,若对出口方无不妥之处的,出口商可协助进口商按其要求办(在对外收汇时和国外进口商办理有关手续时使用,办理出口国内手续时需使用普通外销发票)。

(16）形式发票。形式发票（proforma invoice）也称预开发票或估价发票，有时在未成交之前，出口商应进口商的要求，发出一份列有出售货物的名称、规格、单价等内容的非正式的参考性发票，供进口商向其本国贸易管理当局或外汇管理当局等申请进口许可证或批准给予外汇之用，有时也用于报盘，作为交易前的发盘之用。

形式发票不是表示债务的凭证，不是一种正式发票，不能用于托收和议付，它所列的单价等，也仅仅是出口商根据当时情况所作出的估计，对双方都无最终的约束力，所以说形式发票只是一种估计单，正式成交后还要另外重新缮制商业发票。

形式发票与商业发票的关系密切，信用证在货物描述后面常有"按照某月某日之形式发票"等条款对此援引，只要在商业发票上打明"AS PER PROFORMA INVOICE NO...DATED..."即可。假如来证附有形式发票，则形式发票构成信用证的组成部分，制单时要按形式发票内容全部打上。

第二节 包装单据

包装单据（pocking documents）是记载或描述商品包装情况的单据，是商业发票的补充，也是货运单据中一项重要单据。除散装货物外，包装单据一般为不可缺少的文件。进口地海关验货、公证行检验、进口商核对货物时，通常都以包装单据为依据。进口商通过包装单据，还可了解货物包装件号内的具体内容，以方便销售。

一、包装单据的作用

（1）它是出口商缮制商业发票及其他单据时计量、计价的基础资料。

（2）它是进口商清点数量或重量以及销售货物的依据。

（3）它是海关查验货物的凭证。

（4）它是公证或商检机构查验货物的参考资料。

二、包装单据种类

由于商品不同，进口商需要的包装单据也不相同，因此包装单据种类多样，名称各异。

有时进口商对同一批商品也会提出突出不同侧面要求的包装单据，但是制作方法、显示的内容比较相似。常用的有以下几种：

（1）装箱单（Packing List/Packing Slip）；

（2）包装明细单（Packing Specification）；

（3）详细装箱单（Detailed Packing List）；

（4）包装提要（Packing Summary）；

（5）重量单（Weight List/Weight Note）；

（6）重量证书（Weight Certificate/Certificate of Weight）；

（7）磅码单（Weight Memo）；

（8）尺码单（Measurement List）；

（9）花色搭配单（Assortment List）。

另外，《UCP 600》指出："只要包装单据内容符合信用证的要求，能反映所规定的单据功能,不要求名称与信用证一字不差。"但我们制单时,应注意从严掌握,尽量一致。

如信用证或合同规定要出"neutral packing list",即中性(包装)装箱单的话,单据上不可以显示出口制单方的名称、地址(即上无信头部分且下无公司印章),同时不可以显示产地。

三、包装单样张

Packing list

1. 出口商(Experter) SUZHOU IMPORT & EXPORT TRADE CORPORA- TION 321 FENGXIAN ROAD, SUZHOU, CHINA		3. 装箱单日期(Packing list date) JUNE 1, 2010		
2. 进口商(Importer) TANJIN-DAIEI CO., LTD. SHIBADAIMON MP BLDG, 2-1-16, SHIBADAIMON MINATO-KU, OSAKA, JAPAN		4. 合同号(Contract No.) TXT264		
		5. 发票号和日期(Invoice No. and Date) JUNE 1,2010 TX0522		
6. 运输标志和集装箱号 (Shipping narks: Container No.) TANJIN-DAIEI TXT264 OSAKA C/NO.1-66 CN:GATU0506118	7. 包装类型及件数:商品名称 Number and kind of packages; Conmodity name BLACK TEA ART NO.555 20 CARTONS ART NO.666 22 CARTONS ART NO.777 24 CARTONS TOTAL: 66 CARTONS	8. 毛重 kg Gross weight 110KGS 121KGS 144KGS 375KGS	9. 体积 m3 Cube 6CBN 6.6CBM 7.2CBM 19.8CBM	
SAY TOTAL SLXTY SIX CARTONS ONLY		10. 出口商签章 Exporter stamp and signature 黄河 (苏州进出口贸易公司 印章)		

四、缮制包装单据应注意事项

(1)采用信用证收汇时,包装单据名称应与信用证内规定名称一致,因为包装单据的内容,既包括包装的商品内容也包括包装的种类和件数,每件毛、净重和毛、净总重量,每件尺码和总尺码(体积),所以无论信用证要求的包装单据是何名称,都应按其规定名称照打。

(2)毛重、净重方面应列明每件的毛重和净重;小计数及合计数必须与发票和运输单据、产地证、出口许可证的数字相符;对于计价的重量,数字更须注意。

(3)如果信用证规定要列明内包装情况(inner Packing),必须在单据中充分表示出来。例如:信用证规定,每件装一胶带、每打装一盒、每20打装一纸箱,则须注明:"Packing:each piece in a poly bag,one dozen in a cardboard box and then 20 dozens in a carton"。

（4）信用证项下，银行不检查单据中的数字计算细节，而只负责将总量与信用证及/或者其他单据相核对。

（5）重量单如冠以"Certificate of Weight"（重量证明）的，应加注："We certify that the weights are true and correct"的证明句。

（6）装箱单据一般不应显示货物的单价、总价，因为进口商把商品转售给第三者时只要交付包装单和货物，不愿泄露其购买成本。

（7）为了符合信用证不接受联合单据的要求，可以利用装箱单分别冠以重量单、尺码单等不同名称的方法，一次缮制，按照信用证规定的份数分别提供给银行。

（8）可用显示发票号码、合同号码等方法表示与其他单据的关联性。

（9）货物描述，可以与信用证中的货描一致，也可以使用货物统称，但不得与信用证规定的货物描述相抵触。

（10）包装单据（list、note、memo之类）通常不需要签署。但当包装单据冠以"……证明（Certificate of...）"含有证明文句时，则应该签署。

第三节 汇 票

这里主要指出口收汇使用的汇票。

一、含义

出口收汇中使用的汇票，是指用于托收和信用证收汇方式中，出口商向进口商或银行签发的，要求后者即期或在一个固定的日期或在可以确定的将来时间，无条件地对某人或某指定人或持票人支付一定金额的书面支付命令。

托收和信用证方式下，通常使用跟单汇票，较少使用光票。通常由于出票人为出口商，故收汇单证中的汇票属商业汇票。延期付款信用证不需要提交汇票。

二、汇票样张

No. XH05111
For USD 43860.00   BILL OF EXCHANGE   SHANGHAI, OCT. 21, 2005
At   90 days after   sight of this SECOND BILL OF EXCHAGNGE (first of the same tenor and date unpaid) pay to the order of BANK OF CHINA SHANGHAI BRANCH   the sum of
SAY U.S DOLLARS FORTY THREE THOUSAND EIGHT HUNDRED AND SIXTY ONLY.
Drawn under   NATIONAL PARIS BANK
L/C NO. TH2003   Dated   AUG. 28, 2005
To. NATIONAL PARIS BANK
     24 MARSHALL VEDONCASTER MONTREL, CANADA

SHANGHAI IMPORT & EXPORT TRADE CORPORATION
WANG LI

三、汇票缮制注意事项

由于汇款方式中出口商无须提供汇票,以下主要是介绍托收和信用证业务中,由出口商或受益人签发的商业汇票的缮制。

(1) 出票条款,又称出票依据。信用证汇票必须有出票条款,说明与某银行某日期开出的某号信用证的关系,包含三个内容:开证行完整名称、信用证号和开证日期。这三个内容应正确填入汇票相应的空格内:Drawn under(填开证行名称)、L/C NO.(填信用证号)、dated(填开证日期)。如信用证内有现成条款时必须按原样填写在汇票上。

(2) 出票地点及出票日期。出票地点一般应是出口商所在地,通常位于汇票的右上方,和出票日期相连。出票日期只要不早于运输单据,不迟于信用证的交单期和截止日即可。托收方式时,汇票出票日期可填装运日与交单给银行日期之间的任意一天。

日期需用英文表述,不能全部使用阿拉伯数字。

(3) 汇票金额。包括汇票的金额和币值,必须准确无误,货币币别须与发票一致,金额不得模棱两可,并应注意以下各点:

① 如信用证没有特别规定,其金额应与发票金额一致。托收的汇票金额和发票金额一般均应一致。

② 如信用证规定汇票金额为发票金额的百分之几,例如97%,那么发票金额应为100%,汇票金额为97%,其差额3%一般为应付的佣金。

③ 如信用证规定部分信用证付款,部分托收,应分做两套汇票:信用证下支款的按信用证允许的金额支取,银行为付款人;托收部分的以客户为付款人,发票金额是两套汇票相加的和。

④ 汇票上的金额小写和大写必须一致。汇票金额不得涂改,不允许加盖校正章。

汇票的金额小写由货币符号和阿拉伯数字组成。例如 1 005.30 美元要写成:USD1 005.30。

汇票的金额大写由货币名称和文字或数字组成。仍举上例,通常可采用下列几种形式表示:

US DOLLARS ONE THOUSAND AND FIVE AND THIRTY CENTS ONLY 或 US DOLLARS ONE THOUSAND AND FIVE POINT THREE ZERO ONLY

在信用证国际实务中,不能采用"以大写金额为准"的方法,必须大小写金额相一致。

(4) 付款期限是汇票的重要项目,凡没有列明付款期限的汇票,视作见票即付。按照不同的付款期限,一般可采用下列方式缮制:

① 即期付款,在汇款上的付款期限处,加打"＊"或"—",加 AT＊＊＊SHGHT,AT—SIGHT,表示见票即付。

② 远期付款,在汇票上的付款期限处,加打远期天数和起算期,如 AT"30 DAYS AFTER SIGHT",表示见票后 30 天付款;如"at 45 days after date of the draft"意为汇票出票日 45 天付款;如为"90DAYS AFTER B/L DATE",表示在提单日期后 90 天付款,这种情况下,出票人需要在汇票空白处注明提单的具体日期,以便当汇票与其他单据分开时,也能从汇票上计算出到期日。假远期信用证的汇票,在汇票期限栏目处必须注明远期天数。

当用 from、after 表示汇票远期期限时,到期日的计算都从此规定日期的次日起起算。

③ 定日付款则应填上将来具体的付款到期日，如 AT 31 DEC. 2003 Fixed，并将汇票上的"Sight"划去。

（5）收款人，也称汇票抬头人。按国际惯例，信用证和托收项下的汇票一般作成指示式抬头，汇票上写明"付给 XXX 的指定人（PAY TO THE ORDER OF XXX）"，XXX 是该汇票的记名受款人，通过他的背书，汇票可以转让。这是目前出口业务中最广泛使用的类型，汇票的格式上也基本上印妥 PAY TO THE ORDER OF …

信用证项下汇票的受款人，我国国内的做法一般是写成交单行名称。无证托收的汇票，一般应以托收行（出口地银行）为受款人。

（6）付款人，也就是接受汇票出票人的命令对汇票付款的人。一般都位于汇票的左下角，即"TO…（付款人）"。付款人名称必须填写完整。

托收的汇票，付款人作为合同的进口商，除名称外，还必须填写完整的地址。信用证项下的按《UCP60》条款规定，信用证不应开立以申请人为付款人的汇票，如开立了该汇票也仅视作一种附加单据，而不能作为金融单据。至于具体付款人，按照信用证的具体规定填写。如果信用证要求提交汇票，但没有规定汇票付款人，则由开证行作为付款人。

（7）出票人。汇票必须有出票人的签字，一般位于汇票右下角。通常为出口人或信用证的受益人，应具企业全称和负责人的签字盖章。即使信用证有"接受第三方单据"字样，汇票也不能由第三方出具，汇票的出票人必须是受益人。

第四节　装运通知

装运通知（Shipping Advice）是卖方应买方的要求，在出口货物装船完毕后，及时通过传真方式或其他方式，向买方（进口方）或进口商指定保险公司、申请进口许可和安排接收货物及办理清关等事宜。

没有特别规定时，装运通知应发给进口商（信用证项下，发给开证人）。

在以 FOB、CFR 价格条件成交出口贸易合同下，发货人在货物装船完毕后向收货人发出装运通知则作为合同的一项要件。如货物的丢失、损害是由于发货人在货物装船完毕后没有向收货人发出装船通知，致使收货人未能及时投保，则该货物的丢失、损害由发货人负责赔偿。

装运通知的内容一般有订单或合同、信用证号、商品名称和数量、唛头、载货船舶名称、装运口岸、装运日期、船名及开航日期等。在实际业务中，应根据信用证的要求和对客户的习惯做法，将上述项目适当地列明在电文中。

进口商往往在信用证中要求提交单据中包括装运通知副本，此时单据上需要写明"装运通知"或信用证用规定的名称。

一般而言，装运通知可以不签署，但是如果信用证规定"beneficiary certified copy of shipping advice"，那么受益人必须在该通知上进行签字盖章。装运通知样本如下：

```
                          SHIPPING ADVICE
TO:                                              ISSUE DATE:
DALIAN WEIDA TRADING CO., LTD.                        JAN.5,2012
NO.10 YUNMING ROAD,JIANGSU,CHINA
INVOICE NUMBER: CH/99/66.809
BILL OF LOADING NUMBER: SEAU871107101
OCEAN VESSEL: MOONRIVER V999
PORT OF LOADING: SHANGHAI
DATE OF SHIPMENT: JAN.5,2012
PORT OF DESTINATION: NEW YORK
ESTIMATED DATE OF ARRIVAL: JAN.29,2012
CONTAINERS/SEALS NUMBER: SKAN982
DESCRIPTION OF GOODS: DEMINERALIZED WHEY POWDER
SHIPPING MARKS: N/M
QUANTITY: 500 CARTONS
GROSS WEIGHT: 21 828KGS
NET WEIGHT: 20 000KGS
TOTAL VALUE: USD 10 000.00
WE HEREWITH CERTIFY THIS MESSAGE TO BE TRUE AND CORRECT.
                    ZHEJIANG JINYUAN IMPORT AND EXPORT CO.,LTD.
                                                       XIE YUAN
```

第五节 出口商证明

出口商证明亦称受益人证明(Beneficiary's Certificate),是由受益人签发的证实某件事实的单据。常见的有寄单寄样证明,产品制造方面的证明,环保、人权方面如非童工、非狱工制造、非木质包装的证明等。

一、出口商证明的缮制要点

出口商证明的内容一般包括:单据名称、出证日期与地点、抬头人、事由、证明文句、受益人名称及签章等。其缮制要点如下:

1. 单据名称

单据名称位于单据正上方,可根据来证要求具体名称。如"Beneficiary's Certificate"(受益人证明),"Benefieiary's Statement"(收益人声明),或"Beneficiary's declaration"(受益人申明)。

2. 出证日期

按照实际签发日期填写。一般而言,需与所证明的内容相匹配,根据需证实的内容而定,但必须在信用证规定的范围内。例如:证明副本单据已经在装船后3天内寄给开证申请人,那么受益人证明的签发日期不应早于装船后3天。

3. 抬头人

类似这样的公开证明或申请,一般都填写笼统的抬头人,即"TO WHOM MAY CONCERN"(致有关人士)。

4. 事由

一般填写发票号或合同号。

5. 证明文句

此项内容必须对应于信用证要求填写。

6. 受益人名称及签章

受益人证明一般不分正副本。若来证要求正本,可在单据名称正下方打上"original"字样,证明的右下方必须有受益人即出口公司签章,才能生效。

二、受益人证明样本

```
CHINA NATIONAL ARTS & CRAFTS CORPORATION TAIYUAN BRANCH
           ZHONGSHAN ROAD 7, TAIYUAN, CHINA

                    BENEFICIARY'S CERTIFICATE
                         AUG. 4, 2012
INVOICE NO. : DJSI2002
DATE: AUG. 5, 2012
TO WHOM IT MAY CONCERN

    WE HEREBY CERTIFY THAT ONE SET OF COPIES OF DOCUMENTS HAS BEEN SENT TO APPLI-
CANT WITHIN 5 DAYS AFTER SHIPMENT.

                              CHINA NATIONAL ARTS & CRAFTS CORPORATION
                                             朱晓雨
```

第六节 保 险 单

一、保险单据的种类

(一) 保险单(Insurance Policy)

保险单(Insurance Policy)又称大保单,也是我国最正式、最经常使用的保险单据,除正面项目外,背面都印有条款。正面条款即保险项目,背面载明的保险人与被保险人之间权利和义务等方面的保险条款,也是保险单的重要内容。保险单一般都是保险公司单方面的格式合同。

货运险保险单可由被保险人背书随物权的转移而转让,货物安全抵达目的地或保险单规定的地点后,保险单的效力即告终止。进出口货运险保险单一般由三份正本和两份副本组成,也可根据投保人的要求增设正本或副本保单的份数。保险单是海上保险单据中最有代表性、承保形式最完整的一种。

(二) 保险凭证(Insurance Certificate)

保险凭证(Insurance Certificate)俗称小保单,是一种简化的保险合同。这种凭证除背面不载明保险人和被保险人双方的权利和义务等保险条款外,其它内容与保险单相同。保险凭证与大保单具有相同的法律效力。但实际业务中,我国保险公司大都签发保险单,较少使用保险凭证。

（三）预约保险单（Open Policy）

又称开口保单,是保险人与被保险人预先订立的在特定期限内有效的货物运输保险合同。凡属合同规定的运输货物,在合同有效期内由被保险人在每批货物发运后向保险公司发出"保险声明书"或"装运通知",保险公司即可自动承保。减少了逐笔签订的保险合同的手续,并可以防止因漏保或迟保而造成的无法弥补的损失。

（四）保险批单（Endorsement）

保险单出立后,投保人如需要补充或变更其内容时,可根据保险公司的规定,向保险公司提出申请,经同意后即另出一种凭证,注明更改或补充的内容,这种凭证即称为批单。

保险单一经批改,保险公司即按批改后的内容承担责任。批单原则上须粘贴在保险单上,并加盖缝章,作为保险单不可分割的一部分。

二、出口货物的投保程序

（1）出口商备妥货,并确定了装运日期和运输工具后（收到经船公司签署的配舱回单后）,投保人根据合同或信用证的规定,填制一份"海运出口货物投保单"；

（2）保险公司接到投保单后,出具保险单；

（3）投保人在保险公司出具保险单后,如需更改相关内容,保险公司出立批单。批单的法律效力优先于保险单；

（4）投保人缴纳保险费；

（5）保险公司开立保险单交投保人或向投保人发承保回执。

三、保险单的缮制

保险单是我国目前使用最广泛的保险单据,由保险公司根据出口商投保时提供的相关资料来填制。

1. 被保险人（Insured）

保险单的抬头,在出口业务中,通常买卖双方对货物的权利随单据的转移而转移。保险单中的可保利益（即货物）也随卖方转移给买方。因此,运输保险索赔几乎是由买方进行的。保险业务中的投保人和被保险人的区别被单据转让掩盖了。在信用证没有特别规定的情况下,都以信用证受益人为被保险人。被保险人通过背书实现保险单的转让。

2. 唛头（Marks & Nos）

一般与商业发票的唛头完全一致,一般填写 AS PER NIVOICE NO.。

3. 包装及数量（Quantity）

本栏填写商品外包装的数量及种类。

4. 保险货物项目（Description of Goods）

本栏填写商品的名称,可以用总称。以上3个栏目的填写内容与提单一致。其中货物一栏使用统称；标记可以只填"AS PER INVOICE NO.×××",因为保险单索赔时一定要求出具发票,这样简单地填写,可使两种单据互相参照,避免填写单据时疏忽导致单单不符的严重错误；数量一栏填写最大包装的件数。

5. 保险金额(Amount Insured)

保险金额应按信用证规定的金额及加成率投保。如果信用证对此未作规定,加成10%。一般是按发票金额加一成(即110%发票金额)填写。

6. 保险总金额(Total Amount Insured)

这一栏目只需将保险金额以大写的形式填入。计价货币也应以全称形式填入。注意保险金额使用的货币应与信用证使用的货币一致。

7. 保费(Premium)

一般这一栏都已由保险公司在保险单印刷时填入"as arranged"字样,出口公司在填写保险单时无须填写。

8. 费率(Rate)

这一栏基本上不需要由出口公司填写。保险公司已经在该栏目中印有"as arranged"字样。

10. 开航日期(Slg on or abt)

一般地,这一栏根据提单中提单签发日填,但一般按如下方式填写:海运填"As Per B/L";陆运填"As Per Cargo Receipt";空运填"As Per Airway Bill";邮运填"As Per Post Receipt"等。

11. 起讫地点(From……To……)

起点指装运港名称,讫点指目的港名称。当一批货物经转船到达目的港时,这一栏照下列方法填写:From 装运港 To 目的港 W/T(VIA)转运港。

12. 承保险别(Conditions)

在填写时,一般只需填写险别的英文缩写。同时注明险别的来源,即颁布这些险别的保险公司。如:"PICC"指中国人民保险公司,".C.I.C."指中国保险条款。并标明险别生效的时间。

13. 赔付地点(Claim payable at)

一般地,将目的地作为赔付地点,将目的地名称填入这一栏目。每份保险单均应列出赔付地点。信用证如有规定,应按信用证规定地点填制。一般信用证规定在赔付地点后要注明偿付的货币名称,例如:"At New York in USD"。赔款的货币名称一般与L/C的货币名称一致。若信用证未规定赔付地点,赔付地点一般填写保险单上所载明的目的港(地)。若来证规定不止一个目的港或赔付地点,则应全部照填。

14. 日期(Date)

指填写保险单的签发日期。保险单的出单日期要在提单或其它货运单据签发日期之前,最迟可与上述单据出单日期为同一天,以表示货物在装运前已办理保险。由于保险公司提供仓至仓服务,所以要求保险手续在货物离开出口方仓库前办理。保险单的日期相应地填写货物离开仓库的日期,或至少填写早于提单签发日的日期。

15. 签名(SIGNATURE)

保险单必须签名才能生效。

四、保险单样本

【保险单】

中国人民保险公司江苏省分公司
THE PEOPLE'S INSURANCE COMPANY OF CHINA JIANGSU BRANCH
CARGO TRANSPORTATION INSURANCE POLICY

发票号（INVOICE NO.） NJT090218-09　　　　　　　　保单号次 PYIE2006080
合同号（CONTRACT NO.）　　　　　　　　　　　　　　POLICY NO.
信用证号（L/C NO.）：CCPIT 091810528
别保险人：Insured： NANJING JINLING TEXTILE LTD.

中国人民保险公司（以下简称本公司）根据被保险人的要求，由被保险人向本公司缴付约定的保险费，按照本保险单承保险别和背面所载条款与下列特款承保下述货物运输保险，特立本保险单。
THIS POLICY OF INSURANCE WITNESSES THAT THE PEOPLE'S INSURANCE COMPANY OF CHINA(HEREINAFTER CALLED "THE COMPANY") AT THE REQUEST OF THE INSURED AND IN CONSIDERATION OF THE AGREED PREMIUM PAID TO THE COMPANY BY THE INSURED, UNDERTAKES TO INSURE THE UNDERMENTIONED GOODS IN TRANSPORTATION SUBJECT TO THE CONDITIONS OF THIS OF THIS POLICY ASPER THE CLAUSES PRINTED
OVERLEAF AND OTHER SPECIL CLAUSES ATTACHED HEREON.

标记 MARKS&NOS	包装及数量 QUANTITY	保险货物项目 DESCRIPTION OF GOODS	保险金额 AMOUNT INSURED
DEXICA S/C NJT090218	1080CARTONS	LADIES GARMENTS	USD54000.00

总保险金额 TOTAL AMOUNT INSURED： US DOLLARS FIFTY FOUR THOUSANDS ONLY
　保费　　　　　　　　　　启运　　　　　　　　装载运输工具
AS ARRANGED DATE OF COMMENCEMENT：APR 19,2009 PER CONVEYANCE：PRINCESS V.018
　自　　　经　　　至
FROM：NANJIMG PORT CHINA　　VIA　　－－－　　TO BRUSSELS,BELGIUM
承保险别：CONDITIONS：Covering F.P.A and ALL RISKSup to PORT OF DESTINATION. 所保货物，如发生保险单项下可能引起索赔的损失或损坏，应立即通知本公司下述代理人查勘。如有索赔，应向本公司提交保证单本（保险单共有 3 份正本）及有关文件。如一份正本已用于索赔，其余正本自动失效。

IN THE EVENT OF LOSS OR DAMAGE WITCH MAY RESULT IN A CLAIM UNDER THIS POLICY, IMMEDIATE NOTICE MUST BE GIVEN TO THE COMPANY'S AGENT AS MENTIONED HEREUNDER. CLAIMS,IF ANY,ONE OF THE ORIGINAL POLICY WHICH HAS BEEN ISSUED IN 3 ORIGINAL(S)TOGETHER WITH THE RELEVENT DOCUMENTS SHALL BE SURRENDERED TO THE COMPANY. IFONE OF THE ORIGINAL PO；ICY HAS BEEN ACCOMPLISHED. THE OTHERS TO BE VOID.

中国人民保险公司江苏分公司
THE PEOPLE'S INSURANCE COMPANY OF CHINA JIANGSU
BRANCH
赔款偿付地点
CLAIM PAYABLE AT BRUSSELS IN USD
出单日期 ISSUING DATE APR.19,2009

王天华
Authorized Signature

同步练习

一、单选

1. 货物的外包装上有一只酒杯,这种标志属于(　　)。
   A. 危险性标志　　　　　　　　B. 指示性标志
   C. 警告性标志　　　　　　　　D. 易燃性标志

2. 请指出以下哪个英文短语是运输标志(　　)。
   A. Shipping Mark　　　　　　B. Customary Tare
   C. Bulk Cargo　　　　　　　D. Sale by seller's Brand

3. 我国法定的度量衡制度采用的是(　　)。
   A. 公制　　　　　　　　　　　B. 英制
   C. 美制　　　　　　　　　　　D. 国际单位制

4. 关于结汇单证,以下说法正确的是(　　)。
   A. 结汇单证是指国际贸易中,为解决货币收付问题所使用的单据、证明和文件
   B. 结汇单证就是商业单证:以商业发票、包装单据、运输单据、保险单等为主
   C. 仅指国家外汇管理需要的单证:出口收汇核销单
   D. 结汇单证就是金融单证:主要指汇票

5. 在商业单据中处于中心单据地位的是(　　)。
   A. 商业发票　　　　　　　　　B. 海关发票
   C. 海运提单　　　　　　　　　D. 保险单

6. 当L/C规定INVOICE TO BE MADE IN THE NAME OF ABC…,应解释为(　　)。
   A. 一般写成＊＊(中)FOR ACCOUNT OF ABC(实际购买方,真正的付款人)
   B. 将受益人ABC作为发票的抬头人
   C. 议付行ABC作为发票的抬头人
   D. 将ABC作为发票的抬头人

7. 根据《UCP600》,商业发票的抬头必须以(　　)为抬头。
   A. 开证行　　　　　　　　　　B. 开证申请人
   C. 指定付款行　　　　　　　　D. 议付行

8. 通常在下列单据中,(　　)不必显示出口货物的单价和总金额。
   A. 发票　　　　　　　　　　　B. 出口收汇核销单
   C. 包装单据　　　　　　　　　D. 保险单

9. 根据《UCP600》,信用证金额、单价、数量前如有"about"或类似意义字样者,所容许的差额不超过(　　)。
   A. 5%　　　　　　　　　　　　B. 8%
   C. 3%　　　　　　　　　　　　D. 10%

10. 《UCP600》规定,商业发票必须由信用证受益人开具,必须以(　　)为抬头。
    A. 开证行　　　　　　　　　　B. 开证申请人

C. 指定付款行 D. 议付行

11. 以 CIF 出口时,如合同和信用证无特别规定,保险单中"INSURED"一栏应填( )。
   A. 进口商名称 B. 开证申请人名称
   C. 出口商名称 D. 开证行名称

12. 转让保险单时,如信用证未明确规定背书方式,应采用( )。
   A. 空白背书 B. 记名背书
   C. 记名指示背书 D. 不必背书

13. 信用证和托收项下的汇票抬头一般做成( )。
   A. to Bearer B. pay to xxx only
   C. pay to the order of xxx D. open

14. 我方按 CIF 条件成交出口一批货物,卖方投保时,按( )投保是合理的。
   A. 平安险+水渍险 B. 一切险+偷窃提货不着险
   C. 平安险+一切险 D. 水渍险+偷窃提货不着险

15. 按照《INCOTERMS2000》,CIF 贸易术语条件下,卖方最低应负责投保的险别是( )。
   A. 水渍险 B. 平安险
   C. 一切险 D. 一切险加战争险

16. 投保单上的投保金额栏如为发票金额的( )以上,需征得保险公司同意方可投保。
   A. 110% B. 130%
   C. 100% D. 105%

17. 保险单出具后,保险公司根据投保人的需求为补充或变更保险内容而出具的凭证为( )。
   A. 保险凭证 B. 批单
   C. 预约保险单 D. 保险修改书

18. "单单一致"是以( )为中心。
   A. 保险单 B. 商业发票
   C. 海运提单 D. 装箱单

二、多选

1. 国际标准化组织推荐的标准运输标志,应包括的内容是( )
   A. 收货人名称的缩写或简称 B. 参考号(订单号、发票号)
   C. 信用证号 D. 件号或箱号
   E. 发货人名称的缩写或简称

2. 商业发票是货主在准备全套出口文件时首先缮制的文件,在出口货物装运前的( )环节要使用商业发票。
   A. 托运订舱 B. 商品报检
   C. 出口报关 D. 海关查验

E. 办理投保

3. 商业发票是国际货物买卖中的核心单据,其作用表现为( )。
   A. 交接货物的依据   B. 登记入账的依据
   C. 报关纳税的依据   D. 买卖合同的证明
   E. 有时可替代汇票进行货款结算

4. 关于形式发票,下列说法正确的是( )。
   A. 形式发票不是一种正式发票   B. 形式发票就是一种正式发票
   C. 能用于托收和议付,正是成交后不要另外重新缮制商业发票
   D. 形式发票与商业发票的关系密切,信用证在货物描述后面常有"按照某月某日之形式发票"等条款

5. 进口商在审核商业发票时应注意的要点有( )。
   A. 发票的出票人应是信用证的受益人(可转让信用证除外),与汇票的出票人应为同一人
   B. 发票的抬头人应是信用证开证申请人
   C. 发票的出票日期不应迟于汇票的出票日期,亦不应迟于信用证的议付有效期
   D. 商品名称、数量、规格、单价、包装、价格条款、合同号码等及货物描述必须与信用证的规定相符,单价乘以数量必须与发票总金额相符
   E. 除信用证另有规定,发票金额应与汇票金额一致,且不得超过信用证金额

6. 我国海洋运输货物保险条款中的基本险包括( )。
   A. 平安险   B. 战争险
   C. 水渍险   D. 一切险
   E. 罢工险

7. 我国海运货物保险条款中,适用"仓至仓条款"的险别是( )。
   A. WAR RISKS   B. STRIKE RISK
   C. FPA   D. WPA
   E. ALL RISKS

8. 以下关于保险单作用的正确选项是( )。
   A. 物权凭证   B. 索赔证明
   C. 保险合同   D. 货物收据
   E. 运输契约的证明

9. 在有具体唛头的情况下,保险单唛头一栏可填写( )。
   A. 发票上的唛头   B. As per Invoice No…(发票号码)
   C. N/M   D. N/N
   E. M/M

10. 根据《UCP600》,在出口业务中,卖方可凭以结汇的单据有( )。
    A. 提单   B. 不可转让海运单
    C. 装货单   D. 航空运单

11. 以下关于保险凭证正确的叙述是( )。
A. 俗称"小保单",是一种简化的保险单
B. 既有正面内容,又有背面条款
C. 与保险单具有同等效力
D. 在实务中,保险凭证可以代替保险单
E. 只在进口业务中使用

12. 在审核信用证金额与货币时,需要审核的内容包括( )。
A. 信用证总金额的大小写必须一致
B. 来证采用的货币与合同规定的货币必须一致
C. 发票或汇票金额不能超过信用证规定的总金额
D. 信用证金额中必须注明折扣率
E. 若合同中订有溢短装条款,信用证金额应有相应规定

三、判断

1. 国际货物买卖合同中,约定为"习惯包装"、"适合海运包装"等常用的包装,是比较好的规定方法。( )

2. 信用证中注明"Invoice in three copies",受益人向银行交单时,提供了三张副本发票,这样做违反了信用证规定。( )

3. 商业发票日期可以晚于汇票日期。( )

4. 信用证关于货物的描述为"blue cotton wears",发票显示为"colored cotton wears"是可以的。( )

5. 发票中的数量、单价和金额可以冠以"大约"(about)或类似的文字。( )

6. 如果合同和信用证中均未规定具体唛头,则填写发票时,"唛头"一栏可以空白不填。( )

7. 保险单出具后,如需要补充或变更保险内容,保险公司可根据投保人的请求出具修改保险内容的凭证,该项凭证称为批单。( )

8. 按国际保险市场惯例,保险单与保险凭证具有同等法律效力。( )

9. 按我国习惯做法,如以CFR和FOB贸易术语成交,进口商在接到国外出口商发的装船通知后,即应填制投保单或预约保险启运通知书向保险公司投保。( )

10. 运输途中部分纸箱受潮,里边装的服装上出现水渍,由于该批货物投保了水渍险,所以货主可向保险公司索赔。( )

四、简述

1. 信用证规定货物名称为"Lady's shirts"(女衬衫),而商业发票上的货物名称却为"Garment"(衣服),交单时银行能否接受?为什么?

2. 简述海关发票的含义和作用。

第七章

国际货物运输单据

本章要求

通过本章培训,使学生了解并掌握国际货运单据的种类。重点掌握提单的分类和作用,能够熟练缮制一份海运提单。

案例

未在提单上背书,导致客户无法按时提货

2010年初,某外贸公司在网上接触到一个印度客户,通过两个月的磋商达成了第一笔交易,采用的贸易术语是CIF Nhava Sheva,支付方式shi100% advanced T/T。卖方将货物装船后,船公司签发了提单,收货人抬头为"To order",但卖方在交单时,未在提单上做背书,结果货到目的港,买方无法提到货物。结果客户发来邮件抱怨,邮件截图如下:

Pl note that you have booked material on TO ORDER and have not endorsed on back of Bill of Lading. Because of this we are not able to get material as Line is refusing to give material without endorsement.

Kindly inform LINE there to give material without Endorsement.

This is really surprising, when you have received money full in advance. Why it is booked on TO ORDER and NOT on SPANKER FIBER PLAS TICS? I will be happy if you can explain reason.

Pl act immediately and material is urgently needed

Regards.

第一节 国际海运提单

一、国际海运提单

(一)提单的定义和作用

1. 提单的定义

提单是用以证明海上货物运输合同和货物已由承运人接收或装船,以及承运人保证

据以交付货物的单证。根据提单中载明的向记名人交付货物,或者向提单持有人交付货物的条款,构成承运人据以交付货物的凭证。

2. 提单的作用

从法律规定角度看,提单的基本作用在于:

(1) 提单是海上货物运输合同的证明;

(2) 提单是货物已由承运人接收或装船的收货证据;

(3) 提单是承运人保证凭以交付货物的物权凭证。

从外贸业务和运输业务角度看,提单的作用在于:

(1) 提单是承运人有条件地为托运人运输货物的书面确认。托运人签发托运单与承运人签发提单,相互构成运输契约,共同成为托运人与承运人之间关于责任、费用、风险的划分依据。

(2) 提单是银行结汇文件中最重要的文件。买卖双方的交货收款和收货付款,必须借助于能同时代表物权和债权的提单,借助于有资金信誉的银行机构来实现操作。

(3) 提单是货主与货代之间、货代与承运人之间或货主与承运人之间的支付或收取运费的凭证,也是相互在经济上制约的有效文件。付款交单就是利用提单实现经济制约的一种手段。

(二) 提单的种类

分类方法	提单种类	英文名称
按表现形式分	纸质提单	Bill of Lading, B/L
	电子报文提单	Electronics Bill of Lading
按货物是否已装船分	已装船提单	On Board B/L
	收货代运提单	Received for Shipment B/L
按货物外包装状况有无承运人批注分	清洁提单	Clean B/L
	不清洁提单	Unclean B/L
按提单收货人一栏记载分	记名提单	Straight B/L
	不记名提单	Open B/L; Blank B/L
	指示提单	Order B/L
按不同的运输方式分	直达提单	Direct B/L
	转船提单	Transhipment B/L
	多式联运提单	Combined Transport B/L
按提单签发人分	船公司提单	Master B/L
	无船承运人提单	NVOCC B/L
	货代提单	House B/L
按提单签发时间分	预借提单	Advanced B/L
	倒签提单	Anti-date B/L
	顺签提单	Post-date B/L

(三) 提单的内容

提单的内容一般有正反两面内容。正面记载的内容有：船名、航次、提单号、承运人名称、托运人名称、收货人名称、通知人名称、装货港、卸货港、转运港、货物名称、标志、包装、件数、重量、体积、运费支付、提单签发日、提单签发地点、提单签发份数、承运人或船长或其授权人的签字或盖章。提单的这些内容，在提单缮制中介绍。

提单中分别在正面和背面有印刷条款。通常这些条款是根据国际公约、各国法律和承运人的规定而印制，对于托运人和承运人双方都有约束。不同的班轮公司，制定并印刷不同的条款，但基本条款相似，主要有：

1. 提单正面的确认条款

"Received in apparent good order and condition except as otherwise noted the total number of containers or other packages or unites enumerated below for transporation from the place of receipt to the place delivery subject to the terms and conditions hereof."

上述英文措辞条款的大意是：承运人在货物或集装箱外表状况良好的条件下接受货物或集装箱，并同意承担按照提单所列条款，将货物或集装箱从起运地运往交货地，把货物交付给收货人。

2. 提单正面的不知条款

"Weight, measure, marks, numbers, quality, contents and value mentioned in this bill of lading are to be considered unknown unless the contrary has been expressly acknowledged and agreed to. The signing of this Bill of Lading is not to be considered as such an agreement."

上述英文措辞条款的大意是：承运人没有适当的方法对接受的货物或集装箱，进行检查，所有货物的重量、尺码、标志、数量、品质和货物价值等都由托运人提供，对此，承运人明确知道。

3. 提单正面的承诺条款

"On presentation of this Bill of Lading duly endorsed to the Carrier by or on behalf of the Holder of Bill of Lading, the rights and liabilities arising in accordance with the terms and conditions hereof shall, without prejudice to any rule of common law or stature rendering them of the Bill of Lading as though the contract evidenced hereby had been made between them."

上述英文措辞条款的大意是：经承运人签发的提单是有效的，承运人承诺按照提单条款的规定，承担义务和享受权利，公平地也要求货主承诺接受提单条款规定，承担义务和享受权利。

4. 提单正面的签署条款

"One original Bill of Lading must be surrendered duly endorsed in exchange for the goods or delivery order. In witness whereof the number of original Bill of Lading stated under have been signed, all of this tenor and date, one of which being accomplished, the other to stand void."

上述英文措辞条款的大意是：承运人签发的正本提单份数，具有相同法律效力，提取货物时必须交出经背书的一份正本提单，其中一份完成提货后，其余各份自行失效。

5. 提单背面的承运人赔偿责任条款

承运人责任限制是用以明确承运人对货物的灭失和损坏负有赔偿责任应支付赔偿金

时,承运人对每一件货物或每单位货物支付最高赔偿金额的条款。此外,提单背面还有许多其他条款,如承运人的运价本条款、通知与支付条款、承运人的集装箱条款、托运人的集装箱条款、索赔通知与时效条款、运费与附加费条款、共同海损与救助条款、管辖权条款和新杰森条款等。

(四) 提单的缮制规范

《UCP600》对海运提单的规定主要集中在第 20 条,其中有 a,b,c,d 四款的具体要求。参考样本提单。

1. 托运人(Shipper)

与海运托运单相应栏目填法相同。

若信用证没有特别规定,则可以是任何人。

2. 收货人(Consignee)

与海运托运单相应栏目填法相同。

必须与信用证规定的一致。

如果收货人是做成"To order"、"To order of shipper"或"To order of negotiating bank",则托运人或议付行应在提单背面作空白背书。

如果收货人是做成"To order of issuing bank"或"To order of applicant",则托运人不必进行背书。

3. 通知人(Notify Party)

几乎所有的提单上都有通知人名称这一项,但在记名提单上就没有必要再填写通知人了。因此这时可以填写"Same as Consignee"。通知人有时是作为预定收货人或代理人。

必须与信用证规定的完全一致。如果信用证没有规定,此栏可以不填,即使已经填写了内容,银行也可以接受但不必进行审核。

4. 收货地(Place of Receipt)

此栏填报实际收货地点,如工厂、仓库等。在一般海运提单中,没有此栏目,但是在多式联运提单中就有此栏目。如果提单注明的收货地与装货港不同,例如:收货地为"Nanjing",装货港为"Shanghai",则不管是已装船提单还是收妥备运提单都必须加注已装船批注、装船日期和实际装船的船名和装货港名称。

5. 装运港 (Port of Loading)

与海运托运单相应栏目填法相同。

必须与信用证规定的装货港一致。例如信用证规定装货港为"Shanghai",应把"Shanghai"显示在"装货港(Port of Loading)"处,不能将其显示在"收货地(Place of Receipt)"处,而把装货港写成另一个港口名。

同时应填写实际港口的名称。例如信用证规定"From Chinese port",则提单上的装货港应显示具体港口的名称,如"Shanghai Port"。

如果信用证规定"From Tianjin port/ Shanghai port",则装货港处只需填写一个港口即可。

如果提单上显示了"Intended port of loading/intended port of discharge",则不管是已

装船提单还是收妥备运提单都必须加注已装船批注、装船日期和实际装货港或卸货港名称。

6. 船名(Name of the Vessel)

若是已装船提单,须注明船名和航次,若是收货待运提单,待货物实际装船完毕后记载船名。该项记载的意义有多方面:便于购买保险、便于跟踪查询、便于发生合同纠纷法院有确定的客体,可采取诉讼保全等。只要符合信用证条款、符合《UCP500》第二十三条、符合海洋运输,就可以接受任何船名的海运提单。

如果在提单上显示了"Intended vessel:A vessel",则不管是已装船提单还是收妥备运提单都必须加注已装船批注、装船日期和实际装船的船名。

此栏必须填写船名和航次(Voy. No),如没有航次,可以不显示。

7. 转运港(Port of Transshipment)

只有货物在海运途中进行转运时才填写此栏。

例如信用证规定:"Shipment from Shanghai to Hamburg with transshipment at Hongkong",则提单可以这样填写:"装货港:Shanghai、卸货港:Hamburg with transshipment at Hongkong、转运港可不填;或者卸货港:Hamburg、转运港:Hongkong"。

如果信用证允许转运,在同一提单全程海运前提下,银行可以接受货物将被转运的提单。即使信用证禁止转运,银行也可接受以下提单:

① 表明转运将发生,前提是提单上已证实有关的货物是由集装箱(Container)、拖车(Trailer)或"子母船"("LASH"barge)装运,而且同一提单包括全程海运运输。

② 含有承运人有权转运的条款,但不包括诸如"Transshipment has taken place"等明确表示已转运的提单。

8. 卸货港(Port of Discharge)

与海运托运单相应栏目填法相同。

必须与信用证规定的卸货港一致。例如信用证规定卸货港为"Hamburg",应把"Hamburg"显示在"卸货港(Port of discharge)"处,不能将其显示在"目的地(Place of delivery)"处,而把卸货港写成另一个港口名。又如当信用证规定"From Shanghai to Hamburg via Singapore"时,则应将"Hamburg"显示在"卸货港"处,不能将"Singapore"写在"卸货港"处,而把"Hamburg"标注在"目的地"处。同时应填写实际港口的名称。例如信用证规定"To European main port",则提单上的卸货港应显示具体港口的名称,如"Hamburg port"。

9. 交付地(Place of Delivery)

可根据实际情况填写具体的交货地名称。在此,如果收货地与交货地都空白,就是普通的海运提单,而不是多式联运提单了。

10. 签发的提单份数(Number of Original B/Ls)

与海运托运单相应栏目填法相同,但必须显示签发了几份正本。

如果提单上标注有"Duplicate"和"Triplicate",其效力等同于"Second original"、"Third original",可以被接受。

11. 提单编号(B/L No.)

提单一般按装货单上的编号(关单号)填写,由代表船公司名称四位字母和代表该航次、该序号的八位数字组成。是提单号查询、操作、核查、归档不可少的一项重要内容。

12. 标记与封志号（Marks & Numbers Container/Seal No.）

与海运托运单相应栏目填法相同。

应与信用证和其他单据一致。当没有唛头时，用"N/M"表示。

托运时，一般还没有箱封号，可以不填，但是提单上必须填报每一个集装箱的箱、封号。

13. 箱数与件数（No. of Pkgs or Shipping Units）

与海运托运单相应栏目填法相同。

提请注意，此栏也是一旦发生赔偿时计算赔偿费的一个计量数。即件数×赔偿费率。

14. 货物名称与包装种类（Description of Goods and Pkgs）

与海运托运单相应栏目填法相同。

应是信用证规定的货物。但在与信用证规定的货描不矛盾的前提下可以用商品的统称，例如：信用证的品名为"Lady's shirts"，而提单显示"Garment"是可以接受的。

如果提单上显示了不是信用证所规定的货物，即使这些附加货物勿需付款，也不能接受。

15. 毛重（Gross Weight）

与海运托运单相应栏目填法相同。

显示货物的毛重。当货物无毛重时，可以在标有毛重的栏目加注净重"N.W：xxx KGS"。

16. 体积（Measurement）

与海运托运单相应栏目填法相同，一般以 M^3 为计量单位。

17. 总箱数/货物总件数（Total Number of Comtainer and/or Packages in Words）

用英文大写字母来填写集装箱的总箱数或货物的总件数。在件数前面须加上"Say"字样，在件数结尾后加上"Only"字样。例：35 CTNS，填："SAY THIRTY FIVE CARTONS ONLY"。

18. 控制温度指令（Temperature Control Instruction）

如果为冷藏集装箱，此栏填写要求的冷藏温度。

19. 运费的支付（Payment of Freight）

与海运托运单相应栏目填法相同。

20. 货物价值申报（Excess Value Declaration）

如果托运人有货物价值向承运人申报，可填写在此栏内。

21. 已装船批注、装船日期、装运日期（Shipped On board the Vessel date、Signature）

海运提单必须是已装船提单，即使信用证仅要求"B/L"而未标明"Shipped on board B/L"，提单也一定要有"已装船（On Board）"的表示。

提单要显示装船日期，而且此日期不能迟于信用证规定的最迟装运日。

实务中可分成两种情况：

① 提单上预先印就"已装船"文字或相同意思，如"Shipped on board the vessel named here in apparent good order and condition…"或"Shipped in apparent good order and condition…"，这

种提单通常被称为"已装船提单",不必另行加注"已装船"批注,提单的签发日期就是装船日期和装运日期。

② 提单上只有"Received by the carrier from the shipper in apparent good order and condition…"这通常被称为"收妥备运提单",这时需在提单上加注"已装船(On board)"的批注,并在旁边显示装船日期,该装船日期即为装运日期,而提单的签发日期不能视作装船日期和装运日期。

22. 签发的提单日期和地点(Place and Date of issue)

与海运托运单相应栏目填法相同。

签发地点一般是装货港的所在地,如与该地不一致,也可以接受。

每张提单必须有签发日期。

23. 承运人或承运人代理人签字、盖章(Sign or Authenticate)

提单必须由承运人、船长或代替、代表它们的具名代理人签发或证实。

表示方式为:

提单不同签发人	表示方式	备注
由承运人签发	XYZ Shipping as carrier(签署)	如果承运人的身份已于单据正面标示,签署栏内可无需再次标示其身份
	as carrier, XYZ Shipping(签署)	
	XYZ Shipping(签署)	
由承运人代理人签发	ABC Co., Ltd. as agent for XYZ Shipping, carrier(签署)	提单表面上已有承运人身份和名称
	ABC Co., Ltd. as agent on behalf of XYZ Shipping(签署)	
	ABC Co., Ltd. as agent for the above named carrier(签署)	
	ABC Co., Ltd. as agent on behalf of the carrier(签署)	
由船长签发	John Don(本人签字) as master	姓名不必标注,但须有承运人的身份和名称
由船长的代理人签发	ABC Co., Ltd. as agent for John Doe, master	
	ABC Co., Ltd. on behalf of John Doe, master	

24. 目的港提货代理(F/Agent Name for Delivery)

填写承运人或代理人在目的港提货点联系的代理名称,包括地址、电话等联系方式。

25. 单据名称(Title)

只要符合信用证条款、符合《UCP500》第二十三条、符合海洋运输,就可以接受任何命名的海运提单。必须与信用证规定的一致。每张提单必须有签发日期。

26. 清洁提单(Clean B/L)

是指承运人对货物表面状况未加如"货物残缺或包装破损"等不良批注的提单。

如果信用证没有特别规定,所提交的提单必须是清洁的,但"清洁(Clean)"字样的出现与否均不影响该提单的清洁状态。

Shipper SHANHAI IMPORT & EXPORT TRADE CORPORATION 1321 ZHONGSHAN ROAD SHANGHAI CHINA			B/L NO. HJSHBI 142939 *ORIGINAL* 中国对外贸易运输总公司 CHINA NATIONAL FOREIGN TRADE TRANSPORT CORPORATION 直运或转船提单 BILL OF LADING DIRECT OR WITH TRANSHIPMENT SHIPPED on board in apparent good order and condition (unless otherwise indicated) the goods or packages specified herein and to be discharged or the mentioned port of discharge of as near there as the vessel may safely get and be always afloat. THE WEIGHT, measure, marks and numbers quality, contents and value, being particulars furnished by the Shipper, are not checked by the Carrier on loading. THE SHIPPER, Consignee and the Holder of this Bill of Lading hereby expressly accept and agree to all printed, written or stamped provisions, exceptions and conditions of this Bill of Loading, including those on the back hereof. IN WITNESS where of the number of original Bill of Loading stated below have been signed, one of which being accomplished, the other(s) to be void.	
Consignee or order TO ORDER OF SHIPPER				
Notify address TALAMLA CORPORATIN 6-7 KAWARAMACH OSAKA JAPAN				
Pre-carriage by	Port of loading SHANGHAI			
Vessel PUDONG V.503	Port of transshipment			
Port of discharge OSAKA	Frail destination			
Container Seal No. or marks and Nos.	Number and kind of packages Designation of goods		Gross weight (kgs.)	Measurement (m³)
T.C TXT264 OSAKA C/NO.1-66	CHINESE GREEN TEA SAY SIXTY SIX (66) CARTONS ONLY TOTAL ONE 20' CONTAINER CY TO CY FREIGHT PREPAID		416KGS	13.2CBM
REGARDING TRANSHIPMENT INFORMATION PLEASE CONTACT			Freight and charge FRIGHT PREPAID	
Ex. rate	Prepaid at	Fright payable at	Place and date of issue SHANGHAI JUN.10, 2006	
	Total Prepaid	Number of original Ds/L THREE	Signed for or on behalf of the Master 丁毅 as Agent	

第二节　国际多式联运单

国际多式联运单证（multimodal transport documents，MTD）

一、多式联运提单正面内容与海运提单的区别

1. 多式联运至少有两种或两种以上不同的运输方式连续运输，如海空联运、海铁联运等。因此，有时候在船名、装货港、卸货港前印有"Intended"（预计）字样，意为"预期船名"、"预期装运港"、"预期卸货港"。这种提单作为海运提单使用时，一般装船批注内加上实际船名，并加注"ON BOARD"和"ON BOARD"日期。

2. 多式联运承运人的责任是从接受货物起至交付货物为止。因此，多式联运单据正面表述的货物业经收妥或接管的字样，并有接受的地点（Place of Receipt）即托运人在内陆的发运地。还有实际内陆交货地（Place of Delicery）。

3. 如果多式联运中有海运段，则在多式联运提单中一般也有装货港（Port of Loading）、卸货港（Port of Discharge）和船名（Vessel），但不同于海运提单三者都填制的"港-港"运输方式，往往在多式联运提单中这三者是不完整填写的。如："海-空"联运，有装运海港，但没有卸货海港等。

二、多式联运提单签发的时间和地点

多式联运提单一般是在多式联运经营人收到货物后签发的。由于联运的货物主要是集装箱货物，因此，经营人接受货物的地点一般可能是：集装箱码头、内陆港堆场、工厂或仓库、集装箱货运站等。收货地点不同，经营人签发的地点、时间也不同，承担的责任也不同。

1. 在工厂或仓库收货后签发提单
2. 在集装箱货运站收货后签发提单
3. 在内陆港或码头堆场收货后签发的提单

三、多式联运单据内容和缮制一般要求

多式联运单据可分为可流通形式和不可流通形式，可流通形式的第一程多是海运，并可凭此作为提货依据。而不可流通形式的第一程多是陆/空运输，该单据不能背书转让，不能作为提货依据。

1. 单据名称（Title）

判断是否为多式联运单据的前提不是单据的名称如何，而是单据中证实从信用证所述货物的接受监管地至最终目的地使用了不止一种运输方式，就可以认为是多式联运单据。

2. 收货地和目的地（Place of receipt and place of delivery）

接受监管地可不同于装货港、起运机场或装货地点。
最终目的地可不同于卸货港、目的地机场或卸货地点。
当信用证规定的接受监管地或目的地为笼统的地名时，单据上必须显示具体的地名。

3. 预期船只和预期港口（Intended vessel and intended port）

在多式联运中，允许有预期船只和预期港口出现，而且勿需像海运提单那样再加注已

装船批注和船名或港口的名字。

4. 转运条款（Transshipment terms）

如果信用证要求使用多式联运单据，一般情况下信用证是允许转运的。

即使信用证禁止转运，银行仍可以接受表明货物可能或将转运的多式联运单据，但必须是同一多式联运单据包括全程运输。

5. 装运条款（Shipment terms）

必须在单据表面表明"货物已发运、接受监管或已装船（The goods have been dispatched/taken in charge/loaded on board）"。

6. 签发日期和装运日期（Issuing date and Shipment date）

多式联运单据按信用证条款可以是已发运、接受监管或已装船。注明方式可以是以单据上预先印刷的文字表明，在这种情况下，其签发日期被认为是装运日期；也可以是以戳印或其它方式表明发运、接受监管或已装船。其上面注明的日期应被认为是装运日期。

如果信用证规定"On board multimodal transport document"，这时就需要在单据上加注已装船批注、已装船日期、船名和装货港了。

7. 签发或证实（Sign or authenticate）

多式联运单据必须由承运人、多式联运经营人、船长或代替、代表它们的代理人签发或证实。表示方法为与海运提单一样，在此不赘述。

8. 更正处（Correction）

单据的更正处必须有船长、承运人、多式联运人或它们的任何代理人的证实和小签。

第三节　国际航空运单

一、国际航空运输的营运方式

1. 集中托运

航空集中托运的货运单由集中托运商填开，航空公司货运单上记载的货物发货人和收货人分别为集中托运商和分拨代理商，集中托运商的货运单上记载的货物发货人和收货人才分别是真正的发货人和收货人。

（1）航空总运单（Master Air Waybill）

集中托运商将来自不同托运人的货物集中到一起后，进行搭配、整理在托运单上，记录总件数、总重量和总体积，以集中托运商自己的名义向航空公司订舱托运，航空公司收运后签发给集中托运商的就是总运单。总运单是航空公司接受货物的初步证据和交付货物的凭证，是航空公司运输货物的正式文件，也是航空公司与集中托运人结算航空运费的依据。

（2）航空分运单（House Air Waybill, HAWB）

集中托运商在取得航空公司签发的总运单后，签发自己的分运单给真正的收发货人，这份分运单是集中托运商接受货物的初步证据，是集中托运商的目的港分拨代理人交付货物给真正收货人的一个正式文件，也是集中托运商与每个托运人结算运费的正式依据。

该分运单一般银行可以接受而作为装运文件来结算货款,该运单的份数和格式与总运单基本一致。

二、集中托运的操作流程

1. 办理托运

出口企业首先填写"国际货物托运委托书",作为货主委托货运代理承办航空货物出口托运的依据。货运代理则依此委托书缮制托运单向航空公司办理出口订舱托运手续。

2. 预配舱、预订舱

货运代理人对相关单证(如商业发票、装箱单、报关单、外汇核销单等)进行审核后,进行预配舱、预订舱。确定航班和日期,确定运价后,通知货主交单、交货。

3. 配单

按照相关单证,货运代理制作订舱预报单和操作交接单,并给每份交接单配一份总运单或分运单或一份总运单下数票分运单。

4. 收运货物

货主须自己办理货物送货至代理人的仓库并符合有关规定,代理人在接货时要对货物进行称重、丈量,并根据发票或有关单据清点货物,核对货物的数量、唛头、进舱编号、合同号等是否一致,检查货物外包装是否符合运输规定等。对于一份总运单下有数票分运单的,还要贴上分标签。

5. 出口报关

货运代理人将已配总运单和货主提供的全部报关单证在起飞24小时前向海关办理出口报关手续,海关核准放行在总运单和报关单上盖放行章后,凭此总运单货物才可以装运离境,凭此报关单航空公司才给予签空运运单。

6. 正式订舱

货运代理人根据实际接收并已清关的货物,按待运货物的数量、重量、体积与实际舱位进行配舱,并向航空公司吨控部门正式订舱。经吨控部门确认舱位,货代领取集装器装货。

7. 填制货运单、装板

经由航空确认舱位的货物,货代填制该货物的总运单。如果是有货代汇总各个出口企业的出口货物后再向航空托运的集中托运货物,则还需要为每一票货物填开分运单。在准备文件同时将货物装在航空集装器上,并缮制集装货物组装记录单,有些航空公司或有些机场采用航空公司装货时,货代无须领取集装器装板,而只需要按要求,交货给航空公司即可。

8. 随机文件

将发货人专为收货人清关提货用的随机文件、将集中托运清单、所有分运单装入一个信袋,订在航空货运单后面交航空公司。同时贴好航空总标签。

9. 交接将盖有海关放行章的货运单、随机信袋和集装货物一起交给航空公司,航空公司验收单据和货物,在交接单上签字。

10. 装运通知货物装机离境后,出口企业向买方发出装运通知,以便对方准备付款、赎单、办理清关手续。货运代理向其海外代理发出装运通知,以让对方办理到货通知。

三、空运托运单

1. 托运人姓名、地址、电话号码(Shipper's Name, Address & Tel. No.)

填列托运人的全称、街名、城市、国家名称、电话、电传、传真号。

规范：

（1）托运人可以是货主，也可以是货运代理人。通常，集中托运的托运人是货运代理人，直接托运的托运人是货主。

（2）托运人有时被承运人要求在托运单上提供托运人账号，以避免承运人在收货人拒付运费时向托运人索偿。

（3）危险货物托运时，托运人必须填写实际托运人，航空公司不接受货运代理人托运。

（4）在信用证结汇方式下，托运人一般按信用证的受益人内容填写。

2. 收货人姓名、地址、电话号码(Consignee's Name, Address & Tel No.)

填列收货人的全称、街名、城市、国家名称、电话、电传、传真号。

规范：

（1）本栏不得填写"TO ORDER"或"TO ORDER OF SHIPPER"等字样，因为航空货运单不能转让。如果托运人依据信用证对装运文件的要求，必须显示这种凭指示字样，承运人有权拒绝接受订舱。

（2）收货人可以是实际收货人，也可以是货运代理人。通常，集中托运时的收货人是货运代理人海外代理，直接托运时为实际收货人。

（3）承运人不接受一票货物有两个或两个以上收货人。如果实际业务中有两个或两个以上收货人，托运单中收货人栏内填写第一收货人，通知栏内填写第二收货人。

（4）收货人账号仅供承运人使用，一般不需要填写，除非承运人需要。

3. 始发站(Airport of Departure)

填写始发站机场的名称，用英文全称，不得简写。

规范：

（1）在始发站机场的全称不清楚的情况下，允许填写始发站所在城市名称。

（2）相同城市的不同国家，还需要填写国家名称。

4. 目的港(Airport of Destination)

填写最后目的站机场或第一中转机场的IATA三字代码。

规范：

（1）按国际航空运输协会IATA规范的机场代码填报，不得自行编制。如：日本东京成田机场，可以填写"NRT"，浦东国际机场，填写"PVG"。

（2）机场名称不明确时，可填城市名称。如果城市名称用于一个以上国家时，应加上国名。如：澳大利亚悉尼，可填写"SYD, AU"。罗马尼亚布加勒斯特，可填写"BUH"。

（3）标签上的卸货港机场代码与托运单上目的地机场代码必须一致。

（4）如果有转运路线要求，可以填在以下专门栏目内。

5. 要求运输路线(Requested Routing)

本栏用于航空公司安排运输路线时使用，但如果托运人有要求时，也可填入本栏。为保证制单承运人收运的货物可以被所有续航承运人所接受,可查阅 TACT – RULES 8.1 中的双边联运协议,并在此栏中列明航空公司名称或 IATA 二字代码。

由于航空运单仅仅是运输条件的初步证明,各国航空法规及民航管理部门对公共航空运输企业的承运条件已加以规定。承运人只要在不违反规定的运输条件下,可以改变托运单所要求的路线,但需兼顾托运人的利益。

6. 要求预订吨位(Requested Booking)

此栏用于航空公司安排舱位时使用,但如果托运人有要求时,也可以按计费吨位填入。

7. 供运输用声明价值(Declared Value for Carriage)

填写托运人向承运人办理货物声明价值的金额。若托运人不办理货物声明价值,此栏必须打上"NVD"(No Value Declaration)字样。

8. 供海关用申明价值(Declared Value for Customs)

填写托运人向海关申报的货物价值。托运人不办理此项声明价值,必须打上"NCV"(No Customs Value)字样。

9. 件数和包装方式(No. of Pieces RCP)

填写货物的件数和包装种类。如果使用的货物运价种类不同时,应分别填写,并将总件数相加,包装种类用"PACKAGE"。

10. 毛重(Gross Weight)

与件数相对应,填写货物实际毛重,重量计量单位"千克 K"或"磅 L"。

(1) 以公斤为单位时,保留小数后一位,并按 0.5 进位。

(2) 多项货物时,在下方对应栏内打上毛重之和。

11. 运价种类(Rate Class)

填写所采用的货物运价种类的代号。

运价种类代码　运价种类英文名称　中文名称

M Minimum　最低运费

N Normal Rate 45　公斤以下普通货物运价

Q Quantity Rate 45　公斤以上普通货物运价

C Special Commodity Rate　指定商品运价

R Class Rate Reduction　等级货物附减运价

S Class Rate Surcharge　等级货物附加运价

12. 计费重量(Chargeable Weight)

填写据以计收航空运费的货物重量:

(1) 可以是货物的实际毛重,当货物是重货时。

(2) 可以是货物的体积重量,当货物是轻泡货时。

(3) 可以是较高重量较低运价的分界点的重量。

13. 费率(Rate)

填写所适用的货物运价:

(1) 当使用最低运费时,填与运价代号"M"相对应的最低运费。

(2) 当使用代号"N"、"Q"、"C"运价代号时,填写相对应的运价。

(3) 当货物为等级货物时,填写与运价"S"、"R"对应的附加、附减后的运价。

14. 货物品名和数量(Nature & Quantity of goods Invl. Dimensions or Volumel)

填写货物的具体名称和数量。

(1) 不得填写表示货物类别的名称,如:不能填写电器、仪表、仪器等,尽可能清楚地打上货物品名、数量、体积、产地等细节。

(2) 如果是危险品,应分别填写其标准的学术名称。

(3) 鲜活易腐物品、活体动物等不能作为货物品名。

(4) 填写每件货物的外包装尺寸或体积,单位分别用厘米或立方米表示,货物尺寸按其外包装的长 X 宽 X 高 X 件数的顺序填写。

15. 运费(Air Freight Charge)

根据付款方式填写。预付在起飞港支付,到付在目的港支付。在 PP 的下方打(X)表示预付;在 CC 的下方打上(X)表示到付。

16. 杂费(Other)

根据付款方式填写。预付在起飞港支付,到付在目的港支付。在 PP 的下方打(X)表示预付;在 CC 的下方打上(X)表示到付。填写始发站运输中,发生的其他费用,按全部预付或全部到付,托运时可以不填,但货运单上必须填具体金额并冠以规定的操作代号。

17. 托运人签字、盖章(Signature of Shipper or its agent)

由托运人或其代理人签字盖章。

18. 日期(Executed on date at place)

由托运人填写开货运单的时间和地点。

国际货物托运书样本如下:

上海客货运输服务有限公司

SHANGHAI EXPRESS SERVICE CO,. LTD. **IATA**

国际货物托运书
SHIPPER'S LETTER OF INSTRUCTION

REF NO: XY050401

始发站 AIRPORT DEPARTURE	到达站 AIRPORT OF DESTINATION	供承运人用 FOR CARRIER ONLY
SHANGHAI	SEMARANG	

路线及到达站 ROUTING AND DESTINATION								航班/日期 FRIGHT/DAY	航班/日期 FRIGHT/DAY
至 TO	第一承运人 BY FIRST CARRIER	至 TO	承运人 BY	至 TO	承运人 BY	至 TO	承运人 BY	已预留吨位 DOKKED	

收货人姓名及地址 CONSIGNEE'S NAME AND ADDRESS	运费： CHARGES:
PT. HYCO LANGGENG 310 VIRA SEMARANG INDONESIA	
另行通知 ALSO NOTIFY SAME AS CONSIGNEE	FREIGHT: PREPAID

托运人账号 SHIPPER'S ACCOUNT NUMBER	045686	托运人姓名及地址 SHIPPER'S NAME & ADDRESS	SHANGHAI IMPORT & EXPORT TRADE CORPORATION 1321 ZHONGSHAN ROAD SHANGHAI

托运人声明的价值 SHIPPER'S DECLARED VALUE NVD	保险金额 AMOUNT OF INSURANCE	所附文件 DOCUMENTS TO ACCOMPANY AIR WAYBIL
供运输用 FOR CARRIAGE	供海关用 FOR CUSTOMS	

件数 NO. OF PACKAGES	实际毛重 ACTIAL GROSS WEIGHT (KG)	运价类别 RATE CLASS	收费重量 CHARGEABLE WEIGHT	离岸 RATE CHARGE	货物名称及重量（包括体积或尺寸） NATURE AND QUANTITY OF GOODS (INCL DIMENSIONS OF VOLUME)
1400CTNS	3200				DOUBL EOPENEND PANNER 20 CBM

在货物不能交于收货人时，托运人指示的处理方法
SHIPPER'S INSTRUCTIONS IN CASE OF INARBLITY TO DELIVER SHIPMENT AS CONSIGNED

处理情况（包括包装方式、货物标志及号码等）
HANDLING INFORMATION (INCL MENTHOD OF PACKING DENTIFYING MARKS AND NUMBERS.ITC.)

托运人证实以上所填全部属实并愿遵守托运人的一切载运章程
THE SHIPPER CERTIFIES THAT PARTOCI; ARS ON THE EACH HERECF ARE CORRECT AND AFREES TO THE CONDITIONS OF CARRIAGE OF THE CARRIER

托运人签字 李莉 SIGNATURE OF SHIPPER	日期 2006.09.11 DATE	经收人 华民彩 AGENT	日期 2006.09.11 DATE

四、航空货运单

1. 含义

航空货运单(Air Waybill,AWB)是指托运人或托运人委托承运人或其代理人填制的,托运人和承运人之间为在承运人航线上承运托运人货物所订立运输契约的凭证,是办理货物运输的依据,是计收货物运费的财务票证,也是货主银行结汇文件之一。

一般,航空货运单有货运代理人代为填制。因为航空运输的操作要求高,非专业货运代理人难以掌握货运单填制的各项规定和要求。一旦发生由于货运单上所填的说明和声明不符合规定,或不完整、不正确,给承运人或承运人对之负责的其他人造成的损失的情形,托运人应当承担赔偿的责任。货运单填制完毕,托运人(或其代理人)和承运人(或其代理人)签字后即开始生效;货物运至目的地,收货人提取货物并在货运单交付联上签字认可后,货运单作为运输契约的凭证,其有效期即告结束。

2. 作用

(1)是航空货物运输条件及合同订立和承运人接受货物的初步证据。

(2)是货物交付后的收据,银行结汇单据之一。

(3)是运费结算凭证及运费收据。

(4)是承运人在货物运输组织全过程中运输货物的依据。

(5)是保险的证明。

(6)是国际进出口办理货物清关的证明文件。

3. 构成

航空货运单一般一式十二联,其中三联正本、六份副本联、三份额外副本联。各联用途如下:

顺序	名称	英文名称	颜色	用途
1	正本3	Original3	蓝	交托运人(For Shipper)
2	正本1	Original1	绿	开单人(For Accounting)
3	副本9	Copy 9	白	交代理人
4	正本2	Original2	粉红	交收货人(For consignee)
5	副本4	Copy 4	黄	提货收据
6	副本5	Copy 5	白	交目的地机场
7	副本6	Copy 6	白	交第三承运人
8	副本7	Copy 7	白	交第二承运人
9	副本8	Copy 8	白	交第一承运人
10	额外副本	Extra Copy 10	白	供承运人使用
11	额外副本	Extra Copy 11	白	供承运人使用
12	额外副本	Extra Copy 12	白	供承运人使用

4. 使用货运单注意事项

（1）航空货运单是一份托运人和承运人就托运人托运单上的货物，交由承运人接收，并由承运人按照承运人的航线、空港、航行时间和公布运费来完成货物从接受装运地到交货目的地的运输合同的证明，但不是一种物权凭证，航空货运单不可转让，在货运单的正面，印有"不可转让"（NOT NEGOTIABLE）字样。

（2）航空货运单可用于单一种类货物的运输，也可以用于不同种类货物的集合运输，这就使空运单上可以显示不同种类的货物。

（3）航空货运单可用于单程货物运输，也可用于联程运输。空运单上有栏目可显示二程或二程以上的运输工具名称。

（4）一张空运单只能用于一个托运人在同一时间、同一地点托运的由承运人承运的运往同一目的站同一收货人的一件或多件货物。

（5）有标志的航空货运单可以代表航空公司身份，由航空公司注册印制；无承运人任何标志的货运单，不代表任何一个航空公司，也不是由航空公司印制的。

（6）托运人对填开的货物说明和声明的正确性负责。由于货运单上所填的说明和声明不符合规定，或不完整、不正确，给承运人或承运人对之负责的其他人造成的损失，托运人应当承担赔偿的责任。

（7）货运单的有效期：当货物运至目的地，收货人提取货物并在货运单交付联上签字认可后，货运单作为运输契约凭证的有效期即告结束。但作为运输契约，起法律依据的有效期应延伸至运输停止后的两年内有效。

（8）全套正本（Full set of original copies）

空运单必须提交注明"托运人/发货人正本（Original copies for shipper/consignor）"的那一联，即使信用证要求全套正本空运单，也只要提交托运人联即可。

（9）更正处（Correction）

空运单的更正处必须有承运人或其任何代理人的证实和小签。

5. 填开货运单规定

按《华沙公约》规定，托运人有责任填开航空货运单。托运人对航空货运单所填各项内容的正确性和完备性负责。

（1）托运人在航空货运单上的签字，证明其接受了航空货运单正背两面的运输条款。

（2）运单要求用英文大写字母打印，各栏内容准确、清楚、齐全、不得随意涂改。

（3）货运单中有标题的阴影栏目仅由承运人填写。没有标题的阴影栏目一般也不需要填写，除非承运人有特殊需要。

（4）修改货运单时应将所有剩余的各联一同修改，并盖章确认。

（5）托运人货物发出后，托运人对货运单要求更改除了声明价值和保险金额以外的其他费用，应出示货运单正本并保证支付由此产生的更改费用，对托运人的更改要求，在收货人还未提货前，承运人应给予满足。在手续上，要填报并发送"运费更改通知书（CCA）"。

6. 货运单填制规范

货物通过航空方式运输时,由航空公司或其代理人在接管货物后签发的一种货运单据。它不是货权凭证,不能凭以提货,不能背书转让。《UCP500》对空运单的规定主要集中在第 27、31、32、33 条和 40 条中。

(1) 货运单号码(THE AIR WAY BILL NUMBER)

货运单号码是印制在每一份运单的左上角和右下角上,由 11 位数字组成的号码。其中前三位数字表示航空公司的数字代号。如:马航 232-、港龙 043-、129-马丁航空。后七位数字表示货运单序号。最后第八位是检验号,是前 7 位数字对 8 取模的结果。例:总运单号 129-4 2378011,其中第八位"1"是检测号,第四位和第五位之间空一格。

(2) 托运人姓名、地址、电话号码(Shipper's Name, Address & Tel. No.)

与航空托运单相应栏目填法相同。

(3) 收货人姓名、地址、电话号码(Consignee's Name, Address & Tel No.)

与航空托运单相应栏目填法相同。

如果信用证没有特殊规定,空运单必须做成记名抬头,不应作成空白抬头。

(4) 填开货运单的代理人名称和城市(Issuing Carrier Agent Name & City)

本栏所填写的填开货运单的代理人名称和所在城市。例如:由航空公司代理人 SUNSHINE TRANS INTERNATIONAL LTD. (SHANGHAI)填开货运单,则在此栏内填该公司名称 Issuing Carrier Agent Name & CitySUNSHINE TRANS INTERNATIONAL LTD. (SHANGHAI)。

(5) 填开货运单代理人的 IATA 代码(Agent's IATA Code)

本栏所填写的填开货运单的代理人名称,规范填写"代理人代码"/"城市代码"。例如:JHJ/SHA 表示由上海锦海捷亚货运代理公司填开货运单。(Agent's IATA Code-JHJ/SHA)

(6) 始发站(Airport of Departure)

与航空托运单相应栏目填法相同。空运单必须表明信用证规定的起运机场和目的地机场。同时应填写具体的起运机场或目的地机场所在地的名称。如信用证规定"From any Chinese airport",则在空运单的起运机场处应显示具体的起运机场,例如"Shanghai airport"或用代码表示"PVG"。

(7) 目的港(Airport of Destination)

与航空托运单相应栏目填法相同。

(8) 第一承运人(By First Carrier)

本栏由航空公司安排舱位后使用。一般填写第一程航班号。如:填写"MU501"表示第一程由中国东方航空公司 MU501 航班承运。

(9) 转运(To / By / To/ By)

即使信用证禁止转运,银行仍可以接受表明货物可能或将转运的空运单,但必须是同一单据包括全程运输。这是因为航空运输路线的确定在于承运人合理运输的需要,可以不经过托运人的同意。例如:当信用证禁止转运时,同一张空运单上显示了两架以上飞机的航班,银行亦可以接受。

(10) 财务说明(Accounting Information)

本栏填制有关财务说明事项。一般填写内容:

① 付款方式:现金(Cash)、支票(Check)、旅费证(MCO)等;

② 用旅费证付款时,还需填上 MCO 号码,旅客客票号码、航班、日期等;

③ 货到目的地无法交付而被退运时,将原运单号填在新运单的本栏中;

④ 货物飞离后运费更改,将更改通知单单号(CCA NO)填在本栏中;

⑤ 运费支付方式:预付(Freight Prepaid)或到付(Freight Collect)。

(11) 货币(Currency)

本栏填制始发站所在国家的货币代号,按国际 ISO 标准组织颁发。例如:CNY - 人民币,USD - 美元,HKD - 港元。

(12) 运费代号(CHGS Code)

本栏一般不需要填写,仅供电子传送货运单信息时用。

(13) 运费(WT/VAL)

与航空托运单相应栏目填法相同。

(14) 杂费(Others)

与航空托运单相应栏目填法相同。

(15) 供运输用声明价值(Declared Value for Carriage)

与航空托运单相应栏目填法相同。

(16) 供海关用申明价值(Declared Value for Customs)

与航空托运单相应栏目填法相同。

(17) 要求航班日期(Requested Flight Date)

本栏由航空公司安排舱位后使用。填写托运人已经定妥的航班/日期,如有续程,填写定妥续程的航班/日期。但是在忙季,承运人经常会遇到飞机舱位满足不了广大客户的运输要求的现象,这时有舱位是否被订妥的问题出现,因此,会在实际业务中出现货运单中显示的航班日期不是实际飞行的日期(银行审单不认可此日期为装运日的原因就在此)。

(18) 处理事项(Handling Information)

此栏一般填写内容为:

① 如果是危险品,有两种情况:

需要附托运人危险品申报单时,本栏一般打上以下字样:"Dangerous Goods as per Attached Shipper's Declaration";

不需要附托运人危险品申报单时,本栏一般打上以下字样:"Shipper's Declaration Not Required"。

② 除收货人外,另填通知人的名称、地址、国家、电话、传真号码等。

③ 货运单有随机文件的,显示文件名称。例如:"Attached Files Including Commercial Invoice, Packing List, Form A"。

④ 货物上的标志、号码、包装方法等。
⑤ 货物所需要的特殊处理,如:未完税交付"DDU"、完税交付"DDP"等。
⑥ 海关规定的其他事项。

(19) 保险价值(Amount of Insurance)

承运人向托运人提供代办货物保险时,打上货物的投保金额。中国民航不代理国际货物运输保险,此栏必须打上"XXX"或"NIL"字样。

(20) 海关信息(SCI)

填写海关信息,仅在欧盟国家之间运输货物时使用。

(21) 件数和包装方式(No. of Pieces RCP)

与航空托运单相应栏目填法相同。

(22) 毛重(Gross Weight)

与航空托运单相应栏目填法相同。

(23) 运价种类(Rate Type)

与航空托运单相应栏目填法相同。

(24) 商品品名代号(Commodity Item No.)

① 在使用指定商品运价时,打印指定商品品名代号。例如:水果蔬菜打印"0007"。
② 在使用等级货物运价时,打印附加或附减的比例。例如:书报等减67%打印"N67"。
③ 如果是集装箱货物,打印集装箱货物运价等级。

(25) 计费重量(Chargeable Weight)

与航空托运单相应栏目填法相同。

(26) 费率(Rate)

与航空托运单相应栏目填法相同。

(27) 航空运费(Total)

填写根据货物运价和货物计费重量计算的航空运费额。

(28) 货物品名和数量(Nature & Quantity of goods Invl. Dimensions or Volumel)

与航空托运单相应栏目填法相同。

(29) 运费(Air Freight Charge)

与航空托运单相应栏目填法相同。

(30) 杂费(Others)

与航空托运单相应栏目填法相同。

(31) 托运人签字、盖章(Signature of Shipper or his agent)

由托运人或其代理人签字/盖章。

(32) 填开日期(Executed on date)

填写开货运单的填开时间,按年、月、日顺序填写。

签发日期、装运日期和发运日期(Issuing date, Shipment date and Dispatch date)如果信用证没有特别规定,空运单的签发日就被视为装运日,而且装运日不能迟于信用证规定的最迟装运日期。如果信用证要求一个实际的发运日,应在空运单表面明确批注这类日期,而且这个日期被视作装运日。

应该注意,在空运单中有时会在"承运人专用(For carrier use only)"栏中出现日期,这个日期不能作为发运日的批注。如果信用证未要求实际的发运日,而空运单上既显示了签发日又显示了实际的发运日,这时应把签发日作为装运日。例如:信用证规定的最迟装运日是12月30日,而空运单的签发日是12月30日,所标注的实际发运日是12月31日,这张空运单可以被接受,不属于晚装运。

(33)填开地点(Exexcuted at Place)

填写开货运单的填开地点。

(34)制单承运人或其代理人签字、盖章

由填制货运单的承运人或其代理人签字、盖章。空运单必须由承运人或代表它们的具名代理人签发或证实。其表示方法可参见海运提单中的相关内容。

(35)单据名称(Title)

如果信用证仅要求提供"AWB",就可以接受任何命名的此类单据,如"Air Consignment Note"、"Master AWB"或"House AWB"等。但是如果信用证明确规定"House AWB not allowed",那么标有"House AWB no."或名为"House AWB"的空运单都不能接受。

(36)装运条款(Shipment terms)

空运单表面必须表明"货物已被接受托运(The goods have been accepted for carriage)"。

航空货运单样本如下:

Shipper's Name and Address	Shipper's Account Number	Not negotiable	
SHANGHAI IMPORT & EXPORT TRADE CORPORATION 1321 ZHONGSHAN ROAD SHANGHAI CHINA	045686	**Air Waybill** Issued by	中国东方航空公司 CHINA EASTERN AIRLINES 2250 HONGQIAO ROAD SHANGHAI CHINA
Consignee's Name and Address	Consignee's Account Number	Copies 1,2 and 3 this Air Waybill are originals and have the same validity	
PT. HYCO LANGGENG 310 VIRA SEMARANG INDONESIA	SO099	It is agreed that goods described herein are accepted in apparent good order and condition (except as noted) for carriage SUBJECT TO THE CONDITIONS OF CONTRACT ON THE REVESE HEREOF. ALL GOODS MAY BE CARRIED BY ANY OTHER MEANS INCLUDING ROAD OR ANY OTHER CARRIER UNLESS SPECIFIC CONTRARY INSRUCTIONS ARE GIVEN HEREON BY THE SHIPPER, AND SHIPPER AGREES THAT THE SHIPPMENT MAY BE CARRIED VIA INTERMEDIATE STOPPING PLACES WHICH THE CARRIER DEEMS APPROPRIATE. THE SHIPPER'S ATTENTION IS DRAWN TO THE NOTICE CONCERNING CARRIER'S LIMITATION OF LIABILITY. Shipper may increase such limitation of limitation of liability by declaring a higher value for carriage and paying a supplemental charge if required.	
Issuing Carrier's Agent Name and City		Accounting Information	
FUKANGWA E33 (030-424) SEMARANG EXPRESS CO., LTD.		FREIGHT: PREPAID	
Agents IATA Code 08321550	Account No.	D = 34 (20 CBM)	

To	By First Carrier Routing and Destination	To	By	To	By	Currency	Chgs Code	WT/VAL PPD COLL	Other PPD COLL	Declared Value for Carrier	Declared Value for Customs
						USD		XX	XX	N.V.D	

Airport of Destination	Requested Flight/Date	Amount of Insurance	If shipper requests insurance in accordance with the conditions thereof indicate amount to be insured in figures in box marked "Amount of Insurance".
SHANGHAI	MU0514/02		

Handing Information
AS PER REF NO: XY050401

No. of Place RCP	Gross Weight	kg lb	Rate Class Commodity Item No.	Chargeable Weight	Rate / Charge	Total	Nature and Quantity of Goods (Incl. Dimensions or Volume)
1400	3200	K	S	3200	1.50	2400.00	DOUBLE OPEN END PANNER 20 CBM

Prepaid / Weight Charge 2400.00	Collect	Other Charges
Valuation Charge		AWB FEE : 200.00
Tax		
Total other Charges Due Agent 200.00		Shipper certifies that particular's on the face hereof are correct and agrees THE CONDITIONS ON REVERSE HEREOF: PUDONG / AIR EXPORT 华民彩
Total other Charges Due Carrier		Signature Shipper or his Agent
Total Prepaid 2200.00	Total Collect	Carrier certifies that the goods described herein are accepted for carriage subject to THE CONDITION OF CONTRACT ON THE REVERSE HEREOF. The goods then being in apparent good order and condition except as noted hereon. SEP. 20, 2006 SHANGHAI, CHINA
Currency Conversion Rate	CC Charges in Dest. Currency	Executed on (date) at (place) Signature of issuing Carrier
For Carriers Use only at Destination	Charges at Destination	Total Collect Charges 789-3905 0933

同步练习

一、单选

1. Busan is the main port of (　　)。
   A. Japan　　　　　　　　　　B. England
   C. Korea　　　　　　　　　　D. France

2. 以下国际港口 Amsterdam, Manila, Hong Kong 所在国家代码依次为(　　)。
   A. PH, HL, CN　　　　　　　B. PH, CN, HL
   C. HL, CN, PH　　　　　　　D. HL, PH, CN

3. 关于海运提单的性质和作用，下列表述不正确的是(　　)。
   A. 货物收据　　　　　　　　B. 运输合同的证明
   C. 物权凭证　　　　　　　　D. 无条件支付命令

4. 海运提单的抬头是指提单的(　　)。
   A. Shipper　　　　　　　　　B. Consignee
   C. Notify Party　　　　　　　D. Voyage No.

5. "空白抬头，空白背书"提单是指(　　)。
   A. 提单正面"Consignee"一栏空白，由托运人在提单背面签字
   B. 提单正面"Consignee"一栏空白，无须背书
   C. 提单正面"Consignee"一栏填"To Order"，由托运人在提单背面签字
   D. 提单正面"Consignee"一栏填"To Bearer"，无须背书

6. 各种运输单据中，能同时具有货物收据、运输合同和物权凭证作用的是(　　)。
   A. 铁路运单　　　　　　　　B. 航空运单
   C. 海运提单　　　　　　　　D. 海运单

7. 根据《UCP600》，受益人超过提单签发日期后21天才交到银行议付的提单称为(　　)。
   A. 过期提单　　　　　　　　B. 倒签提单
   C. 预借提单　　　　　　　　D. 转船提单

8. 提单日期为7月15日，信用证的有效期为8月15日，按《UCP600》规定，受益人向银行交单的最迟日期为(　　)。
   A. 7月15日　　　　　　　　B. 7月31日
   C. 8月15日　　　　　　　　D. 8月31日

9. 以下关于海运提单的说法不正确的是(　　)。
   A. 是货物收据　　　　　　　B. 是运输合约证明
   C. 是无条件支付命令　　　　D. 是物权凭证

10. 联运提单(THROUGH B/L)的签发人(　　)。
    A. 对运输的全程负责　　　　B. 只对第一程运输负责
    C. 接受第二程运输承运人的委托向原货主负责

D. 只对第二程运输负责

11. 信用证未规定交单期,出口商交单应在信用证效期内但不得晚于提单签发日后( )。
A. 5天
B. 10天
C. 15天
D. 21天

12. 在集装箱运输中,能够实现"门到门"运输的集装箱货物交接方式时( )。
A. LCL/LCL
B. FCL/FCL
C. LCL/FCL
D. FCL/LCL

13. 根据《UCP600》,以下( )标注在提单上的内容可以被银行接受。
A. Shipped on deck
B. Five cartons are broken
C. Six bags are wet
D. The goods may be carried on deck

14. 指示性提单的收货人一栏中可以做成( )。
A. To ABC Co,Only
B. To order
C. To order of issuing bank
D. To the bearer
E. To order of shipper

15. 多式联运提单的签发人应( )
A. 对运输全程负责
B. 对第一程运输负责
C. 接受第二程运输承运人的委托向原货主负责
D. 对第二程运输负责

16. 下列表示"已装船提单"的日期的是( )
A. 货于3月10日送交船公司
B. 货于4月2日开始装船
C. 货于4月8日全部装完
D. 货于4月28日抵达日本

17. 信用证规定"SHIPMENT TO BE EFFECTED ON OR ABOUT AUGUST 25, 2006; DOCUMENTS REQUIRED TO THE APPLICANT",没有其他特别要求,空运单的显示正确的是( )。
A. ISSUING DATE: AUG. 30, 2006, FLIGHT DATE: AUG. 31, 2006
B. ISSUING DATE: AUG. 18, 2006, FLIGHT DATE: AUG. 25, 2006
C. ISSUING DATE: AUG. 18, 2006, FLIGHT DATE: AUG. 19, 2006
D. ISSUING DATE: AUG. 20, 2006, FLIGHT DATE: AUG. 31, 2006

18. 航空公司的运价通常以"S"表示( )。
A. 最低运价
B. 附减运价
C. 附加运价
D. 普通运价

二、多选

1. 电子托运单订舱时实现未来我国"无纸化贸易运输"项目的一个发展趋势,电子订舱的优点主要在于( )。
A. 订舱速度快
B. 形式简单
C. 电子托运单可与纸质托运单共存
D. 差错率低
E. 改变了"凭场站收据换海运提单"的传统做法

2. 出口货物托运人缮制货物托运委托书的依据是(　　)。
   A. 外销出仓单　　　　　　　　　　B. 销售合同
   C. 信用证　　　　　　　　　　　　D. 配舱回单
   E. 场站收据

3. 因租船订舱和装运而产生的单据是(　　)。
   A. 托运单　　　　　　　　　　　　B. 装货单
   C. 收货单　　　　　　　　　　　　D. 海运提单
   E. 发票

4. 提单中的发货人 Shipper 一栏内通常可以记载(　　)。
   A. 销售合同项下的供应商　　　　　B. 代表供应商与承运人签订合同的人
   C. 将货物交给承运人的人　　　　　D. 与托运人订立合同的人
   E. 买卖合同下的购货商

5. 集装箱运输的主要交接方式有(　　)。
   A. 整箱/整箱(FCL/PCL)　　　　　B. 整箱/拼箱(PCL/LCL)
   C. 拼箱/整箱(LCL/FCL)　　　　　D. P 拼箱/拼箱(LCL/LCL)
   E. 以上均正确

三、判断

1. 根据《UCP600》,如果信用证中没有规定是否可以分批装运与转运,应理解为不允许分批装运与转运。(　　)

2. 不清洁提单是指承运人在签发提单时,对货物的包装等状况加注不良批注的提单。(　　)

3. 提单的收货人栏在填写"To order of shipper"内容情况下,提单需要作背书。(　　)

4. 信用证要求海运提单,货物运抵 LATTAKIA PORT IN TRANSIT TO DAMASCUS,提单实际显示的是:PORT OF DISCHARGE:LATTAKINA, PLACE OF DELEVERY:DAMASCUS(SYRIA),因此,与信用证对海运提单的要求不符。(　　)

5. 如果信用证规定"FROM CHINESE MAIN PORT TO NEW YORK",则提单的装运港一栏应填写"CHINESE MAIN PORT",以符合单证一致的要求。(　　)

6. 提单的签发人通常为托运人。(　　)

7. 提单上载明"货于4月8日全部装完"表示的是"已装船提单"的日期。(　　)

8. 货物装船后,托运人凭船公司的装货单换取已装提单。(　　)

9. 提单在法律上具有物权凭证的作用,在国际贸易中,提单可以通过背书进行转让,转让也就意味着转让货物的所有权。(　　)

10. 海运提单的签发日期应早于保险单的签发日期。(　　)

11. 货物装船后,托运人凭装货单(S/O)向承运人或其代理人换取提单(B/L)。(　　)

12. 不清洁提单的不良批注是从大副收据上转注过来的。(　　)

13. 完整的物权由全套正本提单表示,所以收货人在提货时,应出示全套正本提单。(　　)

14. 不可转让海运单除了单据上写明的收货人外,他人不能提货。(　　)
15. 除非另有规定,银行将接受以单独一份作为整套正本出具的海运提单。(　　)
16. 审核提单时应注意海运提单一般为"备运"提单,而多式联运提单属于"已装船"提单。(　　)
17. 签发联运提单的承运人只对第一运输负责。(　　)
18. 签发国际多式联运提单的经营人,其责任只是对第一段运输负责。(　　)

第八章

官方出口单证

本章学习，使学生了解并掌握国际贸易单证中官方出口单证的种类。重点需要掌握原产地证书、报检单和报关单的缮制。

单货不符，海关要求走缉私程序

某公司从新加坡进口一台气相色谱串联四级杆质谱联用仪，采用的贸易术语是 CIP 郑州，支付方式是 T/T，空运。货到郑州后，收货人委托货代公司持全套单据向海关报关，海关发现单货不符，单据上货物型号显示的均为 7000B，但是机器上显示的型号是 7000C，海关要求走缉私程序，需要提供情况说明、企业委托书、委托人、企业经营执照、法人身份证、组织机构代码、税务登记证、海关注册登记证，以上复印件全部提供加盖公章。最终，海关根据《中华人民共和国海关行政处罚实施条例》第十五条第一项的规定，予以警告处理。

第一节 原产地证书

一、原产地证书概述

原产地证明书（CERTIFICATE OF ORIGIN）是出口商应进口商要求而提供的、由公证机构或政府或出口商出具的证明货物原产地或制造地的一种证明文件。

原产地证书是贸易关系人交接货物、结算货款、索赔理赔、进口国通关验收、征收关税的有效凭证，它还是出口国享受配额待遇、进口国对不同出口国实行不同贸易政策的凭证。

根据签发者不同，原产地证书一般可分为以下四类：

① 检验检疫局出具的《中华人民共和国原产地证书》；
② 贸促会出具的《中华人民共和国原产地证书》；
③ 出口商出具的《原产地证书》；
④ 生产厂家出具的《原产地证书》。

其中,以第一种、第二种形式最具有权威性。

二、原产地证书的申请

根据我国的规定,企业最迟于货物报关出运前3天向签证机构申请办理原产地证书,并严格按照签证机构的要求,真实、完整、正确地填写以下材料:

1.《中华人民共和国出口货物原产地证书/加工装配证明书申请书》;
2.《中华人民共和国出口货物原产地证明书》一式四份(一正一副);
3. 出口货物商业发票正本一份;
4. 签证机构认为必要的其他证明文件。

三、原产地证明书缮制要求

(1) 产地证书的编号(CERTIFICATE NO.):此栏不得留空,否则证书无效。

(2) 出口方(EXPORTER):填写出口公司的详细地址、名称和国家(地区)名。若经其他国家或地区,需填写转口商名称时,可在出口商后面填英文VIA,然后再填写转口商名址、国家。

(3) 收货方(CONSIGNEE):填写最终收货人名称、地址和国家(地区)名。通常是外贸合同中的买方或信用证上规定的提单通知人。如信用证规定所有单证收货人一栏留空,在这种情况下,此栏应加注"TO WHOM IT MAY CONCERN"或"TO ORDER",但此栏不得留空。若需填写转口商名称时,可在收货人后面加填英文VIA,然后再写转口商名称、地址、国家。

(4) 运输方式和路线(MEANS OF TRANSPORT AND ROUTE):填写装运港和目的港、运输方式。

若经转运,还应注明转运地。例如:通过海运,由上海港经香港转运至汉堡港,应填为:

FROM SHANGHAI TO HAMBURG BY VESSEL VIA HONGKONG。

(5) 目的地国家(地区)(COUNTRY/REGION OF DESTINATION):填写目的地国家(地区)。一般应与最终收货人或最终目的港(地)国别相一致,不能填写中间商国家名称。

(6) 签证机构用栏(FOR CERTIFYING AUTHORITY USE ONLY):由签证机构在签发后发证、补发证书或加注其他声明时使用。证书申领单位应将此栏留空。一般情况下,该栏不填。

(7) 运输标志(MARKS AND NUMBERS):填写唛头。应按信用证、合同及发票上所列唛头填写完整图案、文字标记及包装号码,不可简单填写"按照发票"(AS PER INVOICE NUMBER)或者"按照提单"(AS PEER B/L NUMBER)。货物如无唛头,应填写"无唛头"(NO MARK)字样。此栏不得空留,如唛头多,本栏目填写不够,可填写在第7、8、9栏内的空白处,如还是不够,可用附页填写。

(8) 商品描述、包装数量及种类(NUMBEER ANDD KIND OF PACKAGES;DESCRIPTION OF GOODS):填写商品描述及包装数量。商品名称要填写具体名称,不得用概括性表述,例如服装、食品(GARMENT、FOOD)等。包装数量及种类要按具体单位填写,应与信用证及其他单据严格一致。包装数量应在阿拉伯数字后加注英文表述。如货物为散装,在商品名称后加注"散装"(IN BULK)字样。有时信用证要求在所有单据上加注合同号码、信用证号等,可加注在此栏内。本栏的末行要打上表示结束的符号(＊＊＊＊＊＊＊＊＊＊＊＊＊＊),以防加添内容。

（9）商品编码(H. S. CODE):此栏要求填写 HS 编码,应与报关单一致。若同一证书包含有几种商品,则应将相应的税目号全部填写。此栏不得空留。

（10）数量(QUANTITY):此栏要求填写出口货物的数量及商品的计量单位。如果只有毛重时,则需填"G. W."。

（11）发票号码及日期(NUMBER AND DATE OF INVOICE):填写商业发票号码及日期。此栏不得空留,为避免对月份、日期的误解,月份一律用英文表述,如 2004 年 3 月 15 日,则为:MARCH. 15,2004。

（12）出口方声明(DECLARATION BY THE EXPORTER):填写出口人的名称、申报地点及日期,由已在签证机构注册的人员签名并加盖有中英文的印章。

（13）由签证机构签字、盖章(CERTIFICATION):填写签证地点、日期。签证机构签证人经审核后在此栏(正本)签名,并盖签证印章。原产地证书的更改或重发对签证机构已签发的原产地证书,当申请单位需要更改其内容时,申请单位应书面申明理由,提交已更改的产地证,并退回原证书正本。对签证机构已签发的原产地证明书遗失或损毁,申请单位应书面说明遗失或损毁的原因,提交重新填制的产地证书副本或复印件。

四、一般原产地证书样本

一般原产地证书

1. Exporter ZHEJIANG LAMP FOREIGN TRADE I/E CORP. 18 TIANMUSHAN ROAD HANGZHOU, CHINA		Certificate No. 09235855 CERTIFICATE OF ORIGIN OF THE PEOPLE'S REPUBLIC OF CHINA		
2. Consignee S. N INTERNATIONAL TRADE CO. 500044 N W 21 STREET SANFRANSCIO FL. 33142, U. S. A				
3. Means of transport and route FROM NINGBO TO SANFRANSCIO BY SEA		5. For certifying authority use only		
4. Country/region of destination SANFRANSCIO, USA				
6. Marks and numbers of packages S. N MADE IN CHINA	7. Number and kind of packages; description of goods DESK LAMP Art. No. JB702 THREE HUNDRED AND FOUR(304) CARTONS ONLY ＊＊＊＊＊＊＊＊＊＊＊＊＊＊＊＊＊＊＊＊＊	8. H. S Code 9405. 2000	9. Quantity or weight G. W. ;608 KGS	10. Number and date of invoices 9394029 MAY 10,2008

续表

| 11. Declaration by the exporter
　　The undersigned hereby declares that the above details and statements are correct; that all the goods were produced in China and that they comply with the Rules of Origin of the People's Republic of China.

　　ZHEJIANG LAMP FOREIGN TRADE I/E CORP.
　　HANGZHOU MAY 20,2008　王杰

Place and date, signature and stamp of authorized signatory | 12. Certification
　　It is hereby certified that the declaration by the exporter is correct.

CIQ

HANGZHOU MAY 22,2008 模李民

Place and date, signature and stamp of certifying authority |

五、普惠制原产地证书

（一）普惠制产地证明书概述

普惠制原产地证书（GENERALIZED SYSTEM OF PREFERENCE CERTIFICATE OF ORIHIN），简称普惠制（GSP），是指发达国家给予发展中国家或地区在经济、贸易方面的一种非互利的特别优惠待遇。普惠制于1970年由联合国贸易开发会议第四届优惠特别委员会推行实施。这一制度的实施，对于发展中国家而言，可以扩大出口，多创外汇，加速经济基础发展、促进产业工业化。

我国是发展中国家，目前已有29个发达国家给予我国普惠制待遇。自1978年10月我国接受普惠制待遇后，我国政府授权国家进出口商品检验局全面负责普惠制的签证管理工作，由设在各地的商检机构具体负责普惠制产地证书的签发和统计工作。

（二）普惠制产地证书的申领手续

1. 申领的时间

根据我国检验检疫有关规定，出口企业最迟于货物出运5天前，持签证机构规定的正本文件，向签证机构申请办理普惠制产地证书。

2. 申领所需要的文件

（1）提供规定格式并已缮制的《普惠制产地证明书申请单》一份；

（2）提供缮制完毕的《普惠制产地证明书FORM A》一套（一正两副）；

（3）提供出口商《商业发票》正本一份；

（4）发证机构所需的其他证明文件，如《加工工序清单》等；

（5）如出口商品含有进口成分，应交纳《含进口成分受惠商品成本明细单》一式两份。

（三）普惠制产地证书的内容和缮制要求

本证书一般使用英文填制，也可使用法文。特殊情况下，第二栏可以使用给惠国的文种。唛头标记不受文种限制，可据实填写。

第一栏：出口商的名称，地址，国别。

此栏是带有强制性的，应填明在中国境内的出口商详细地址，包括街道名、门牌号码等。出口商必须是已办理产地注册的企业，且公司英文名称应与检验检疫局注册备案的一致。此栏切勿有香港、台湾等中间商出现。

第二栏：收货人的名称、地址、国家。

一般应填给惠国最终收货人名称（即信用证上规定的提单通知人或特别声明的收货人），此栏不能填香港、台湾等其他中间商的名称，在特殊情况下，此栏也可填上 TO ORDER 或 TO WHOM IT MAY CONCERN。

第三栏：运输路线及方式（已知）。

例如：SHIPMENT FROM NINGBO TO HAMBURG BY SEA

注意：运输路线始发地应填中国大陆最后一道离境地，如系转运货物，应加上转运港，如：FROM NINGBO TO PIRAEUS, GREECE VIA HONGKONG BY SEA。运输方式有海运、陆运、空运、海空联运等。

第四栏：供签证当局使用。

此栏由签证当局填写，申请单位应将此栏留空。签证当局根据实际情况，填写如下内容：

（1）如属"后发"证书，签证当局会在此栏加打"ISSUED RETROSPECTIVELY"；

（2）如属签发"复本"（重发证书），签证当局会在此栏注明原发证书的编号和签证日期，并声明原发证书作废，其文字是：THIS CERTIFICATE IS IN REPLACEMENT OF CERTIFICATE OF ORIGIN NO...... DATED...... WHICH IS CANCELLED，并加打"DUPLICATE"。

（3）出口日本产品采用日本原料的，签证当局会在此栏加打"SEE THE ANNEX NO……；

4. 出口欧洲联盟国家或挪威、瑞士的产品采用上述国家原料的，签证当局会在此栏加打"EC CUMULATION"、"NORWAY CUMULATION"或"SWITZERLAND CUMULATION"。

第五栏：项目编号。

在收货人、运输条件相同的情况下，如同批出口货物有不同品种，则可按不同品种分列"1"、"2"、"3"…。

第六栏：唛头及包装编号。

此栏按实际货物和发票上的唛头，填写完整的图案文字标记及包装号。唛头中处于同一行的内容不要换行打印。

注意：

（1）唛头不得出现"HONGKONG"、"MACAO"、"TAIWAN"、"R.O.C."等中国以外其它产地制造字样；

（2）此栏不得留空。货物无唛头时，应填"N/M"。如唛头过多，可填在第7、8、9、10栏的空白处。

（3）如唛头为图文等较复杂的唛头，则可在该栏填上"SEE ATTACHMENT"，并另加附页。附页需一式三份，附页上方填上"ATTACHMENT TO THE CERTIFICATE OF ORIGIN NO……（证书号码）"，参照 FORM A 证书，附页下方两边分别打上签证地点、签证日期和申报地点、申报日期，左下方盖上申报单位签证章并由申报单位申报员签名。附页应与 FORM A 证书大小一致。

如进口国为俄罗斯,附页下方左侧还需加注直属检验检疫局的英文全称,例如"NINGBO ENTRY-EXIT INSPECTION AND QUARANTINE BUREAU OF THE PEOPLE'S REPUBLIC OF CHINA"。

(4) 此栏内容及格式必须与实际货物的外包装箱上所刷的内容一致。

第七栏:包装数量及种类;商品说明。

例如:SIX HUNDRED(600)CTNS OF SHRIMPS

* * * * * * * * * * * *

注意:请勿忘记填写包件数量及种类,并在包装数量的英文数字描述后用括号加上阿拉伯数字。并打上区分线。

第八栏:原产地标准。

此栏用字最少,但却是国外海关审证的核心项目。对含有进口成份的商品,因情况复杂,国外要求严格,极易弄错而造成退证,应认真审核。现将一般情况说明如下:

1. 完全原产的,填写"P";

2. 含有进口成分,但符合原产地标准,输往下列国家时,填写如下:

a. 挪威、瑞士、欧盟、日本、土耳其:填"W",其后填明出口产品在《商品名称和编码协调制度》中的四位数税则号(如:"W"96.18);但属于给惠国成分的进口原料部分可视作本国原料,所以,如果产品的进口成分完全采用给惠国成分,则该产品的原产地标准仍填"P";

b. 加拿大:进口成分占产品出厂价的40%以下,填"F";

c. 俄罗斯、白俄罗斯、乌克兰、哈萨克斯坦:进口成分不得超过产品离岸价的50%,填"Y",其后填明进口原料和部件的价值在出口产品离岸价中所占百分率(如:"Y"35%);

d. 澳大利亚和新西兰:本国原料和劳务不低于产品出厂成本的50%,第8栏留空。

第九栏:毛重及其他数量。

注意:此栏应以商品的正常计量单位填,如"只"、"件"、"匹"、"双"、"台"、"打"等。以重量计算的则填毛重,只有净重的,填净重也可,但要标上:N.W.(NET WEIGHT)。

第十栏:发票号及日期。

注意:发票内容必须与正式商业发票一致,此栏不得留空,为避免误解,月份一般用英文缩写JAN.、FEB.、MAR.等表示,发票日期年份要填全,如"2006"不能为"06"。发票号太长需换行打印,应使用折行符"—"。发票日期不能迟于提单日期和申报日期。

第十一栏:签证当局证明。

此栏填打签证地址和日期,一般情况下与出口商申报日期、地址一致,签证机构授权签证人员在此栏手签,并加盖签证当局印章。

第十二栏:出口商声明。

生产国的横线上应填上"CHINA"(证书上已印制)。进口国横线上的国名一定要填写正确,进口国必须是给惠国,一般与最终收货人或目的港的国别一致。凡货物发往欧盟25国的,进口国不明确时,进口国可填:E.U.。

申请单位的申报员应在此栏签字,加盖已注册的中英文合璧签证章,填上申报地点、时间,印章应清晰,例如:NINGBO,CHINA MAY 24,2006。

注意:申报日期不要填法定休息日,日期不得早于发票日期,一般也不要迟于提单日期,如迟于提单日期,则要申请后发证书。在证书正本和所有副本上盖章签字时避免覆盖进口国名称、原产国名称、申报地址和申报时间。更改证申报日期一般与原证一致,重发证申报日期应为当前日期。

(三) 区域性经济集团互惠原产地证书

1. 《中国-东盟自由贸易区》优惠原产地证明书(FORM E)

自2004年1月1日起,凡出口到东盟的农产品(HS第一章到第八章)凭借检验检疫机构签发的《中国-东盟自由贸易区》(FORM E)优惠原产地证书可以享受关税优惠待遇。2005年7月20日起,7 000多种正常产品开始全面降税。中国和东盟六个老成员国(即文莱、印度尼西亚、马来西亚、菲律宾、新加坡和泰国)至2005年7月40%税目的关税降到0-5%;可以签发《中国——东盟自由贸易区》优惠原产地证书的国家有:文莱、柬埔寨、印尼、老挝、马来西亚、缅甸、菲律宾、新加坡、泰国、越南等10个国家。

2. 《亚太贸易协定》原产地证明书(FORM B)

2006年9月1日起签发《亚太贸易协定》原产地证书。可以签发《亚太贸易协定》原产地证书的国家有:韩国、斯里兰卡、印度、孟加拉等4个国家。降税幅度从5%到100%不等。

3. 《中国与巴基斯坦自由贸易区》原产地证明书(FORM P)

对巴基斯坦可以签发《〈中国与巴基斯坦自由贸易区〉优惠原产地证明书》,2006年1月1日起双方先期实施降税的3000多个税目产品,分别实施零关税和优惠关税。原产于中国的486个8位零关税税目产品的关税将在2年内分3次逐步下降,2008年1月1日全部降为零,原产于中国的486个8位零关税税目产品实施优惠关税,平均优惠幅度为22%。给予关税优惠的商品其关税优惠幅度从1%到10%不等。

4. 中国—智利自由贸易区原产地证书(FORM F)

自2006年10月1日起,各地出入境检验检疫机构开始签发《中国-智利自由贸易区优惠原产地证明书》(FORM F),该日起对原产于我国的5 891个6位税目产品关税降为0。

5. CEPA原产地证书

CEPA即《关于建立更紧密经贸关系的安排》,指大陆、香港、澳门更紧密经贸关系的相关协定下使用的原产地。

6. ECPA原产地证书

ECPA即《海峡两岸经济合作框架协议》。

(四) 普惠制产地证书样本

普惠制产地证书样本

1. Goods consigned from (Exporter's full name and address, country) SHANGHAI YILONG CO., LTD. NO.91 NANING ROAD SHANGHAI, CHINA.			Reference No. 20070819 GENERALIZED SYSTEM OF PREFERENCES CERTIFICATE OF ORIGIN (Combined declaration and certificate) FORM A Issued in <u>THE PEOPLE'S REPUBLIC OF CHINA</u> (Country)		
2. Goods consigned to (Consignee's Full name, address, country) ABC COMPANY 1-3 MACHI KU STREET OSAKA, JAPAN			See Notes. Overleaf		
3. Means of transport and route (as for as known) FROM SHANGHAIPORT TO OSAKA BY SEA			4. For certifying authority use only		
5. Item Number 1	6. Marls and Numbers of Packages ABC OSAKA NOS.1-60	7. Number and kind of packages; Description of goods 60 CARTONS (SIXTY CARTONS ONLY) CARDBOARD BOX ***************** **************** **********	8. Origin Criterion (see Notes Overleaf) "P"	9. Gross Weight Or other Quantity G.W: 2160.00KGS	10. Number And date of invoices YL71001 NOV 10, 2007
11. Certification It is hereby certified that the declaration by the exporter is correct. CIQ SHANGHAI, NOV 25, 2007 XXX Place and date, signature and stamp of Certifying authority			12. Declaration by the exporter The undersigned hereby declares that the above Details and statements are correct, that all the Goods were produced in <u>CHINA</u> and that they Comply with the origin requirements specified for those goods in the Generalized System of preferences for goods exported to (importing country) JAPAN SHANGHAI, NOV 25, 2007 XXX Place and date, Signature and stamp of Authorized signatory		

第二节 检验检疫单证

一、概述

检验证明书是由政府商检机构或公证机构或制造厂商等对商品进行检验后出具的关于商品品质、规格、重量、数量、包装、检疫等各方面或某方面鉴定的书面证明文件。检验证明书虽不属于国际结算中的基本单据，但是如果检验证书中有不符合信用证或合同的规定，开证银行或进口银行仍然可以据此作为拒付或索赔的理由。

二、报检单证

（一）报检的概念

1. 报检的含义

进出口商品报检是进出口商品的收发货人或其代理人,根据《商检法》等有关法律、法规,对法定检验的进出口商品,在检验检疫机构的时限和地点,向检验检疫机构办理申请检验、配合检验、付费、取得商检单证等手续的过程。

2. 报检单位

出入境检验检疫报检单位有两大类:自理报检单位和代理报检单位。

（二）出入境货物报检的时限和地点

出境货物最迟在出口报关或装运前 7 天报检,个别检验检疫周期长的货物,应留有相应的检验检疫时间。需隔离检疫的出境动物在出境前 60 天预报,隔离前 7 天报检。法定检验检疫物货,除了活动物由口岸检验检疫外,原则上应在产地检验检疫。审批、许可证等有关政府批文中规定了检验检疫地点,需在规定的地点报检。

输入植物、种子、种苗及其他繁殖材料的,应在入境前 7 天报检。输入微生物、人体组织、生物制品、血液及制品、种畜、禽及精液、胚胎、受精卵,应当在入境前 30 天报检。输入其他动物的,应在入境前 15 天报检。

（三）《出境货物报检单》的主要内容和填报规范

《出境货物报检单》由各口岸出入境检验检疫局统一印刷,除编号由检验检疫机构制定外,其余各栏由报检单位填制并盖章确认。

（1）编号:由检验检疫机构受理人指定,前六位为检验检疫机构代码,第七位为报检类代码,第八位、第九位为年份代码,第十位至第十五位为流水号。

（2）报检单位:填写报检单位全称及其代码(十位报检单位登记号)并加盖报检单位公章或报检专用章。联系人、电话和报检日期等项目必须填写完整,报检日期是指检验机构接受报检当天的日期,统一用阿拉伯数字表示。

（3）发货人:填写合同、信用证中所列卖方名称或商业发票上的出票人。本栏分别用中文、英文分别填报发货人名称。

（4）收货人:按合同、信用证中所列买方名称填写。本栏分别用中文、英文分别填报收货人名称。

（5）货物名称:填写出境货物名称、规格、型号、成分以及英文对照。如果是废旧物品,在此栏内要注明。如:电动缝纫机(旧)。

（6）H.S 编码:本栏填报八位商品编码。有些有最后两位补充编码时,应填报十位编码。

（7）产地:在出境货物报检单中指货物生产地、加工制造地的省、市、县名。在进境货物报检单中指该进口货物的原产国和地区。本栏填报中文名称。

（8）数/重量:报检数量为实际商品数量,重量。重量还要列明毛/净/皮重。

（9）货物总值:按发票或合同、报关单金额填写,必须填明币种。

（10）包装种类及数量:填写使用的包装物的名称及包装物的数量。

（11）运输工具名称号码:填写运输工具的名称和运输工具编号,如飞机、轮船等。

（12）贸易方式：按贸易方式分类填写。常见的有"一般贸易""来料加工贸易""易货贸易""补偿贸易"等。

（13）货物存放地点：填写货物出运前停放的地点名称/工厂联系人/电话/预约检验时间。

（14）合同号：填写所签订合同的号码，一般填写我方编号。

（15）信用证号：填写报检时随附作为本批货物对外结汇的信用证号码，非信用证结汇，此栏填写结汇方式（如 T/T、D/P 等）。

（16）用途：填写出境货物应用的方面或范围。

（17）发货日期：填写货物出境的日期。以年、月、日顺序填报。

（18）输往国别（地区）*：填写货物最终销售国家或地区的中文名称。

（19）许可证/审批号：填写出口许可证或其他文件的编号。

（20）生产单位注册号：生产单位的卫生注册证书编号或加工仓库的注册编号。

（21）启运地：填写出境货物启运的口岸（城市）名称（如：上海）。

（22）到达口岸：填写入境的国家和口岸名称（如日本东京）。

（23）集装箱规格、数量及号码：填写"数量 X 规格/箱号"。如：1X20'/TGHU8491952。

（24）合同、信用证订立的检验检疫条款或特殊要求：如合同、信用证有特殊条款需说明或对检验检疫证书的内容有特殊要求时可在此栏注明。

（25）标记及号码：根据有关合同、发票、装箱单等列明的标记号码准确填写。没有唛头的在该栏填写"N/M"。

（26）随附单据：应按有关规定提供附件，报检人提供的单据都应在栏中相应单据前的空格内打"√"，若栏中无该单据的，可在空栏中补填并打"√"。

（27）需要证单名称：在所需证单前的空格内打"√"，并填写所需的份数，所需证单未列明的可加填。

（28）签名：由持有《报检员证》的报检人员手签。

三、检验检疫证书

检验检疫证书的作用有以下几点：

(1) 用于证明履约情况，便利交接货物；

(2) 是结算某些出口商品货价不可缺少的依据；

(3) 是银行议付和出口结汇不可缺少的单证；

(4) 是国外管制商品准许输入放行的文件；

(5) 用于坚定关税税则和优惠减免税；

(6) 是解决进出口商品责任归属的主要依据；

(7) 是进口商品检验对外索赔的依据；

(8) 是承运人和托运人计算运费的依据；

(9) 是进出口海关验放的凭据。

四、出境货物报检单样本

中华人民共和国出入境检验检疫
出境货物报检单

报检单位(加盖公章)众诚国际贸易有限公司　　　　*编号：_____

报检单位登记号：1462845217　　联系人：张敏　　电话：　　报检日期：05 年 04 月 10 日

发货人	(中文)众诚国际贸易有限公司				
	(外文)ZHONGCHENG INTERNATIONAL TRADE CO.,LTD				
收货人	(中文)………………………………				
	(外文)GREEN TRADE CO.				
货物名称 (中/外文)	H.S.编码	产地	数/重量	货物总值	包装种类及数量
HAND TOOLS 手工工具 ART NO.1018 ART NO.1019	8204.1100	CHINA	可只填总数 5000SETS 5000SETS 10000SETS	USD35,000.00	可只填总数 10SETS/CARTON 8SETS/CARTON 1125 CARTON
运输工具名称号码	SPRING V.011		贸易方式	一般贸易	货物存放地点	---------
合同号	05SUG0012		信用证号		用途	---------
发货日期	05.04.15	输往国家(地区)	NORWAY	许可证/审批证	
启运地	CHINA PORT	到达口岸	OSLO	生产单位注册号	1234566778
集装箱规格、数量及号码	3*40', APLU 1234501,1234502,1234503				
合同、信用证订立的检验检疫条款或特殊要求	标记及号码		随附单据(划"√"或补填)		
	GREEN 05SUG0012 OSLO CTN.1/1125	■合同 □信用证 ■发票 □换证凭单 ■装箱单 □厂检单		□包装性能结果单 □许可/审批文件 □ □ □ □	
需要证单名称(划"√"或补填)				检验检疫费	
□品质证书　__正__副 □　　　　　__正__副 □　　　　　__正__副 □　　　　　__正__副 □　　　　　__正__副 □　　　　　__正__副 □　　　　　__正__副		□植物检疫证书　__正__副 □熏蒸/消毒证书　__正__副 ■出境货物换证凭单 □ □ □ □		总金额 (元人民币)	
				计费人	
				收费人	

续表

报检人郑重声明： 　1. 本人被授权报检。 　2. 上列填写内容正确属实，货物无伪造或冒用他人的厂名、标志、认证标志，并承担货物质量责任。 　　　　　　　　　　　　　　签名：张敏	领取证单	
	日期	
	签名	

注：有"＊"号栏由出入境检验检疫机关填写　　◆ 国家出入境检验检疫局制

第三节　进出口货物报关单

一、进出口报关单的含义和分类

1. 含义

进出口货物报关单是指进出口货物收发货人或其代理人，按照海关规定的格式对进出口货物的实际情况做出书面申明，以此要求海关对其货物按适用的海关制度办理通关手续的法律文书。它在对外经济贸易活动中具有十分重要的法律地位。它既是海关监管、征税、统计以及开展稽查和调查的重要依据，又是加工贸易进出口货物核销，以及出口退税和外汇管理的重要凭证，也是海关处理走私、违规案件，及税务、外汇管理部门查处骗税和套汇犯罪活动的重要证书。

根据上海海关监管通关处的文件要求，自2013年12月5日起，将所有监管方式均纳入通关无纸化试点范围。采取通关无纸化过渡方式作业，即在现有H2010系统通关作业无纸化程序控制条件下，所有报关单统一采用通关无纸化方式申报，并根据风险判别结果，对"低风险审证征税和"高风险重点审核"等转人工审核的报关单据实施现场交单审核、验放。

2. 分类

按货物的流转状态、贸易性质和海关监管方式的不同，进出口货物报关单可以分为以下几种类型（见下表）。

分类方式	报关单种类	习惯用语	含义
按进出口状态分	进口货物报关单	进口报关单	海关规定的货物进境时申报内容报表
	出口货物报关单	出口报关单	海关规定的货物出境时申报内容报表
按用途分	报关单录入凭单	原始报关单	申报单位填写的凭单，盖章后交海关
	预录入报关单	报关预录单	预录入公司录入，盖章后输入给海关
	报关单证明联	海关证明联	海关核查货物进出境，并提供的证明
按海关监管方式分	进料加工进（出）口货物报关单	进料报关单（粉红色）	进料加工贸易方式项下的进（出）口货物申报内容报表
	来料加工进（出）口货物报关单	来料报关单（浅绿色）	来料加工贸易及补偿贸易方式项下的进（出）口货物申报内容报表
	一般贸易进出口货物报关单	一般贸易报关单（白色）	一般贸易及其他贸易方式项下的进（出）口货物申报内容报表

二、进出口货物报关单各联的用途

纸质进口报关单一式五联,分别是:海关作业联(白色)、海关留存联、企业留存联、海关核销联、进口付汇证明联。纸质出口货物报关单一式六联,分别是:海关作业联(白色)、海关留存联、企业留存联、海关核销联、出口收汇证明联、出口退税证明联(浅黄色)。这些报关单的各联用途,都已印制在报关单的下方中间,并在字体上方有一条粗的彩色线条,便于辨认和操作。

1. 进出口货物报关单海关作业联和留存联

进出口货物报关单海关作业联和留存联,是报关员配合海关审核、海关查验、缴纳税费、装运货物的重要单据,也是海关查验、征税、编制统计及其他海关事务的重要依据。

2. 进出口货物报关企业单位留存联

报关企业留存进出口货物报关单,作为合法进出境货物的依据,是在海关放行货物和结关以后,向海关申领进出口货物收付汇证明联和出口货物退税证明联的文件。

3. 进出口货物报关单海关核销联

报关单海关核销联是口岸海关对申报进出口货物所签发的证明文件,是海关办理加工贸易合同核销、结案手续的重要凭证之一。加工贸易的收发货人在货物进出口后申领报关单核销联,凭以向主管海关办理加工贸易登记手册核销手续。

4. 进出口货物报关单的付、收汇证明联

进出口付收汇证明联是海关对于实际申报进出口货物所签发的证明文件,是银行和国家外汇管理部门办理售汇、付汇、收汇及核销手续的重要凭证之一。对需要出口收汇核销的货物,发货人向海关申领收汇证明联。对需要进口付汇核销的货物,收货人申领付汇证明联。

5. 出口货物报关单出口退税证明联

出口退税证明联是海关对已申报出口并装运出境的货物所签发的证明联,是国税部门办理出口货物退税手续的凭证之一。对可退税货物,出口发货人或其代理人在货物出运后,向海关申领出口退税证明联,海关核准后签发。不属于退税范围的,海关不予签发。

三、报关单的缮制和要求

1. 主要项目的缮制说明

(1)预录入编号:指申报单位或预录入单位对该单位填制录入的报关单的编号。

(2)海关编号:指海关接受申报时给予报关单的编号。一般为9位数码。此栏由海关填写。

(3)出口口岸:指货物出口我国口岸的名称,如上海海关、吴淞海关。此栏应根据货物实际出口的口岸海关选择填报《海关名称及代码表》中相应的口岸相关及代码。

(4)备案号:出口企业在海关办理加工贸易合同备案或征、减、免税审批备案等手续时,海关所发的《登记手册》等有关备案审批文件的编号。

(5)出口日期:指运载所申报货物的运输工具办理出境手续的日期。

(6)申报日期:指海关接受出口货物发货人或其代理人申请办理货物出口手续的

日期。

（7）经营单位：指对外签订和执行进出口贸易全合同（协定）的中国境内企业或单位名称及经营单位编码。

经营单位编码为10位数字，是出口企业在所在地主管海关办理报关注册登记手续时，海关给企业设置的注册登记编码。

（8）运输方式：指货物出关境时所使用的运输工具的分类。包括江海、铁路、汽车、航空、邮递和其他运输等共10大类。

（9）运输工具名称：指载运货物出境的运输工具的名称或运输工具编号。填制内容应与运输部门向海关申报的载货清单所列内容一致。一份报关单只允许填报一个运输工具名称，如海运则填船名和船次。

（10）提运单号：填出口货物提单号码或运单的编号。

（11）发货单位：指出口货物在境内的生产或销售单位的中文名称或其海关注册编号。

（12）贸易方式：根据贸易性质不同分为17组，如一般贸易、补偿贸易、来料加工装配进口的设备、出料加工贸易等等，必须按海关规定如实填写贸易性质名称及代码。如：一般贸易（110）。

（13）征免性质：由海关填制，指海关对出口货物实施征、减、免税管理的性质类别。

（14）结汇方式：指出口货物的发货人或其代理人收结外汇的方式。本栏目应按海关规定的《结汇方式代码表》选择填报相应的结汇方式名称或代码。常用的结汇方式有：信汇（M/T）、电汇（T/T）、票汇（D/D）、付款交单（D/P）、承兑交单（D/A）、信用证（L/C）、先出后结、先结后出。

（15）许可证号：如需许可证的货物，则填许可证的编号，如不需则空白。

（16）运抵国（地区）：填目的地国家（地区）的中文名称或代码。如：日本（116）。

（17）指运港：填写出口货物运往境外的最终目的港口、车站、机场等的名称或代码。如：东京（1331）。

（18）境内货源地：填出口货物在国内的产地或始发地名称或代码。如：杭州（33019）。

（19）批准文号：此栏目填报《出口收汇核销单》编号。

（20）成交方式：填合同成交的贸易术语条件，按海关规定的《成交方式代码表》填报。

（21）运费：在成交价格中含有运费的出口货物，应填报该份报关单所含全部货物的国际运输费用，可按运费单价、总价或运费率三种方式之一填报，同时注明运费标记，并按海关规定的《货币代码表》选择填报相应的币种代码。常见的币种有美元（代码502）、港元（代码110）、日元（代码116）、英镑（代码303）等。如成交价格中不含有运费的出口货物，则空白此栏。

（22）保费：本栏目用于成交价格中含有保险费的出口货物，应填报该份报关单含全部货物国际运输的保险费用。可按保险费总价或保费率两种方式一填报，同时注明保险费标记，并按海关规定的《货币代码表》选择填报相应的币种代码。

(23) 杂费:指成交价格以外的、应计入完税价格或应从完税价格中扣除的费用,如手续费、佣金、回扣等,可按杂费总价或杂费率两种方法之一填报,同时注明杂费标记,并按海关规定的《货币代码表》选择填报相应的币种代码。

(24) 合同协号:本栏目应填报出口货物合同(协议)的全部字头和号码。

(25) 件数:填报有外包装的出口货物的实际件数。裸装货物填报"1"。

(26) 包装种类:应根据出口货物的实际外包装种类,按海关规定的《包装种类代码表》选择填报相应的包装种类代码。如木箱、纸箱、铁桶等。

(27) 毛重:填制货物及其包装材料的重量之和总毛重。

(28) 净重(公斤):填货物的毛重减去外包装材料后的重量。

(29) 集装箱号:本栏用于填报和打印集装箱编号及编号。集装箱数量按四舍五入填报整,非集装箱货物填报为"0"。以 20 英尺集装箱数计数如:一个 20 英尺集装箱号为 TEXU3605231 应填制为:TEXU3605231 * 1(1);如有 20 英尺 TEXU3605231 和一个 40 英尺的集装箱号为 TEXU3605232 应填:TEXU3605231 * 2(3),另一个集装箱号 TEXU3605232 应填制在备注栏中。其中 * 2 说明共有 2 个集装箱,(3)说明这两个集装箱按 20 英尺计,应为 3 个标准集装箱。

(30) 随附单据:指随出口货物报关单一并向海关递交的单证或文件。合同、发票、装箱单、许可证等必备的随附单证不在本栏目填报。

(31) 生产厂家:出境货物的境内生产企业,本栏目在必要时由手工填写。

(32) 标记唛头及备注:填制装船唛头,如无,则填 N/M(注:有时把报关员代号也填在此栏)。

(33) 项号:填写报关单中商品排列序号(出口货物将按税则号码归类,属于一类商品只在第一行填"01")。

(34) 商品编号:根据《中华人民共和国海关统计商品目录》中所列明的编号填写。不同商品编写与项号对齐。

(35) 商品名称、规格型号:第一行按信用证和合同填制出口货物规范的中文商品名称,第二行打印规格型号,必要时可加注原文。

(36) 数量及单位:填制总数量及计量单位。如:13600 千克或 13600LGS。

(37) 最终目的国(地区):填制出口货物的最终实际消费、使用或进一步加工制造国家(地区)的名称或代码。如:日本(116)。

(38) 单价:填制单位价格的数目。

(39) 总价:填制总金额数目。

(40) 币制:填制实际成交价格的货币单位名称。如:USD 等。

(41) 征免:指海关对出口货物进行征税、减税、免税或特案处理的实际操作方式。

(42) 税费征收情况:本栏目供海关批注出口货物税费征收及减免情况。

(43) 录入员:本栏目用于预录入和 EDI 报关单,打印录入人员的姓名。

(44) 录入单位:本栏目用于预录入和 EDI 报关单,打印录入单位名称。

(45) 申报单位:盖上申报单位报关专用章。

(46) 填制日期:指报关单的填制日期,预录入和 EDI 报单位由计算机动打印。

（47）海关审批注栏：本栏目指供海关内部作业时签注的总栏目,由海关关员手工填写在预录入报关单上。

2．报关单填写的要求

（1）填报的项目要准确齐全。

（2）如有多种不同商品,应分别填写,但一张报关单上一般最多不要超过五项海关统计商品编号的货物。

（3）报关单必须做到两相符,一是单单之间相符；二是单货相符,即报关单内容与实际出口货物相符。

（4）因某种原因申报后需要更改,应填写报关单更正单,错什么,改什么。

注意事项：

1．不同托运单的货物不能填在同一报关单上。

2．不同贸易方式下成交的货物不能填在同一报关单上。

3．一张报关单上可能有多种不同商品,但最多不能有超过五项海关统计编号的商品。

四、报关时须提交的单据

出口单位或其代理在向海关提交出口货物所关单时就随附与该批货物有关的下列单据文件：

（1）出口发票；

（2）装箱清单；

（3）装货单或运单；

（4）出口收汇核销单；

（5）出口货物许可证和其他批件；

（6）商品检验证书；

（7）出口货物退税单；

（8）进料加工、来料来件加工装配和补偿贸易业务在料、件进口时由海关核发的《登记手册》,在成品出口时须提请海关查验后在手册上作核销记录；

（9）海关认为必要时应交验的贸易合同、产地证明和其他证明。

注：1、3、4、7项为每批申报必须随附的文件,2、5、6、8、9项是否随附则取决于业务性质。

五、出口货物报关单样本

中华人民共和国海关出口货物报关单

预录入编号：　　　　　　申报现场　　　　　　海关编号：

出口口岸		备案号		出口日期		申报日期	
经营单位		运输方式		运输工具名称		提运单号	
发货单位		贸易方式		征免性质		结汇方式	
许可证号		运抵国（地区）		指运港		境内货源地	
批准文号		成交方式		运费		保费	杂费
合同协议号		件数		包装种类	毛重（千克）	净重（千克）	
集装箱号		随附单据				生产厂家	
标记唛码及备注							
项号	商品编号	商品名称、规格型号	数量及单位	最终目的国（地区）	单价	总价	币制	征免
税费征收情况							
录入员	录入单位	兹声明以上申报无讹并承担法律责任		海关审批注及放行日期（签章）审单　　　　　审价			
报关员		申报单位(签章)		征税　　　　　　　　　统计			
单位地址邮编		电话　　　　　　填制日期		查验　　　　　　　　　放行			

第四节　出口退税单证

出口退税是一种国际惯例，是一个国家或地区对已报送离境的部分出口货物，由税务机关将其出口前的生产和流通的各环节已经缴纳的国内增值税或消费税等间接税税款退还给出口企业的一项税收制度。从2006年1月1日起，各地统一启用新的《出口货物退（免）税申报表》（新表增加了申报人申明"此表各栏目填报内容是真实、合法的，与实际出口货物情况相符。此次申报的出口业务不属于'四自三不见'等违背正常出口经营程序的出口业务，否则，本企业愿承担由此产生的相关责任"的内容），同年6月1日起，为推进贸易便利化、提高政府管理部门的工作效率、简化出口企业的申报手续、减少出口企业的申报凭证、降低企业出口退税成本，北京地区全面取消延续多年的向税务部门提交纸质出口收汇核销单的做法，而代之以通过专用网络传送的、经电子签章的出口收汇核销电子数据作为审批企业出口退税的依据。退税工作由企业持证的专职或兼职的办税员负责。

2014年1月1日起，出口退税申报调整的主要内容是由以前的单证不齐即可申报改为纸质单证齐全同时还要信息齐方可申报。同时，《国家税务总局关于出口货物劳务增值税和消费税有关问题的公告》对退免税认定、进料加工、生产企业视同自产、出口海关特殊监管区域、代理出口、出口转内销等几个方面作了相关补充规定，这使出口退税的管理体系得到进一步完善。

一、出口退税的一般程序

（一）退税资格的认定

企业在获得出口经营权和工商登记证明后，应在30日内持已办理备案登记并加盖备案登记专用章的《对外贸易经营者备案登记表》、工商营业执照及其复印件、国税税务登记证副本及其复印件、银行开户证明、一般纳税人资格证书及其复印件和海关进出口企业代码等文件，填写由主管出口退税的税务机关统一印制的《出口货物退税认定表》，到所在地主管出口退税的税务机关办理出口货物退税认定手续。

（二）出口退税附送材料

出口企业在申报办理出口货物退税时，必须按照出口货物退税政策的有关规定，向税务机关附送有关退税的真实、有效的凭证，包括：出口货物报关单（出口退税专用联）、出口收汇核销单（出口退税专用联－俗称核销单"小联"）及结汇水单或远期收汇证明、增值税专用发票及专用缴款书（或完税分割单）、海关完税凭证、外销发票及销售明细账。属于进料加工贸易的，还必须提供《进料加工手册》复印件及《进料加工贸易申请表》。属于代理出口的，还必须提供代理出口协议及《代理出口货物证明》等。

（三）填报退税申报资料时的具体要求

以上销售的顺序逐月按同类产品归集填报一式四份的《出口退税申报表》；根据购进出口货物增值税专用发票抵扣联和专用缴款书的装订顺序，填报一式四份的《出口退税进货凭证登录表》；根据发票、报关单、收汇核销单、远期收汇证明单、代理出口证明单等，填报《出口发票、出口报关单登录表》一式四份；根据消费税出口专用缴款书，填报《出口退税进货凭证登录表》；根据每次申报报送的资料汇总填报《出口货物退税单证汇总表》。

用于申报退税的所有单证必须是合法有效，各种单证与填报的登录表、申报表等内容必须一致。

（四）办理退税的几个重要时间

出口产品退税义务发生后，还需要经过单证审核、记账、结账、申报等一系列手续。为此，国家税务局规定，办理退税的时间可根据实际情况，经出口企业所在的税务机关批准，按月、旬，或按期办理退税。出口企业在办理出口退税时，应注意四个时限：一是"30天"（企业购货后应在开立增值税专用发票或普通发票之日起30天内办理认证手续），二是"90天"（企业在货物报关出口之日起90天内办理出口退税申报手续），三是"180天"（除远期收汇外，企业应在货物报关出口之日起180天内向所在地主管退税部门提供出口收汇核销单），四是"3个月"（企业出口货物纸质退税凭证丢失或内容填写有误、按有关规定可以补办或更改的，可在申报期限内向退税部门提出延期办理出口货物退税申报的申请，经批准后可延期3个月申报,主管出口退税业务的税务机关在年终后3个月内应对出口企业的退税进行一次全面清算,多退的收回,少退的补足。清算后,税务机关不再受理上年的税款的退税申请)。

退税流程简示:网上申请核销单—外汇局柜台领纸单—核销单网上备案—用核销单报关—对进项发票认证—收到发票、报关单和外汇核销单—登录电子口岸网上核销交单—收汇后柜台核销—登录电子口岸网上退税交单—查阅有关单据信息是否到达退税局、在退税系统上录入进项发票、出口发票、核销单、报关单的数据、90天内收齐纸单据交退税局—到退税局查询跟踪退税金额是否已到达账户。

二、退税申报单据的填写要求

退增值税使用软盘数据库申报时,一般出口业务的增值税进货凭证的录入单证为增值税专用缴款书(增值税专用税票),增值税发票作为辅助审核凭证随单据申报,其录入要求如下:

企业代码(十位海关代码)、企业名称(输入企业代码后,系统自动显示)、关联号(暂不填)、部门代码(若企业分部核算,则输已在企业登记模块中登记的部门代码,若不分部核算,则输入空)、申报年月(即退税所属期的概念,四位)、序号(不足4位,请前补零)、进货凭证号(专用税票的Ⅱ位编号+2位项号,增值税专用税票号码在税票的右上角)、开票日期(按 yy+mm+dd 的格式输入)、商品代码(企业自加商品需先在商品码维护中追加)、商品名称(系统自动显示)、数量、单价(系统自动根据数量和计税金额计算生成)、计税金额、法定征税税率(按百分比格式输入)、征收率(系统自动生成)、实缴税额(系统自动计算,若与纸介质不符,经确定单据有效,则以单所列数据为准,可人工修改)、退税率(系统自动查找该商品代码所对应的退税率)、可退税额(系统自动生成)。其余字段忽略不填。

《外贸企业出口货物退税总申报表》的填报内容和要求:

填写依据是出口发票、收汇核销单、报关单、代理出口证明、远期收汇证明等。具体内容:

关联号(6位数字年月+2位批次+2位部门+5位流水号)、申报年月(填出口货物申报的4位年份和两位月份)、申报批次(根据申报的批次填报)、申报序号(按同一关联号下的记录条数系统自动产生4位序号)、部门代码(企业若分部核算,则有次项目,否则此栏为空)、税种(出口数据的税种系统自动默认是V,且不能修改)、出口发票(出口货物外销的发票号码录入)、出口日期(填报关单上"出口日期"或代理出口证明上的"离境日期")、报关单号(填写报关单上"9位海关编号+0+2位项号")、代理出口证明号(根据委托出口时取得对方税务机关开具的"代理出口货物证明"上的编号录入,录入代理出口证明的"证明编号+0+2位项号")、商品代码(填报关单所列的商品代码)、商品名称(代码录入后申报系统自动带入)、计量单位(申报系统自动带入)、出口数量(填写报关单或代理出口证明上所列的出口数量)、美元离岸价(按报关单或代理出口证明上所列的"美元离岸价"或"总价"填写,采用其他外币应换算成美元)、美元汇率(按出口企业财务人账汇率填写)、人民币金额(计算机自动产生)、核销单号(按外管局统一的核销单编号填写)、远期收汇证明(根据外贸主管部门出具的远期收汇证明的证明编号录入)。

《外贸企业出口货物退税总申报表》可以通过"外贸企业出口货物退税申报系统"录

入、打印并生成电子数据。

软盘中的其他单据的录入略。不同地区由于计算机操作系统平台的不同,软件申报要求可能会有区别。

三、出口退税注意事项

(1) 企业要想出口后能尽早拿到出口退税,不仅要早申报,还应早开发票、早认证。在相关原始退税单证及申报资料收集、填写齐全后,必须先查询相关电子信息和进行增值税专用发票认证后,方可办理申报。未经认证或认证不符及密文有误的增值税专用发票不能申报出口退税。

(2) 不要忽略出口报关单电子数据的提交。企业在货物报关出口后,须通过"口岸电子执法系统"的"出口退税"子系统提交报关单电子数据,否则就会导致企业申报退税时信息不齐、不一致而迟延退税。

(3) 深入、透彻、及时了解和掌握出口退税政策。如《国家税务总局关于出口货物退税管理有关问题的补充通知》中规定:因改制、改组以及合并、分立等原因新设立并重新办理出口退税登记的出口企业,如原出口企业符合相关要求,经省级税务机关批准,在申报退税时可不提供出口收汇核销单,按有关规定可采取事后审核。也就是说,因改制、改组以及合并、分立等原因新设立并重新办理出口退税登记的出口企业如果能充分利用此文件精神,完全可比照原企业退税待遇退税。

(4) 在电子申报软件中,将进货明细及申报退税明细逐条录入。录入时须注意:需要办税票函调的应集中在一块申报,不能与正常的申报混在一起,影响退税。申报前应与退税处核对是否有海关信息,无信息者不报,且录入应规范,以免撤单反复而延误时间。远期收汇应单独申报。报关单上的品名与增值税票的品名、商品数量、计量单位应严格一致,若有出入按微机中揭示的计量单位录入。企业办税人员根据关单经常上退税处核对海关信息,避免申报后因信息原因撤单,耽误时间,实际业务避免上述情况出现不一致的做法是先报关,后开发票。

(5) 为了有效掌握退税单证的回收情况,防止单证丢失,做好退税前期的单据准备工作,主管会计对主要退税单据、退税额、发票号逐笔追单(特别是即将到达清算期限的单证),发现问题及时处理。

(6) 理顺与海关、银行、外汇局和税务等有关部门的关系,加强沟通,经常汇报在退税工作中遇到的情况,听取退税反馈信息,从而使遇到的问题能够得到政策上的指导和具体操作上的帮助。

(7) 出口企业若是委托外地报关行或航运公司代理报关和运输,一般不要拖欠运、保费,以免核销单、关单被扣压,影响核销和退税。

(8) 企业各有关部门在取得退税原始单证时要认真、细致、逐一审核检查。例如,报关单退税联必须具有报关单号,批准文号应与所配套核销单号一致,填写齐全正确,完整无损,并有口岸海关的验讫章和经办人员章。核销单退税联应有核销单号、报关单号、出口情况并盖有外管局已核销章。

第五节　其他单证

一、出口许可证

（一）出口许可证含义

出口许可证指国家对外经贸行政管理部门代表国家统一签发的批准某项商品出口的具有法律效力的证明文件,也是海关查验放行出口货物和银行办理结汇的依据。

（二）出口许可证的用途

出口许可证通常适用于出口国或地区有配额限制的商品,主要指:出口国政府部门明文规定限制出口的商品;由于国际市场的变化或国别政策的需要,出口国政府部门规定阶段性适当控制出口的商品;为防止盲目出口竞争,有必要进行数量控制和价格管理的出口商品。

（三）办理申领出口许可证的基本程序

（1）申请;

（2）审核、填表;

（3）输入电脑;

（4）发证。

二、出口收汇核销单

出口收汇核销单是我国特有的国际商务单据。它是由外汇管理部门印制,出口企业凭以向海关出口报关,通过外汇指定银行办理收汇,向外汇管理部门办理收汇核销的有统一编号的凭证。主要当事人:出口企业、海关、外汇管理部门和指定外汇银行。

2012年8月,国家取消外汇核销单。为大力推进贸易便利化,进一步改进货物贸易外汇服务和管理,根据国家外汇管理局、海关总署、国家税务总局决定,自2012年8月1日起在全国实施货物贸易外汇管理制度改革,并相应调整出口报关流程,优化升级出口收汇与出口退税信息共享机制。

改革货物贸易外汇管理方式。改革之日起,取消出口收汇外汇核销单,企业不再办理出口收汇核销手续。国家外汇管理局分支局对企业的贸易外汇管理方式由现场逐笔外汇核销单改变为非现场总量核查。外汇局通过货物贸易外汇监测系统,全面采集企业货物进出口和贸易外汇收支逐笔数据,定期比对、评估企业货物流与资金流总体匹配情况,便利合规企业贸易外汇收支;对存在异常的企业进行重点监测,必要时实施现场核查。

2012年8月1日起在全国实施的货物贸易外汇管理制度改革是贸易便利化的又一次实践。企业从此不再办理出口收汇核销手续,出口报关和申报出口退税时也不再提供核销单,收付汇时间显著缩短,资金周转速度加快。出口企业今后不必一而再地"光顾"外汇局了,最终取得出口退税的时间也较以前普遍提前10天左右。

长期以来,纸质核销单曾经贯穿外贸核销流程始终。一般来说,企业要首先从网上申请核销单,然后到外汇局领取。接着将包括报关单、核销单等报关材料交由货代公司报关,待发货之后得等到收到银行结汇水单和退下来的纸质核销单才能前往外汇局窗口办理核销,另外还要带上报关单。

同步练习

一、单选

1. 根据《海关法》规定,进口货物的报关期限为自运输工具申报入境之日起14天内,进口货物的收货人或其代理人逾期申报的,由海关征收滞报金,滞报金的日征收额为进口货物完税价格的(　　)。
   A. 5%　　　　　　　　　　　B. 0.5%
   C. 5‰　　　　　　　　　　　D. 0.5‰

2. 根据《中华人民共和国海关法》,进口货物的收货人向海关申报的时限是(　　)。
   A. 自运输工具申报入境之日起7天内
   B. 自运输工具申报入境之日起10天内
   C. 自运输工具申报入境之日起14天内
   D. 自运输工具申报入境之日起15天内

3. 出口货物报关单上的批准文号一栏,应填写(　　)。
   A. 合同编号　　　　　　　　B. 出口许可证编号
   C. 信用证编号　　　　　　　D. 出口收汇核销单编号

4. 北京某贸易公司一批进口货从美国波士顿运经香港中转,运抵天津塘沽港报关入境,该公司填写进口报关单时,应在装货港一栏填报(　　)。
   A. 香港　　　　　　　　　　B. 天津
   C. 波士顿　　　　　　　　　D. 塘沽港

5. 我国是《万国邮政公约》的签约国之一,根据这一公约的规定,进出境邮递物品的"报税单"和"绿色标签"应随同物品通过(　　)或当事人呈递给海关。
   A. 报关企业　　　　　　　　B. 国际货运代理公司
   C. 邮政企业或快递公司　　　D. 收/发货人

6. 对产地和报关地相一致的出境货物,经检验检疫合格,出具(　　)。
   A. 出境货物通关单　　　　　B. 出境货物换证凭单
   C. 出境货物换证凭条　　　　D. 出境货物不合格通知单

7. 一般出口商品应在出口报关或转运前(　　)天报检。
   A. 3　　　　　　　　　　　　B. 5
   C. 7　　　　　　　　　　　　D. 9

8. 根据我国出入境检验检疫机构的规定,出境货物最迟应于报关或装运前(　　)办理检验检疫。对于个别检验检疫周期较长的货物,还应留有相应的检验检疫时间。
   A. 7天　　　　　　　　　　　B. 14天
   C. 21天　　　　　　　　　　D. 30天

9. 出口业务中,国外客户往往要出口方提供"GSP产地证"。在我国这种证书的签发机构是(　　)。
   A. 商会　　　　　　　　　　B. 行业公会
   C. 贸促会　　　　　　　　　D. 出入境检验检疫局

10. G.S.P Form A 是一种（　　）证明书。
A. 品质证明书　　　　　　　　　　B. 普惠制产地证明书
C. 重量证明书　　　　　　　　　　D. 动植物检疫证明书

11. 下列（　　）单证不是在所有出口报检时都要提供的单证。
A. 信用证　　　　　　　　　　　　B. 商业发票
C. 合同　　　　　　　　　　　　　D. 出境货物报检单

12. 出口退税申报时间是报关单上注明的出口日期起（　　）天。
A. 60　　　　　　　　　　　　　　B. 90
C. 120　　　　　　　　　　　　　 D. 140

13. 在实际业务中，只有在（　　）时，出口商才需要提交出口收汇核销单。
A. 报关　　　　　　　　　　　　　B. 报检
C. 议付　　　　　　　　　　　　　D. 申领出口许可证

二、多选

1. 下列何种单证属于报关基本单证（　　）。
A. 商业发票　　　　　　　　　　　B. 贸易合同
C. 装箱单　　　　　　　　　　　　D. 通关单
E. 信用证

2. 入境货物报检单上的货物总值应与（　　）上所列一致。
A. 报关单　　　　　　　　　　　　B. 合同
C. 发票　　　　　　　　　　　　　D. 装箱单
E. 海运提单

3. 报关程序按时间先后分为三个阶段：前期阶段、进出境阶段、后续阶段，其中对进出口收发货人而言，在进出境阶段包括（　　）等环节。
A. 进出口申报　　　　　　　　　　B. 缴纳税费
C. 配合查验　　　　　　　　　　　D. 备案
E. 销案

三、判断

1. 进出口货物收发货人、报关行、国际货运代理都可作为报关单位。（　　）

2. 一份报关单可以填报多个许可证号。（　　）

3. 一张纸质报关单上最多打5项商品，一张电子报关单最多允许打15项商品。（　　）

4. 出口报关单上备案号一栏，应填写加工贸易手册号、海关征免税证明或其他海关备案审批文件的编号。（　　）

5. 出境货物最迟在出口报关或装运前10天报检，个别检验周期长的货物，应留有相应的检验检疫时间。（　　）

6. 对列入《法检目录》的出口商品，由检验检疫机构实施强制性检验，对合格商品检验检疫机构签发《出境货物通关单》。此《出境货物通关单》必须在向海关申报时交给海关审核，若没有提交纸质通关单，即使检验检疫机构电脑有合格记录，海关也不予放行。

( )

7. 所有出口货物都需要经过法定检验后,才能报关出运。( )
8. 对欧盟纺织品出口专用产地证(EEC 产地证)是由贸促会签发的。( )
9. 出口货物发货人只能向中国国际贸易促进委员会及地方分会申领一般原产地证书。( )
10. 原产地证书应由检验检疫局、贸促会或商务部出具,不能由出口商或生产厂家出具。( )
11. 普惠制产地证的签证日期不得早于发票日期和申报日期,而应早于货物的出运日期。( )
12. 办理出口报关手续时,必须向海关提交出口收汇核销单。( )
13. 出口收汇核销单是由国家外汇管理局统一印制,通常为出口商办理完出口退税后,才能办理出口收汇的核销。( )

四、简述题

简述海关签发的常用的"海关证明联"种类。

第九章

国际贸易单证业务核算

本章要求

通过本章学习,使学生了解并掌握国际贸易单证业务中的计算问题。重点学习佣金、运费、利息和汇率兑换的相关内容。

澳元贬值导致我外贸公司损失案

某外贸公司与澳大利亚客户达成一笔交易,合同中规定计价货币为澳元,总金额为AUD24 500,采用即期信用证结算,签约日(2010年3月15日)汇率为AUD1=CNY6.2452。2010年3月28日,澳大利亚客户通过银行开来信用证,当日汇率AUD1=CNY6.1973。2010年6月8日,外贸公司收到银行结汇水单,当日汇率AUD1=CNY5.5442。由于澳大利亚元大幅贬值,外贸公司收汇亏损额为17174.5元人民币。

2013年8月26日,该澳大利亚客户再次发来订单,当日汇率AUD1=CNY6.0220,外贸公司建议换用美元结算,或者继续采用澳元结算,价格加25%,最终,澳大利亚客户同意换用美元结算。

第一节 佣金和折扣的计算

在国际贸易价格的构成因素中,若包含佣金或折扣,将直接影响实际价格的变动,关系到买卖双方及第三者经济利益。准确计算佣金和折扣是对单证员基本技能的要求。

佣金(Commission)是代理人(Agent)、经纪人(Broker)或中间商(Middleman)因媒介交易或代办有关业务所获得的报酬。含佣价一般采用佣金率表示,例如,CIFC2%。折扣(Discount)指卖方在一定条件下给予买方的价格的减让或优惠。一般在原价的基础上扣除一定的百分比,算出实际应付的价款。折扣价一般采用折扣率表示,例如,CFRD2%,为了避免误解,多采用更为具体的表述方式,例如,"USD 100M/T FOB Shanghai Less 2% Discount"。

一、佣金的计算

（一）按成交价的一定百分比计算

计算公式：

佣金额 = 含佣价 × 佣金率

含佣价 = 净价 ÷ (1 − 佣金率)

净价 = 含佣价 × (1 − 佣金率)

【例】"USD 2 000 M/T CIFC1.5% LONDON"，求佣金额和净价各是多少？

解 佣金额 = 含佣价 × 佣金率
   = 2 000 × 1.5% = 30（美元/吨）

净价 = 含佣价 × (1 − 佣金率)
   = 2 000 × (1 − 1.5%) = 1970（美元/吨）

（二）按成交数量计算

例如：合同中规定每打付佣金 2 美分，共计 10000 打，则应付佣金额为 200 美元。

（三）按 FOB 或 FCA 价的净价为基数计算佣金

若成交时采用的是 CFR 或 CIF 价，计算佣金时将运费或运费和保险费扣除，换算成 FOB 价后，再按佣金率计算佣金额。计算公式：

佣金额 = CIF 或 CIP 含佣价 × (1 − 运费率 − 保险费率) × 佣金率

【例】某公司出口一批货物，采用 CIF 条件成交，金额为 70 万美元，运费占发票金额的 20%，保险费占 3%，对方要求给中间商 4% 的佣金，出口公司接受只按 FOB 净价为基数付佣金，双方达成协议。求以 FOB 净价为基数的佣金额是多少？

解 佣金额 = CIF 价 × (1 − 运费率 − 保险费率) × 佣金率
   = 70 × (1 − 20% − 3%) × 4%
   = 2.156（万美元）

（四）按累计佣金办法计算

按累计佣金（Accumulated Commission）计算对佣金商有一定激励作用，累计销售额越大，佣金率越高。累计佣金又可分为金额累进佣金和超额累进佣金两种。

1. 金额累进佣金

金额累进佣金即按一定时期内推销金额达到的佣金等级计算佣金。例如，有一代理协议，一年累总结付，按金额累进方法计算，佣金率随推销量等级有差异，鼓励多推销。如：

等级	推销额（单位：港元）	佣金率
A	100 万元以下	1%
B	100 至 200 万元以下	2%
C	200 至 300 万元以下	3%
D	300 万元及以上	4%

年末结算，若实际推销额为 250 万港元，应按 C 级佣金率计算：250 × 3% = 7.5（万港元）。

2. 超额累进佣金

各等级的超额部分,各按适用等级的佣金率计算,然后将各级佣金额累加,求得累进佣金的总额。如:

等级	推销额(单位:港元)	佣金率
A	100 万元以下	1%
B	100 至 200 万元以下	2%
C	200 至 300 万元以下	3%
D	300 万元及以上	4%

年末结算,若实际推销额为 250 万港元,按累进佣金计算:

A 级佣金:100×1% =1(万港元)

B 级佣金:(200 - 100)×2% =2(万港元)

C 级佣金:(250 - 200)×3% =1.5(万港元)

合计佣金:A + B + C = 1 + 2 + 1.5 = 4.5(万港元)

二、折扣的计算

折扣习惯上多用原价的一定百分比表示。例如,商品出口价格为 USD2500 M/T CIF LONDON LESS 2% DISCOUNT,数量为 2000 吨,求其实际销售价格和总折扣额。

计算公式:

净价 = 原价×(1 - 折扣率)

折扣金额 = 原价×折扣率

将有关数据代入公式,则出口商品净价为:2500×(1 - 2%) = 2450(美元/吨)

折扣总额为:2500×2%×2 000 = 100 000(美元)

折扣也有按数量计算的情况。例如,若买方将购买的数量增加到 2 万打,则卖方每打折扣 1 美分,总折扣额为 200 美元。

第二节　运费与保险费的计算

一、运费的计算

运费是承运人对所承运的货物收取的报酬。运价是根据运输契约订立的或者是由轮船公司、承运单位以运价表的形式公布的收费标准。国际货物运输 70% 的运量采用海洋运输方式,运费的计算方法以海运方式为主,本节简要介绍其他运输方式的运费计算。

(一)海洋运输的运费计算

海运运价大体分为班轮运价和租船运价两大类。班轮运价比较稳定,班轮公司以运价表的形式公布。班轮运价通常包括货物从起运港至目的港的运费和装卸费用。而通常出口的零星杂货和集装箱整箱货、拼箱货均按班轮运价支付运费。租船运价的高低取决于当时国际租船市场上的船货供求情况,在租船合同中确定,它的波动性较大,在实际业务中只适合大宗货物的出口,诸如大米、砂糖、钢材、矿砂、饲料等出口货物。

1. 海洋运输基本运费计算标准

(1) 重量法。按货物毛重计算,运价表上标注"W"(WEIGHT),以吨为运费计算单位,吨以下到小数点后三位。

(2) 体积法。按货物体积计算,运价表上标注"M"(MEASUREMENT),以立方米作为运费计算单位,立方米以下到小数点后三位。

(3) 从价法。按照货物价格的一定百分比作为运费计算标准,运价表上标注"Ad Val"字样。

(4) 选择法。根据不同货物由承运人择高选用,主要有四种选择的方法。

① W/M,表示在重量法和体积法两种中选择运费高者,在实际业务中较多采用。

② W OR AD VAL,表示在重量法和从价法两者中择高采用。

③ M OR AD VAL,表示在体积法和从价法两者中择高采用。

④ W/M OR AD VAL,表示在重量法、体积法和从价法三者中择高采用。

(5) 综合法。采用综合法计费的货物,除按重量吨或/和尺码吨计费外,还要加上从价费。即 W & AD VAL,表示按重量吨计费并加上从价费;M & AD VAL,表示按尺码吨计费并加上从价费。

(6) 按件数计费法。有些货物无法衡量其重量或测量其体积,又非贵重物品,如活牲畜、汽车等,均按件(只、头、辆)为单位计收运费。

(7) 议价法。有时,运费可由货主和船公司临时议定,在运价表中用"OPEN"表示,适用于运量较大、装卸容易的货物,如粮食、矿石、煤炭等农副产品和矿产品。议价货物的运费一般较低。

2. 附加费

以上费率本中的运价是基本费,一般不常变动,但构成运费的各种因素经常发生变动,船公司为保障收益不受损失,采取征收各种附加费的办法以维护其运营成本。附加费视客观情况随时浮动,主要有六种。

(1) 燃油附加费(Bunker Adjustment Factor),简称 B.A.F.,是因油价上涨导致营运成本增加,船公司为转嫁额外负担而加收的费用。有的航线按基本费的百分比加收燃油附加费,有的航线按运费吨加收一定金额。

(2) 货币附加费(Currency Adjustment Factor),简称 C.A.F.,是由于船方用以收取运费的货币贬值,使纯收入降低,船方为补偿这部分损失而加收的费用。

(3) 港口拥挤费(Port Congestion Surcharge),是由于装卸港口拥挤堵塞,抵港船舶不能很快进行装卸作业,造成船舶延长停泊,增加船期成本,船方根据延误的具体情况,按基本费的不同百分比加收的费用。

(4) 转船附加费(Transhipment Surcharge),是运往非基本港口的货物,在运输途中经转船后运往目的港,因此而加收的费用。

(5) 直航附加费(Direct Additional),非基本港货物每港每航次货量达到或超过 1 000 运费吨时,不论船舶直航与否,均按直航计收运费,另加收直航附加费,不再加收转船附加费。

(6) 港口附加费(Port Surcharge),由于卸货港口费用太高或港口卸货效率低,影响船期造成的损失而向货主加收的费用。

另外,还有超重附加费(Heavy-Lift Additional),每件货物毛重超过5吨;超长附加费(Long Length Additional),每件货物长度超过9米时计收;洗舱费(Cleaning Charge),主要用于散装油舱;熏蒸费(Fumigation Charge)、选港附加费(Optional Charge)、更改卸货港附加费(Alteration Charge)等。

3. 海运运费的计算

海运班轮运费计算公式:

$$F = Fb + S$$

其中,F为运费总额;Fb为基本运费额;S为附加费额。

【例】某企业以CIF条件出口柴油机一批,共15箱,总毛重5.65吨,总体积10.676m³。在青岛港装上中国远洋运输公司轮船,经香港转船到苏丹港,试计算该批货物应付给轮船公司多少运费?

解 第一步,查表。按柴油机的英文名称(Diesel Engine),查阅货物分级表,属于10级货,计费标准为W/M。然后在"中国—中国香港航线费率表"中查得10级货自青岛至香港费率为22美元,香港中转费为13美元。再从"香港—红海航线费率表"中查出10级货费率为95美元。最后查附加费率表,了解到苏丹港要收基本运费10%的港口拥挤附加费。

第二步,计算。W/M选择高者,10.676 > 5.65,应采用尺码吨计费,每尺码吨运费:

$$22 + 13 + 95 + 95 \times 10\% = 139.5(美元/吨)$$

总运费:$139.5 \times 10.676 = 1489.3(美元)$

【例】有一批罐头出口,共2430箱,装入3个20英尺集装箱,毛重54,000kg,74.5m³,目的港是瑞典的歌德堡港,由中远公司轮船装运,计算该批货物的运费是多少?

解 查中远公司运价表规定,歌德堡为非基本港,应加转船费,基本运费价20英尺集装箱为USD1580,转船费为USD68。则依据公式:

$$F = Fb + S = (1580 + 68) \times 3 = 4944(美元)$$

(二)航空运费的基本知识

1. 计费重量

由于飞机装载货物受最大载重量、地板承受力和货舱容积的限制,航空运费根据每票货物所适用的运价和货物的计费重量计算而得。计算公式如下:

$$航空运费 = 运价 \times 计费重量$$

(1)计费重量指用以计算货物航空运费的重量,即货物总的实际毛重与总的体积重量两者较高者或以较高重量分界点重量作为货物的计费重量。

$$计费重量 = 实际毛重(重货)$$
$$计费重量 = 体积重量(轻泡货物)$$
$$计费重量 = 较高重量分界点重量$$

(2)体积重量指将货物体积按一定比例折合成的重量。计算规则为:以0.006立方米作为1千克来计算。体积重量计算公式如下:

$$体积重量(千克) = 货物体积(立方米) \div 0.006(立方米/千克)$$

(3)航空运费计算方法与步骤。

① 先求出货物体积,除以0.006折合成体积重量;
② 体积重量与实际毛重比较,择高者为计费重量;
③ 航空运费=运价×计费重量。

2. 级差掌握

航空运费按计费重量大小分为若干个重量等级分界点运价。例如,代号为"M"(Minimun Charge),即起码运费,表示一票货物自始发地机场至目的地机场航空运费的最低限额。货物将其适用的航空运价和其计费重量计算所得的航空运费,与货物起码运费相比并取高者。代号为"N"(Normal General Cargo Rate),表示45千克以下的普通货物运价。代号为"Q"表示45千克以上的普通货物运价。一般公布为"Q45"、"Q100"、"Q300"等,这里的"Q45"表示45千克以上(含45千克)普通货物运价;"Q100"表示100千克以上(含100千克)普通货物运价,以此类推。计费重量越大,运价相对越低。

不同地区重量分界点划分不同,分界点运价也不同。例如,运往日本东京的货物,按现行运价本分三个等级,即M为230.00元,N为30.22元,Q45为22.71元;运往美国西雅图的运价有六个级别,例如,M为420.00元,N为51.58元,Q45为38.70元等。

由于级次越高费率越低,在实际操作时,就可将按照接近较高重量分界点的较低运价计算的运费与按照实际计费重量计算的运费相比较,一般航空公司同意按两者中较低的运费计收。例如,有40千克的货物运往日本,按N级运价计算每千克CNY26.11,其运费为CNY1044.40,而按"Q45"级别计算45千克重的货物按每千克CNY19.61计算,其运费只有CNY882.45,显然按"Q45"级别申报运费合理。

3. 拼装

拼装也可称为混载货物航空运输以一张运单作为计算运费的单位,假如有三批各为35千克计费重量的货物,分别运往西雅图,分制三张运单,每批都按N级运价49.12元计费。若将三批货做成一张运单,则按100千克以上运价34.41元计费,其运费比分别计费要节省很多。但一张运单只能是一个收货人,因此,有些空运代理商把收集起来的运往同一目的地不同收货人的多批货物,用一张运单送给目的地货运代理人,当货物运到目的地后,由货运代理人按不同货物标志,分交不同的收货人,运输代理商可从运价级差中获利。

(三) 铁路运费的基本知识

1. 国际铁路联运

国际铁路货物运输的运费计算有三条原则。

(1) 发送路和到达路的铁路运输费用,按发送国和到达国的国内铁路运价规则计收。

(2) 过境路的铁路运输费用,按国际铁路货物联运协定统一过境运价规程(统一运价)的有关规定计收。

(3) 未参加国际货协铁路的货物运送费用,按这些铁路所参加的另一铁路联运协定(国际货约)的规定计收。

2. 国内(对香港)联运的费用计算

国内(对香港)联运的费用计算分为四种情况:① 国内段铁路运费计算;② 深圳过轨租车费;③ 深圳口岸劳务费、中转费、调车费、租车费、装卸费、口岸代理劳务费等;④ 前三项费用按人民币支付,港段运杂费,包括终点费、装卸费、香港段代理劳务费等。港段各项费用以港币支付。

铁路运费按不同商品归为五大类,每一大类再按整车或零担定出不同费率,根据计费重量(整车按车辆标记载重计算)确定运费。计算公式如下:

$$港段运费总额 = 运费率 \times 计费重量$$

港段终点卸货费按每车若干港元计算,但活畜禽类商品免收;调车费按每车若干港元计收;卸车费分一般杂货、重货、机器三大类定费率计收;劳务费按每车计收。

二、保险费的计算

在 CIF、CIP 价格条件下,保险费是货价的组成部分之一,它是保险金额与保险费率的乘积。保险费率由保险公司按不同商品、不同运输方式、不同目的地和不同的险别制定,计算时可参阅保险公司所提供的费率表。

在国际贸易业务中,保险金额按惯例是发票金额的 110%,这个百分比称为投保加成。加成的目的是为了一旦投保人的被保险货物灭失,加保部分的赔款可弥补该批货物的本钱和预期的利润损失。

(一) 一般保险费的计算

CIF 价或 CIP 价的保险金额计算公式如下:

$$保险金额(每单位) = CIF 价或 CIP 价 \times (1 + 投保加成率)$$

$$保险费(每单位) = 保险金额(每单位) \times 保险费率$$

【例】有一批出口货物,发票单价金额为 USD1200 M/T CIF LONDON,共 100 公吨,合同规定按发票金额的 110% 投保一切险和战争险,一切险和战争险的保险费率分别为 0.5% 和 0.02%,求这批货物的保险费是多少?

解 保险金额 = 发票单价 × (1 + 投保加成率) × 数量
        = 1200 × 110% × 100 = 132 000(美元)
    保险费 = 保险金额 × 保险费率
        = 132,000 × (0.5% + 0.02%)
        = 686.4(美元)

(二) 含折扣价保险费的计算

除非合同或信用证有规定,保险金额应以减除折扣后的净价为基数。计算公式如下:

$$保险费 = CIF/CIP 价 \times (1 - 折扣率) \times 投保加成 \times 保险费率$$

(三) 超成保险费的计算

保险金额按照一般习惯做法是按发票金额加成 10%,但有时买方提出加成超出 10%,这就增加了出口商的费用支出,如买卖合同未规定,其超额部分应由买方负担。超成保险费的计算公式如下:

$$超成保险费 = CIF/CIP 价 \times 超成率 \times 保险费率$$

【例】某出口商按 CIF 条件出口一批货物,发票金额为 12 000 美元,客户要求按 130% 投保,保险费率为 0.6%,超成保险费是多少?

解 超成保险费 = CIF 价 × 超成率 × 保险费率
        = 12 000 × (130% - 110%) × 0.6%
        = 14.4(美元)

第三节 汇率兑换、利息与贴现息

一、汇率兑换

汇率是一种货币兑换成另一种货币的比率,也就是用一个单位的一种货币能兑换多少另一种货币额。汇率又叫汇价。

（一）外汇买价与卖价的计算

银行经营外汇业务分为买入价和卖出价,外贸公司将出口获得外汇收入卖给银行,也就是兑换成人民币,银行用买入价;若使用人民币向银行购买外币,银行使用卖出价。其计算公式如下。

（1）外汇兑换本币

$$本币金额 = 外汇金额 \times 银行买入汇率$$

【例】某公司出口获得外汇收入 8 万美元,按结汇当日银行美元买入价为每 100 美元兑换人民币 830 元,计算对应的人民币金额。

解 $80\,000 \times 830/100 = 66\,000$（人民币）

（2）外贸公司用本币购买外汇

$$外汇金额 = 本币金额 \times 银行卖出汇率$$

【例】某外贸公司需进口一批货物,要对外支付 8 万美元,按结汇日银行美元卖出牌价,每百美元需支付人民币 883 元,计算所需人民币金额。

解 $80\,000 \times 833/100 = 666\,400$（人民币）

（二）外币互换的计算

把一种外币折算成另一种外币有两种方法。一是直接折算,即按两种不同外币的直接兑换率进行折算。但我国银行目前尚无外币互换的直接兑换率的牌价,只能采用另一种方法,即间接折算法。它通过人民币牌价把一种外币折算成另一种外币。例如,某外贸企业代美商垫付运费 20 万日元,该商要求用美元偿付,我方收入美元售给银行按银行买入价结算,购入日元按银行日元卖出价结算。设银行每 10 万日元卖出价为人民币 8 588 元,银行每百美元买入价为人民币 867 元,其计算公式:

$$日元 \times 人民币日元卖出价/100\,000 = 美元 \times 人民币美元买入价/100$$
$$200\,000 \times 8\,588/100\,000 \div (867/100) = 1\,981.08（美元）$$

二、利息与贴现息

（一）利率

利率(Interest Rate)是利息与本金的比率。根据计算时间不同,分为年利率、月利率和日利率等。利率一般用百分率表示。年利率、月利率和日利率之间的折算公式如下:

$$日利率 \times 30 = 月利率$$
$$月利率 \times 12 = 年利率$$
$$日利率 \times 365 = 年利率（美国按 360 天计算）$$

利率的另一种表示方法为分、厘、毫,是我国的一种传统表示法。

（1）分:年利一分 = 1/10,月利一分 = 1/100,日利一分 = 1/1 000。

(2) 厘：年利一厘 = 1/100，月利一厘 = 1/1 000，日利一厘 = 1/10 000。

(3) 毫：年利一毫 = 1/1 000，月利一毫 = 1/10 000，日利一毫 = 1/100 000。

(二) 单利与复利

1. 单利

单利（Simple Interest）计息指不论时期多长都按原本金计息，即"利不生利"。

$$利息 = 本金 \times 利率 \times 时期数$$

$$本利和 = 本金 \times (1 + 利率 \times 时期数)$$

【例 3.10】某公司出口一批货物，计人民币 10 万元，月利率 0.8%，见票 90 天后付款，到期应收本利是多少？

解：本利和 = 本金 × (1 + 利率 × 时期数)

　　　　　 = 100 000 × (1 + 0.008 × 90/30) = 102 400（元）

2. 复利

复利（Compound Interest）指每上一期所生的利息并入本金，作为在下一期计息的基础，重复生利，即所谓"利滚利"。计算公式如下：

$$本利和 = 本金 \times (1 + 利率)^{期数}$$

$$期数利息 = 本金 \times [(1 + 利率)^{期数} - 1]$$

【例】某公司出口商品一批，共计 10 万美元，见票后 2 年到期付款，年利率为 5.5%，每年复利计算，求 2 年的复利息额。将有关数据代入公式：

　　100 000 × [(1 + 5.5%)^2 − 1] = 100 000 × 0.113 025 = 11 302.5（美元）

三、贴现

贴现（Discount）指远期票据的持有人把未到期的票据金额提早向银行兑现。贴现时银行扣除贴现息后，把票款净值给票据持有人。计算公式如下：

$$贴现利息 = 票据金额 \times 贴现率 \times 贴现期$$

$$票据净值 = 票据金额 - 贴现利息$$

【例】某出口商持有一张远期汇票，金额为 15 万美元，于 48 天后到期。该出口商向银行要求提前兑现。银行按贴现率年率 8.5% 扣除贴现息后付款给出口商，计算贴现后的汇票净值。

解　贴现息 = 150 000 × 8.5% × 48/365 = 1 676.71（美元）

　　汇票净值 = 150 000 − 1 676.71 = 148 323.29（美元）

同步练习

一、单选

1. (　　) 是含佣价。

A. FOBS　　　　　　　　　　　　　　B. FOBT

C. FOBC　　　　　　　　　　　　　　D. FOB net

2. 如果出口商品的底价是人民币价，改报外币价时，应用 (　　) 来折算。

A. 买入价　　　　　　　　　　　　　　B. 卖出价

C. 现钞买入价　　　　　　　　　　D. 双方议定价格

3. 以下表述正确的是(　　)。
　A. 一笔出口交易,如果换汇成本高于银行外汇买入价,表明盈利
　B. 一笔出口交易,如果换汇成本低于银行外汇买入价,表明盈利
　C. 一笔出口交易,如果换汇成本高于银行外汇卖出价,表明盈利
　D. 一笔出口交易,如果换汇成本低于银行外汇卖出价,表明盈利

4. 甲公司与日本乙公司签订了一批金额为10万美元CIF KOBE的工艺品出口合同,支付方式为"30%前T/T(USD30 000.00),70%信用证(USD70 000.00)",来证中对保险加成未做规定,按惯例,则保险单据上的保险金额为(　　)。
　A. USD 100 000.00　　　　　　　　B. USD 110 000.00
　C. USD 77 000.00　　　　　　　　 D. USD 70 000.00

5. 已知出口某货物,CIF价格为每公吨150美元,共计100公吨,运费500美元,保险费100美元,佣金率2%,则CIF计算的佣金额为(　　)美元。
　A. 250　　　　B. 300　　　　C. 200　　　　D. 350

6. 出口货物总值10万美元,对方要求远期180天付款,并愿意承担远期利息,若年率为6%,则利息为(　　)美元。
　A. 2 859.8　　　B. 2 589.9　　　C. 2 985.8　　　D. 2 958.9

7. 甲公司出口某商品,对外报价每箱600美元FOB SHANGHAI,后国外进口乙公司要求改报CIF NEW YORK。假设运费每箱50美元,保险费率0.6%,则甲公司应报价(　　)。
　A. 654.32美元　　B. 600美元　　C. 645.32美元　　D. 655.32美元

8. 某公司持有一张经银行承兑的期限为90天的银行承兑汇票,票面金额为500万美元,为提前取得资金,该公司找银行要求贴现。当时的贴现率是10%,每笔贴现的手续费是150美元,求该公司贴现后可取得(　　)美元。
　A. 4 487 850　　B. 4 478 850　　C. 4 874 850　　D. 4 784 850

9. 某商品200箱,每箱体积为30×40×50CM,每箱毛重为62公斤,如果班轮运费收取标准为M/W,则船公司应(　　)计收运费最为有利。
　A. 按重量　　　　　　　　　　　　B. 按体积
　C. 按重量和体积　　　　　　　　　D. 按价格

10. 某商品200箱,每箱体积30*40*50CM,每箱毛重为62公斤,如果班轮运费计收标准W/M,则船公司应按(　　)计收运费。
　A. W　　　　B. M　　　　C. W/M　　　　D. Ad. Val

11. 我方报价CIF安特卫普USD 2000 M/T,对方要求2%折扣,则折实价为(　　)。
　A. USD 1 960　　B. USD 1 069　　C. USD 1 690　　D. USD 40

12. 海运出口货物1 500包,每包净重78千克,毛重80千克,体积30*40*50cm,W/M,每运费吨基本运费USD150,燃油附加费率35%,则该批货物总运费为(　　)。
　A. USD 36 450　　B. USD 34 560　　C. USD 35 460　　D. USD 30 546

13. 出口货物225箱,每箱毛重12千克,纸箱尺码48×30×25cm,由上海空运至香

港,运价每千克11.20元(100千克起),则空运运费是(　　)。

A. 30 420元　　　B. 32 040元　　　C. 30 240元　　　D. 34 020元

14. 某公司带美商垫付运费20万日元,该商要求以美元偿付,银行每10万日元卖出价为人民币8 588元,银行每百美元买入价为人民币867元,则该商应付(　　)美元。

A. 1 918.08　　　B. 1 981.08　　　C. 1 980.18　　　D. 1 988.08

二、判断

1. 班轮运费计收标准中的"W/P Plus Ad Val"是指班轮公司计收运费时应按其中较高者计收。

2. 班轮运费包括基本运费和附加费两部分。

3. 活牲畜、汽车等商品出口按重量法计算运费。

4. 根据国际航协规定,体积重量是以0.006立方米为1千克来计算的。

三、计算

1. 某出口公司对外报CIF纽约价为1 000美元,对方提出要3%佣金,在保证我方净收入不变的前提下,含佣价应为多少美元?

2. 出口报价CIF London USD5 000 per M/T less 2% Discount,试计算折扣金额及扣除后的净价额。

3. 某公司出口某商品到比利时,出口价格为CIF ANTWERP USD3.74/PC,进口商要求改报含佣金3%的出口价格,试计算该商品的含佣价。

4. 某公司向纽约出口USD 15 000的货物。装船后公司凭即期信用证持有关单据向银行办理议付。设当日美元汇价为USD100 = ￥826.65/829.13,银行手续费为2.5‰,年利为6.562 5,(一年按360天计算)来回邮程为15天。问该公司实结美元多少?折合人民币多少?

5. 某公司对外报价CIF New York USD 100/DOZ,对方回复要求改报CIFC价,在保证我方原收入不变的前提下应报价多少?

6. 某公司出口收汇10 000美元,按当日银行牌价卖给中国银行,问可得多少人民币?

货币名称	现钞买入价	卖出价
英镑	1 456.05	1 499.36
港币	102.42	103.64
美元	794.38	803.88

7. 我某贸易公司出口土特产品50箱,每箱体积41cm×33.5cm×29cm,每箱重44.50公斤,该商品计费标准为W/M;基本费率为每运费吨40美元,转船附加费为21%,港口附加费为20%,试计算运费为多少?

8. 出口公司规定按发票金额110%投保,如发票金额是1 500美元,投保金额是多少?又如投保一切险和战争险,保险费率合计为0.8%,应付保险费是多少?

第二部分

历年全国国际商务单证员考试试题汇编

I 理 论 题

2011年全国国际商务单证员专业考试
国际商务单证基础理论与知识试题

一、单项选择

1. 根据《INCOTERMS 2010》,DAT 和 DAP 术语的适用范围是( )。
   A. 仅适用于水上运输方式 B. 仅适用于单一运输方式
   C. 可适用于任何运输方式 D. 以上都对

2. 在班轮运输中,以下( )是按照货物重量,体积或价值三者中较高的标准计收班轮运费。
   A. W/M B. W/M or Ad. Val
   C. WM D. W/M&orAd. Val

3. 我国进口贸易通常以 FOB 条件成交,一般须经过多个环节,其中肯定不包括( )。
   A. 申请开证 B. 议付交单
   C. 付款赎单 D. 接货报关

4. 进口用汇 100 000 美元,设购汇当日银行卖出价格每百美元为人民币 655 元,则人民币的购汇成本为( )。
   A. 655 000 元 B. 65 500 元
   C. 6 550 000 元 D. 6 550 元

5. 《URC522》根据国际贸易单证的性质,将单据分为( )。
   A. 基本单据和附属单据 B. 金融单据和商业单据
   C. 进口单据和出口单据 D. 纸质单据和电子单据

6. 《INCOTERMS2010》中,以下仅适用于海运和内河运输的术语是( )。
   A. FAS B. FCA
   C. CIP D. DAP

7. 我方某进出口公司于 2010 年 4 月 15 日用特快专递向美国 ABC 公司发盘,限 2010 年 4 月 29 日复到有效。4 月 25 日下午 3 时我公司同时收到 ABC 公司的表示接收的特快专递和撤回接受的传真。根据《联合国国际货物销售合同公约》,对此项接受( )。
   A. 可以撤回 B. 不得撤回,合同成立
   C. 在我方同意的情况下,可以撤回 D. 以上答案都不对

8. 根据《INCOTERMS2010》,若以 CFR 条件成交,买卖双方风险划分是以( )。
   A. 货物交给承运人保管 B. 货物交给第一承运人保管

C. 货物在装运港置于船上　　　　　　D. 货物在装运港越过船舷
9. 信用证项下汇票的付款人一般为(　　)。
　　A. 议付行　　　　　　　　　　　　　B. 通知行
　　C. 开证行或指定付款行　　　　　　　D. 开证申请人
10. 根据《UCP 600》对信用证项下的单据分类,不包括在内的单据是(　　)。
　　A. 金融单据　　　　　　　　　　　　B. 保险单据
　　C. 运输单据　　　　　　　　　　　　D. 商业发票
11. 根据《联合国国际货物销售合同公约》的规定,受盘人对发盘人表示接受,可以有几种方式,下列不属于此列的是(　　)。
　　A. 通过口头向发盘人声明　　　　　　B. 通过书面想法表示声明
　　C. 通过沉默或不行为表示接受　　　　D. 通过实际行动表示接受
12. 某合同以 CIFC 2 成交,总价 30 000 欧元,则佣金额为(　　)欧元。
　　A. 520　　　　　　　　　　　　　　　B. 540
　　C. 580　　　　　　　　　　　　　　　D. 600
13. 下列有关日期表述正确的是(　　)。
　　A. 保险单的出单期可以晚于已装船提单的出单期
　　B. 提单签发日可以迟于信用证或合同规定的装运期
　　C. 汇票签发日期可以比发票日期早
　　D. 发票日期一般比其他议付单据早
14. 信用证效期为 8 月 15 日,海运提单出单日为 7 月 15 日,则卖方最晚交单期为(　　)。
　　A. 7 月 15 日　　　　　　　　　　　　B. 8 月 5 日
　　C. 8 月 6 日　　　　　　　　　　　　　D. 8 月 15 日
15. 出口商开立的汇票如遭拒付,则(　　)。
　　A. 开证申请人有权行使追索权　　　　B. 通知行有权行使追索权
　　C. 议付行有权行使追索权　　　　　　D. 受益人有权行使追索权
16. 根据《UCP600》的规定,如信用证条款未明确规定是否"允许分批装运"、"允许转运"时,应理解为(　　)。
　　A. 允许分批装运,但不允许转运　　　B. 允许分批装运,允许转运
　　C. 允许转运,但不允许分批装运　　　D. 不允许分批装运,不允许装运
17. 根据《URC 522》的分类,(　　)不属于进口要求说明货物及相关情况的单据。
　　A. 装箱单或重量单　　　　　　　　　B. 装运通知
　　B. 原产地证明书　　　　　　　　　　D. 寄单或寄样证明
18. 从青岛出口玩具 1 000 箱,合计 24 立方米,目的港为日本神户,经查询,计费标准为 M,基本运价为 USD 16.8,则运费为(　　)。
　　A. USD 403.2　　　　　　　　　　　　B. USD 40.32
　　C. CNY 403.2　　　　　　　　　　　　D. CNY 40.32

19. CEPA 原产地证明书是指( )。
  A. 中国—东盟自贸易区优惠原产地证书
  B. 中国—巴基斯坦自贸易区原产地证书
  C. 中国—智利自贸易区原产地证书
  D. 大陆—港澳更紧密经贸关系原产地证书

20. 某公司签发一张汇票,上面注明"AT 90 DAYS AFTER SIGHT",这张汇票是( )。
  A. 即期汇票   B. 银行汇票
  C. 远期汇票   C. 无效汇票

21. 下列关于信用证修改手法不正确的是( )。
  A. 修改应由开证申请人向开证行办理
  B. 修改须经开证行和受益人同意才能生效
  C. 受益人可对修改通知书中的内容有选择地接受
  D. 原证的条款在受益人相同支行发出接受修改前仍然有效

22. L/C 规定有效期为 2011 年 1 月 30 日,没有规定装运期,则可以理解为( )。
  A. 最迟装运期为 2011 年 1 月 30 日   B. 最迟装运期为 2011 年 1 月 31 日
  C. 最迟装运期为 2011 年 2 月 21 日   D. 最迟装运期为 2011 年 1 月 1 日

23. 按国际保险市场惯例,投保金额通常在 CIF 总值的基础上( )。
  A. 加一成   B. 加二成
  C. 加三成   D. 加四成

24. 信用证支付方式下,银行处理单据时不负责审核( )。
  A. 单据与有关国际惯例是否相符   B. 单据与信用证是否相符
  C. 单据与贸易合同是否相符   D. 单据与单据是否相符

25. 进口货物如采用原木包装,需在入境口岸做熏蒸灭虫或提供( )。
  A. 入境货物通关单   B. 出境地相关机构出具的熏蒸证明
  B. 非木质包装证明   D. 入境货物报检单

26. 根据《UCP 600》的规定,如果信用证使用诸如 in duplicate, in two fold, in two copies 等用语要求提供多份单据,则提交至少( )正本,其余可使用副本。
  A. 三份   B. 二份
  C. 十份   D. 一份

27. 接受汇出行的委托将款项解付给收款人的银行是( )。
  A. 托收行   B. 汇入行
  C. 代收行   D. 通知行

28. 根据我国票据法规定,使用( )抬头的汇票无效。
  A. Pay to XXX only   B. Pay to XXX or order
  C. Pay to the order of XXX   D. Pay to bearer

29. 办理出口退税的重要凭据是"两单两票",即出口货物报关单(退税联)、出口收汇核销单(退税联)、出口发票和( )。

A. 厂商发票　　　　　　　　　　B. 海关发票
C. 形式发票　　　　　　　　　　D. 增值税专用发票

30. 进口人申请开立信用证的程序不包括(　　)。
    A. 填写开证申请书　　　　　　B. 缴纳开证保证金
    C. 支付开证手续费　　　　　　D. 指定通知行

31. 出票人签发支票时,应在付款银行存有不低于票面金额的存款。如果存款低于票面金额,这种支票被称为(　　)。
    A. 空头支票　　　　　　　　　B. 划线支票
    C. 现金支票　　　　　　　　　D. 转账支票

32. 按提款单收货人分类,有记名提单、不记名提单和指示提单。经过背书才能转让的提单是(　　)。
    A. 来人抬头提单　　　　　　　B. 指示提单
    C. 记名提单　　　　　　　　　D. 不记名提单

33. 当空运货物为重物时,一般按重物的(　　)作为计费重量。
    A. 实际毛重　　　　　　　　　B. 实际净重
    C. 体积重量　　　　　　　　　D. 较高重量较低运价的分界点重量

34. 根据《UCP 600》规定,银行有权拒付迟于提单发运日之后(　　)个日历日提交的单据。
    A. 10　　　　　　　　　　　　B. 14
    C. 21　　　　　　　　　　　　D. 30

35. Generalized System of Preferences Certificate of Origin 就是(　　)。
    A. 中新自贸区原产地证书　　　B. 普惠制产地证 FORM A
    C. 亚太贸易协会原产地证书　　D. FORM F

36. 某外贸公司与国外一进口商订立销售合同,我方出售长毛绒玩具 10000 个。合同规定,2010 年 5 月 30 日前开出信用证,6 月 20 日前装船。4 月 28 日买方按期来证,有效期 6 月 30 日。由于卖方按期装船发生困难,故书面向买方申请将装船期延至 7 月 5 日,买方回函表示同意,但未通知开证银行。7 月 3 日货物装船后,卖方 7 月 4 日到银行议付时,遭到拒绝。请问银行是否有权拒绝议付?为什么?(　　)
    A. 银行有权拒绝议付。因为开证申请人没有通过开证行修改信用证。
    B. 银行无权拒绝议付。因买卖双方只约定装船期改变,未改变信用证条款。
    C. 银行无权拒绝议付。因只要买卖双方同意改变装船期,意味着信用证条款即发生改变。
    D. 银行有权拒绝议付。因为开证行还应接受买卖双方的合同约束。

请根据下述案例回答第 37-38 题:

A 公司于 9 月 2 日向 B 公司发盘出售某商品,规定有效期为 14 天,9 月 16 日 A 公司获悉该商品涨价,同时又收到 B 公司表示接受的传真并表示其已做好履行合同的准备,15 日,A 公司通知 B 公司要求商品涨价 30%,B 公司未同意,后 A 公司便将该商品转卖给了另一家公司。

37. 关于15日A公司通知B公司提价的说法正确的是（　　）。
   A. A公司的做法属于对原发盘的合法撤回
   B. A公司的做法属于对原发盘的合法撤销
   C. A公司有权撤销其原来的发盘
   D. A公司无权撤销其原来的发盘

38. 下列对于该案例理解不正确的是（　　）。
   A. A公司9月2日的发盘到达B公司时生效,A公司受其约束
   B. B公司在发盘有效期内作出接受,合同已成立
   C. A公司将商品另卖他家,事实上已经与B公司不存在任何合同关系了
   D. A公司将商品另卖他家属于违约行为,应赔偿B公司的损失

请根据下述案例回答第39－40题:
我某公司向新加坡某公司出口一批农产品共40000公吨,国外来证规定:"Time of shipment: during Apr./May, 2010, Partial shipment is not allowed; Port of shipment: Guangzhou/Zhanjiang; Port of Destination: Singapore"。我公司在4月28日分别在广州和湛江各将20 000公吨货物装上"海兴"轮第50航次和"长河"轮第50航次,驶往目的地港新加坡。

39. 对上述材料说法正确的一项是（　　）。
   A. 我公司货物出运时的装货港不同,属于分批装运,违反了信用证的规定
   B. 我公司货物经同航次船只运输,不属于分批装运,没有违反信用证的规定
   C. 我公司使用不同的船只运输,属于分批装运,违反了信用证的规定
   D. 我公司于同一日期发运货物,不属于分批装运,没有违反信用证的规定

40. 若我公司先后于4月18日和5月2日分别在广州和湛江各装20 000公吨货物于第169航次的"红日"轮运往目的地港新加坡,则下列说法正确的是（　　）。
   A. 我公司货物发运日期不同,属于分批装运,违反了信用证规定
   B. 我公司使用同一船只运输,不属于分批装运,没违反信用证的规定
   C. 我公司货物出运时的装运港不同,属于分批装运,违反了信用证的规定
   D. 我公司货物分两批出运取得两套单据,属于分批装运,违反了信用证的规定

二、多项选择题

1. 国际贸易单证工作可能涉及的部门包括（　　）。
   A. 银行　　　　　　　　　　　　　B. 海关
   C. 交通岗运输部门和保险公司　　　D. 进出口企业内部各部门
   E. 检验检疫机构和有关的行政管理机关

2. 商业发票上完整的货物单价包括（　　）。
   A. 计价货币　　　　　　　　　　　B. 单位价格金额
   C. 佣金率　　　　　　　　　　　　D. 计量单位
   E. 贸易术语

3. 关于航空运单,叙述不正确的是（　　）。
   A. 是货物运输契约　　　　　　　　B. 可凭以提取货物

C. 是出口商结汇单据之一 　　　　　D. 是运费结算凭证和运费收据
E. 是物权证明

4. 根据《INCOTERMS2010》,适用于任何运输方式的术语有(　　)。
A. DAT 　　　　　　　　　　　　　B. DAP
C. DDP 　　　　　　　　　　　　　D. FAS
E. EXW

5. 根据《INCOTERMS2010》,在进口国境内交货的术语有(　　)。
A. DAT 　　　　　　　　　　　　　B. DAP
C. DDP 　　　　　　　　　　　　　D. FCA
E. EXW

6. 常见的出口商(受益人)证明有(　　)。
A. 寄单正明 　　　　　　　　　　　B. 寄样证明
C. 运费收据 　　　　　　　　　　　D. 保费收据
E. 非童工、狱工制造证明

7. 信用证支付方式下,出口企业制单必须做到(　　)。
A. 单据与进口国有关法令和规定相符 　B. 单据与信用证相符
C. 单据与单据相符 　　　　　　　　D. 单据与贸易合同相符
E. 单据与有关国际惯例相符

8. 约首是合同的开头部分,主要包括(　　)。
A. 合同名称 　　　　　　　　　　　B. 合同编号
C. 品名条款 　　　　　　　　　　　D. 合同序言
E. 当事人的名称

9. 按我国海关规定,以下不属于纸质进口报关单的选项是(　　)。
A. 企业留存联 　　　　　　　　　　B. 海关作业联
C. 退税证明联 　　　　　　　　　　D. 收汇证明联
E. 海关核销联

10. 信用证要求提交由有资格机构签发的产地证,下列符合要求的单据是(　　)。
A. 出入境检验检疫局签发的产地证
B. 贸促会签发的产地证
C. 生产厂家签发的产地证
D. 受益人签发的产地证
E. 以上都对

三、判断题

1. 《2010年通则》确认了相关贸易术语可以用于国内货物买卖。(　　)
2. 在CIF交易中,卖方向买方提交的单据至少应有发票、装箱单和保险单。(　　)
3. FCA条件下卖方将货物交给承运人即完成交货义务,出口报关等手续由买方办。(　　)
4. FCA、CFR、CIF就卖方承担的风险而言,FCA最小,CPT其次,CIP最大。(　　)

5. 为避免货物中途转船延误时间,增大费用开支,造成货损货差,我方按FOB条件进口时,最好在合同中争取规定"不允许转船"。(   )

6. 按FOB、CFR、CIF条件成交,货物在装运港装上船后,风险即告转移。因此,货到目的地港后买方如发现货物品质、数量、包装等与合同规定不符,卖方概不负责。(   )

7. 假远期信用证项下,因卖方能即期收款,故汇票的票期栏应按即期填写。(   )

8. 《2010年通则》中的11个贸易术语,买方承担责任自大的是EXW,最小的是DDP。(   )

9. 《2010年通则》中的CFR、CPT、CIF、CIP术语,属于象征性交货。(   )

10. CFR术语的英文全称是Carriage Paid To…named port of destination。(   )

11. DAT术语的英文全称是Delivered At Terminal(insert named terminal at port or palce of destination)。(   )

12. 每笔国际货物买卖的交易磋商都必须有询盘、发盘、还盘、接受四个环节。(   )

13. 邀请发盘对发盘人是没有约束力的。(   )

14. 发盘必须明确规定有效期,未明确规定有效期的发盘无效。(   )

15. 汇票通常开具一式两份,第一份正本,第二份副本,只有正本才有法律效力。(   )

16. 接受一旦生效,就不能撤销。(   )

17. 在我国所有的进出口企业都必须亲自向海关办理报关手续。(   )

18. 信用证规定装运港为"Chinese Port",在缮制提单装运港时应照打"Chinese Port",以免造成单证不符。(   )

19. 只有办妥出口收汇核销手续后才能办理出口退税。(   )

20. DAP术语的英文全称是Delivered At Place(insert named place of destination)。(   )

21. 凡国外进口商要求我提供一般原产地证的,既可向CIQ,也可向CCPIT申请出证。(   )

22. 根据国际航协规定,体积重量是以$0.008m^3$作为1千克来计算的。(   )

23. 如果汇票上加注"货物到达后支付",则构成支付的附加条件,根据我国《票据法》,该汇票无效。(   )

24. 保兑信用证中的保兑行负第一性的付款责任。(   )

25. 信用证是一种银行开立的无条件承诺付款的书面文件。(   )

26. 《UCP600》规定,如果信用证没有相反的规定,发票的日期可早于信用证的开证日期。(   )

27. 信用证中注明"Invoice in three copies",受益人向银行交单时提交了三张副本发票,此做法违反了信用证规定。(   )

28. 托收业务的汇票的出票条款处,可表明有关合同号。(   )

29. 《UCP600》将运输单据分成七类,这七类单据都是承运人或其其名代理人签发给托运人的货物收据,都是承运人保证凭以交付货物的物权凭证。(   )

30. 货物外包装上的运输标志须在有关的托运单、商业发票、装箱单、提单上显示。但指示性、警告性标志无须在上述单据上显示。（　　）

31. 按CIF术语成交，如果我方提交的提单日期是2011年3月5日，保险单日期为2011年3月6日，不会影响我方安全迅速收汇。（　　）

32. 某商品100箱，每箱尺寸10cm*20cm*30cm，每箱毛重30kgs，海运费计收标准按W/M，则承运人按毛重计收运费。（　　）

33. 《UCP 600》规定，在指定时间内分期发运，若任何一期未按规定发运，信用证对该期和以后各期均告失效。（　　）

34. 我某公司按FOB术语进口时，在国内投保了一切险，保险公司的保险责任起讫应为"仓至仓"。（　　）

35. 载货船舶在运输途中搁浅，船长有意且合理地下令将部分货物抛入海中，使船舶得以继续航行至目的地港。上述搁浅和抛货物损失均属于共同海损。（　　）

36. 被列入《法检目录》的商品，经出境地检验检疫机构实施检验检疫合格后，检验机构签发了《出境货物通关单》。在此情况下，海关可免于查验，直接放行。（　　）

37. 出口收汇核销单存根联、正文联、退税专用联中的相同栏目必须一致。（　　）

38. 出口商出口一批布匹，信用证规定数量10 000码，金额USD50 000，现出运了9 800码，发票金额USD49 000，收汇将有一定的风险。（　　）

39. 某信用证规定装运期限为"after May 25, 2010"，则正本提单的装运日期应理解为在2010年5月25日或以后。（　　）

40. 集装箱运输时，LCL是指拼箱运输。（　　）

四、简答题

1. 简述制单的基本要求。
2. 简述信用证与买卖合同的关系。
3. 为什么说在以CFR术语成交的合同中，卖方及时发出装船通知是一项重要的责任？
4. 简述检验证书的作用。
5. 简述保险单的分类。

2012年全国国际商务单证专业考试
国际商务单证基础理论与知识试题

一、单项选择题

1. 非信用证支付方式下制单和审单的首要依据是（　　）。
   A. 信用证　　　　　　　　　　B. 买卖合同
   C. 相关国际惯例　　　　　　　D. 有关商品的原始资料

2. 某出口公司对外以CFR报价，如果该货物采用多式联运，应采用（　　）术语为宜。
   A. FCA　　　B. CIP　　　C. DDP　　　D. CPT

3. 付款人对远期汇票表示承担到期付款责任的行为叫(　　)。
   A. 见票　　　　　　　　　　　　B. 即期付款
   C. 承兑　　　　　　　　　　　　D. 远期付款

4. 结汇单据中最重要的单据,能让有关当事人了解一笔交易的全貌。其他单据都是以其为依据的是(　　)。
   A. 商业发票　　　　　　　　　　B. 保单
   C. 装箱单　　　　　　　　　　　D. 产地证

5. 海关对法定检验的进口货物凭出入境检验检疫机构签发的(　　)办理海关通关手续。
   A. 进口许可证　　　　　　　　　B. 进口货物报关单
   C. 查验通知　　　　　　　　　　D. 入境货物通关单

6. 按照 INCOTERMS 2010,以 CIF 汉堡贸易术语成交,卖方对货物风险应负责至(　　)。
   A. 船到汉堡港为止　　　　　　　B. 在汉堡港卸下船为止
   C. 货在装运港装上船为止　　　　D. 货在装运港越过船舷为止

7. 按《联合国国际货物销售合同公约》的规定,一项发盘(　　)。
   A. 必须表明各项交易条件　　　　B. 必须表明主要交易条件
   C. 只需表明货物名称、数量和单价　D. 只需表明品质、数量和价格

8. 国际贸易中使用的金融票据主要有汇票、本票和支票。其中(　　)使用最多。
   A. 汇票　　　　　　　　　　　　B. 本票
   C. 支票　　　　　　　　　　　　D. 以上都对

9. 出票人签发支票时,应在付款银行存有不低于票面金额的存款。如果存款低于票面金额,这种支票被称为(　　)。
   A. 空头支票　　　　　　　　　　B. 划线支票
   C. 现金支票　　　　　　　　　　D. 转账

10. 进出口业务中,T/T 表示(　　)。
    A. 电汇　　　　　　　　　　　　B. 票汇
    C. 信汇　　　　　　　　　　　　D. 托收

11. 通过汇出行开立的银行汇票的转移实现货款支付的汇付方式是(　　)。
    A. 电汇　　　　　　　　　　　　B. 信汇
    C. 票汇　　　　　　　　　　　　D. 托收

12. 托收方式下,出口方开具汇票上的付款人是(　　)。
    A. 进口方　　　　　　　　　　　B. 托收行
    C. 代收行　　　　　　　　　　　D. 需要时代理

13. 在信用证方式下,银行保证向信用证受益人履行付款责任的条件是(　　)。
    A. 受益人按期履行合同
    B. 受益人按信用证规定交货
    C. 开证申请人付款赎单

D. 受益人提交严格符合信用证要求的单据

14. FOB/CIF 术语下,办理保险者应为( )。
   A. 买方/买方　　　　　　　　　B. 卖方/买方
   C. 买方/卖方　　　　　　　　　D. 卖方/卖方

15. 出口人得到托运确认后,应填制( )连同发票等相关单据向海关申报出口货物。
   A. 汇票　　　　　　　　　　　　B. 入境货物报检单
   C. 出口货物报关单　　　　　　　D. 装货单

16. G.S.P Form A 是( )。
   A. 品质证明书　　　　　　　　　B. 普惠制产地证明书
   C. 重量证明书　　　　　　　　　D. 动植物检疫证明书

17. 信用证规定贸易术语为 CIF New York,提单上运费栏目应为( )。
   A. Freight Prepaid　　　　　　　B. Freight Prepayable
   C. Freight to Collect　　　　　　D. Freight to be Prepaid

18. 按《INCOTERMS 2010》,CPT 术语买卖双方风险划分的界限是( )。
   A. 装运港船舷　　　　　　　　　B. 货交承运人
   C. 目的港船上　　　　　　　　　D. 目的港码头

19. 某合同以 CIFC3 成交,总价为 50 000 美元,则佣金额为( )美元。
   A. 1 500　　　B. 150　　　C. 3 000　　　D. 500

20. 出口服装 2 000 箱,合计 48 立方米,目的港为日本神户,经查询,计费标准为 M,基本运价为 USD 18.6,则运费为( )。
   A. USD 892.8　　　　　　　　　B. USD 89.28
   C. CNY 892.8　　　　　　　　　D. CNY 89.28

21. 某公司签发一张汇票,上面注明"AT ****** SIGHT",这张汇票是( )。
   A. 即期汇票　　　　　　　　　　B. 承兑汇票
   C. 远期汇票　　　　　　　　　　D. 无效汇票

22. 信用证规定不迟于 2012 年 5 月底装运大约 10 000 双皮鞋,单价为 6 美元/双,总金额为 60 000 美元,出口商应装运( )双皮鞋?
   A. 11 000　　　B. 10 000　　　C. 10 500　　　D. 9 500

根据以下材料,回答 23 – 25 题。

某外贸企业出口货物一批,数量为 1 000 公吨,每公吨 US＄65 CIF Rotterdam,国外买方通过开证行按时开来信用证,该证规定:总金额不得超过 US＄65 000,有效期为 7 月 31 日。证内注明按《UCP600》办理。外贸企业于 7 月 4 日将货物装船完毕,取得提单,签发日期为 7 月 4 日。

23. 外贸企业最迟应在( )将单据送交银行议付。
   A. 7 月 4 日　　　　　　　　　　B. 7 月 14 日
   C. 7 月 25 日　　　　　　　　　D. 7 月 31 日

24. 本批货物最多能交( )公吨。
    A. 1 100　　　　　　　　　　B. 1 075
    C. 1 050　　　　　　　　　　D. 1 000

25. 本批货物最少需交( )公吨。
    A. 1 000　　　　　　　　　　B. 975
    C. 950　　　　　　　　　　　D. 900

26. 关于托收业务的国际惯例《托收统一规则》即( )。
    A. URR725　　　　　　　　　B. UCP600
    C. URC522　　　　　　　　　D. ISBP

27. 汇付是国际贸易结算的基本方式,以下不属于汇付的基本种类的是( )。
    A. 电汇　　　　　　　　　　B. 票汇
    C. 押汇　　　　　　　　　　D. 信汇

28. 某 L/C 的 39A 栏显示:39A/PERCENTAGE CREDIT AMOUNT TOLERANCE:10/10,它的含义是:信用证允许上下浮动各不超过10%的是( )。
    A. 数量　　　　　　　　　　B. 金额
    C. 单价　　　　　　　　　　D. 数量和金额

29. 全套汇票的正本份数,应该是( )。
    A. 一份　　　　　　　　　　B. 二份
    C. 三份　　　　　　　　　　D. 视不同国家而定

30. 以 FOB 术语、信用证支付方式进口一批货物,业务环节不包括( )。
    A. 申请开证　　　　　　　　B. 交单议付
    C. 付款赎单　　　　　　　　D. 接货报关

31. 清洁提单是指( )。
    A. 承运人未加有关货物或包装不良之类批注的提单
    B. 不载有任何批注的提单
    C. 表面整洁无涂改痕迹的提单
    D. 提单收货人栏内没有指明任何收货人的提单

32. 象征性交货意指卖方的交货义务是( )。
    A. 不交货　　　　　　　　　B. 既交单又实际性交货
    C. 凭单交货　　　　　　　　D. 实际性交货

33. 某外贸企业签发一张汇票,以某银行为付款人,则这张汇票是( )。
    A. 商业汇票　　　　　　　　B. 银行汇票
    C. 商业承兑汇票　　　　　　D. 进口商汇票

34. 若信用证未规定汇票付款人名称,则可理解为付款人是( )。
    A. 开证行　　　　　　　　　B. 议付行
    C. 偿付行　　　　　　　　　D. 开证申请人

35. 属于顺汇法的支付方式是( )。
    A. 汇付　　　　　　　　　　B. 托收

C. 信用证　　　　　　　　　　D. 银行保函

36. 下述术语中,既属内陆交货又属象征性交货的术语是(　　)。
　　A. EXW　　　　　　　　　　B. FCA
　　C. FOB　　　　　　　　　　D. DDP

37. 根据国际惯例,保险金额的计算公式为(　　)。
　　A. CIFC5 ×110%　　　　　　B. FOB价×110%
　　C. CIF价×110%　　　　　　D. CFR价×110%

38. 关于提单下面说法正确的是(　　)。
　　A. 提单是代表货物所有权的物权凭证或运输契约
　　B. 提单辅助发票说明之不足,并详细说明包装内容或货物数量以及标记号
　　C. 提单是国外卖方或厂商对货物出具的明细账单
　　D. 提单又称来源证,主要对货物的产地,厂家作佐证,便于海关掌握国别地区,作纳税时参考

39. 根据《URC 522》的分类,(　　)不属于进口国官方要求的单据。
　　A. 原产地证明　　　　　　　B. 船龄证明
　　C. 领事发票　　　　　　　　D. 海关发票

40. 按照有关规定,对不同包装种类的货物混装在一个集装箱内,这时货物的总件数显示数字之和,包装种类用统称(　　)来表示。
　　A. Cartons　　　　　　　　　B. Pieces
　　C. Packages　　　　　　　　D. Pallets

41. 关于信用证与托收相结合的支付方式,下列说法正确的是(　　)。
　　A. 代表全部货款的单据应随信用证项下的汇票
　　B. 代表全部货款的单据应随托收项下的汇票
　　C. 代表50%货款的单据随信用证项下的汇票,另代表50%货款的单据随托收项下的汇票
　　D. 代表全部货款的商业单据随信用证项下的汇票,资金单据随托收汇票项下的汇票

42. 某公司与法国一家公司以DAT的条件成交一笔交易,按国际惯例,该笔交易的货物在目的港的卸货费用应由(　　)承担。
　　A. 买方　　　　　　　　　　B. 卖方
　　C. 船方　　　　　　　　　　D. 港务部门

43. 出口贸易中,采用信用证和托收方式收汇时,常用的汇票是(　　)。
　　A. 银行汇票　　　　　　　　B. 商业汇票
　　C. 商业承兑汇票　　　　　　D. 光票

根据以下资料回答44—46题。

我方某公司于8月2日向美商发盘,以每打85.5美元CIF纽约的价格提供全棉男衬衫700打,限8月15日复到有效。8月10日收到美商回电称价格太高,若每打80美元可接受。8月13日又收到美商来电:"接受你方8月2日发盘,信用证已开出。"但我方由于市价上涨未做回答,也没有发货。后美商认为我方违约,要求赔偿损失。

44. 根据《联合国国际货物销售合同公约》，8月10日收到的美商回电是（   ）。
   A. 发盘				B. 询盘
   C. 还盘				D. 接受

45. 根据《联合国国际货物销售合同公约》，8月13日收到的美商的接受是（   ）。
   A. 有效的			B. 无效的
   C. 表明合同成立		D. 承诺

46. 根据《联合国国际货物销售合同公约》，本案（   ）。
   A. 合同成立
   B. 合同不成立
   C. 合同是否成立须按法院判决
   D. 合同是否成立须由买卖双方协商

47. 托收项下，汇票付款人应填（   ）。
   A. 交单行			B. 托收行
   C. 代收行			D. 进口商

48. 信用证条款 Latest date of shipment 表示的意思是（   ）。
   A. 信用证的到期日
   B. 信用证的最晚交单日
   C. 信用证的最早装运日
   D. 最迟装运日，表明该证项下的货物不能迟于此日期出运

49. 进口商向银行买入外汇时使用（   ）。
   A. 银行买入价			B. 银行卖出价
   C. 中间价			D. 以往汇率的平均值

50. 下列关于 CIF 与 CIP，说法正确的是（   ）。
   A. 适用范围相同		B. 买卖双方风险划分界限相同
   C. 价格构成相同		D. 交货地点相同

二、多项选择题

1. 国际贸易单证工作的基本环节包括（   ）。
   A. 审证				B. 制单
   C. 审单				D. 交单
   E. 归档

2. 《INCOTERM 2010》包括11种贸易术语，其中适用于海运和内河水运的术语包括（   ）。
   A. FAS				B. FOB
   C. CFR				D. CIF
   E. DAP

3. 国际货物买卖合同中的商品单价包括（   ）。
   A. 计价货币			B. 单位价格金额
   C. 计价单位			D. 佣金率

E. 贸易术语

4. 不是物权凭证的运输单据是（　　）。
   A. 海运提单　　　　　　　　　B. 空运单据
   C. 快递收据　　　　　　　　　D. 不可转让海运单
   E. 铁路运单

5. 《UCP600》将信用证项下的单据分为（　　）。
   A. 运输单据　　　　　　　　　B. 保险单据
   C. 包装单据　　　　　　　　　D. 其他单据
   E. 商业发票

6. 根据 INCOTERMS 2010，适用于任何运输方式的贸易术语有（　　）。
   A. DAT　　　　　　　　　　　B. DAP
   C. DDP　　　　　　　　　　　D. FAS
   E. EXW

7. 根据《联合国国际货物销售合同公约》的规定，构成一项有效发盘的条件是（　　）。
   A. 向一个或一个以上特定的人提出
   B. 发盘中必须明确规定有效期
   C. 发盘的内容必须十分确定
   D. 表明在得到接受时承受约束的意旨
   E. 必须传达到受盘人

8. 本票与汇票的区别在于（　　）。
   A. 前者是无条件支付承诺，后者是无条件的支付命令
   B. 前者的票面当事人为两个，后者则一般为三个
   C. 对于远期票据，前者在使用过程中无需承兑，后者则有承兑环节
   D. 前者的主债务人不会变化，后者的主债务人因承兑而发生变化
   E. 前者只能一式一份，后者可以开出一套

9. 可转让信用证被转让时，（　　）可以变动。
   A. 信用证金额　　　　　　　　B. 商品单价
   C. 商品的品质规格　　　　　　D. 交单日
   E. 最迟装运日

10. 汇票的抬头人下列哪几种形式可以转让（　　）。
    A. PAY TO BEARER　　　　　　B. PAY TO HOLDER
    C. PAY TO A CO., ONLY　　　　D. PAY TO A CO. OR ORDER
    E. PAY TO A CO., NOT TRANSFERBLE

11. 审核信用证项下进口货物单据的是（　　）。
    A. 开证行　　　　　　　　　　B. 代收行
    C. 开证申请人　　　　　　　　D. 汇入行
    E. 托收行

12. 下列属于信用证基本当事人的有(   )。
    A. 开证行   B. 通知行
    C. 委托人   D. 议付行
    E. 受益人

13. 信用证与合同的关系,下列表述正确的是(   )。
    A. 信用证以合同为基础开立   B. 信用证与合同相互独立
    C. 信用证是纯粹的单据买卖   D. 合同是审核信用证的依据
    E. 银行付款的依据是合同

14. 下列条款中属于国际货物买卖合同主要条款的是(   )。
    A. 品名品质   B. 价格
    C. 支付   D. 数量
    E. 交货期

15. 制作国际贸易单证的基本要求是(   )。
    A. 正确   B. 完整
    C. 及时   D. 简明
    E. 整洁

16. 有关贸易术语的国际惯例包括(   )。
    A. 《华沙－牛津规则》   B. 《美国对外贸易定义》
    C. 《国际贸易术语解释通则》   D. 《海牙-维斯比规则》
    E. 《托收统一规则》

17. 选用贸易术语时应该考虑的因素包括(   )。
    A. 承运人风险控制   B. 货物特性及运输条件
    C. 运输方式及运价   D. 海上风险程度
    E. 办理进出口货物结关手续的难易

18. 根据《联合国国际货物销售合同公约》的规定,构成一项有效接受的条件是(   )。
    A. 必须由特定的受盘人做出
    B. 可以用口头、书面的方式做出
    C. 必须与发盘条件相符
    D. 必须在发盘规定的有效期内送达发盘人
    E. 可以用行为的方式做出

19. 电汇的基本当事人包括(   )。
    A. 汇出行   B. 代收行
    C. 汇款人   D. 收款人
    E. 汇入行

20. 下列属于区域性经济集团互惠原产地证书的有(   )。
    A. FORM E   B. FORM B
    C. FORM P   D. FORM F

E. FORM N

21. 国际标准化组织推荐的标准唛头应包括的内容有( )。
    A. 收货人名称的缩写或代号   B. 目的港(地)
    C. 箱号或件号   D. 参考号(合同号、订单号等)
    E. 原产地

22. 买方和银行通常不接受的提单有( )。
    A. 已装船提单   B. 备运提单
    C. 不清洁提单   D. 过期提单
    E. 指示提单

23. 根据我国海洋货物运输保险条款的规定,基本险有( )。
    A. 水渍险   B. 战争险
    C. 平安险   D. 一切险
    E. 罢工险

24. 在下列贸易术语中,出口报关责任和进口报关责任由一方承担的是( )。
    A. EXW   B. FAS
    C. CIF   D. DDP
    E. DAP

25. 信用证业务中,银行处理单据时主要关注( )。
    A. 单据与货物相符   B. 单据与贸易合同相符
    C. 单据与单据相符   D. 单据与信用证相符
    E. 单据与有关国际惯例相符

26. 进口商在审核信用证项下商业发票时应注意的要点有( )。
    A. 发票的出票人应是信用证的受益人(可转让信用证除外),与汇票的出票人应为同一人
    B. 发票的抬头人应是信用证开证申请人
    C. 发票的出票日期不应迟于汇票的出票日期,亦不应迟于信用证的议付有效期
    D. 商品名称、数量、规格、单价、包装、价格条款、合同号码等及货物描述必须与信用证的规定相符,单价乘以数量必须与发票总金额相符
    E. 除非信用证另有规定,发票金额应与汇票金额一致,且不得超过信用证金额

27. 下面关于海关发票的描述中,正确的是( )。
    A. 由出口商填写
    B. 由进口商填写
    C. 是出口人向出口地海关报关时提供的单据
    D. 是进口人向进口地海关报关时提供的单据
    E. 是进口地海关进行估价定税,征收差别关税或反倾销税的依据

28. 班轮运输最基本的特点有( )。
    A. 固定的航线   B. 固定的挂靠港口
    C. 固定船公司   D. 固定的船舶班期

E. 相对固定的运价
29. 进口商申请开立信用证的程序包括( )。
   A. 递交有关合同副本及附件
   B. 填写开证申请书
   C. 缴付保证金
   D. 支付开证手续费
   E. 在开证申请书背面签字
30. 根据《UCP 600》的分类,保险单据包括( )。
   A. 保险单
   B. 保险凭证
   C. 预约保险单
   D. 投保声明
   E. 保费收据

三、判断题

1. 根据《UCP 600》的分类,公路、铁路和内陆水运单据,快邮和邮包收据,以及装箱单、重量单属于其他单据。( )
2. 远期信用证项下,因卖方能即期收到款项,所以汇票上的票期栏应打上即期(AT SIGHT)。( )
3. INCOTERMS 2010 中,由买方办理出口报关手续的贸易术语有 EXW、FAS 和 FCA。( )
4. 银行不接受出单日期迟于装船或发运或接受监管之日的保险单据。( )
5. 某公司收到客户开来信用证,规定最迟装运期为"on or about Nov. 15, 2011",则该公司可以在2011年11月15日的前后各5天内发运货物。( )
6. 汇票、本票和支票都有即期的和远期的两种。( )
7. 信用证业务中,银行既处理单据,也处理与单据有关的货物、服务或履约行为。( )
8. 如买卖合同规定的装运条款为"Shipment during June/July in two equal lots",这表明出口人必须在6月、7月两个月内每月各装一批,每一批数量相等。( )
9. 汇票的受款人又称受票人,也就是汇票出票人的命令对汇票付款的人。( )
10. 每笔交易都必须有询盘、发盘、还盘和接受四个环节。( )
11. 根据《联合国国际货物销售合同公约》,受盘人在对发盘表示接受的同时,对发盘的内容作任何添加或变更,均是对发盘的拒绝,并构成还盘。( )
12. 进口合同采用 CIF 成交时,我方必须办理投保手续。( )
13. 在票汇情况下,进口方购买银行汇票径寄出口方,因采用的是银行汇票,故这种付款方式属于银行信用。( )
14. 货到付款可以保证进口方收到所需货物。( )
15. 在跟单托收中,汇票属于金融单据,发票和装运单据等属于商业单据。光票托收中没有商业单据,只有金融单据。( )
16. 信用证中注明:Invoices in three copies,受益人向银行交单时,提供了三份副本发票不符合信用证规定。( )
17. 海关的基本任务是监管进出境的运输工具、货物、物品,征收税费、查缉走私和编辑海关统计。( )

18. 信用证结算方式下,只有在单据表面与信用证条款相符、与货物相符,开证行才会按规定付款。(　)
19. 保险加成的目的是用来弥补进口人经营管理费用或与其利润的损失。(　)
20. 按 CIF 成交的合同,属于在目的港交货的合同。(　)
21. 如果一张汇票未注明"汇票"字样,并不影响此汇票的使用。(　)
22. CPT 与 CFR 术语一样,卖方不必承担货物自交货地点至目的地的运输途中的风险。(　)
23. FOB、CIF、CFR 三个贸易术语在风险划分上是一样的。(　)
24. 汇付是付款人主动通过银行或其他途径将款项交付款人的一种支付方式,所以属于商业信用,而托收通常称为银行托收,因而它属于银行信用。(　)
25. 出口商采用 D/A30 天比采用 D/P60 天承担的风险要大。(　)
26. 一项发盘,即使是不可撤销的,也可以撤回,只要撤回的通知在发盘送达受盘人之前或同时送达受盘人。(　)
27. 信用证属于银行信用的支付方式,但对于出口人来讲也有收汇的风险。(　)
28. 在国际贸易中,佣金有明佣、暗佣。(　)
29. Drawee 是指汇票的出票人。一般情况下是开证行,但有时也会是偿付行。(　)
30. 如果信用证只列明最迟装运日,未列出有效期,受益人应按双到期信用证的要求操作。(　)
31. 记名提单和指示提单同样可以背书转让。(　)
32. 一张商业汇票的收款人是"仅付给史密斯"(Pay to Smith only),这种汇票可以经过背书转让。(　)
33. 办理出口报关手续时,必须向海关提交出口收汇核销单。(　)
34. 信用证规定装运港为 Chinese Port,缮制提单时,装运港一栏应照样填 Chinese Port,以免单证不符。(　)
35. 形式发票是一种正式发票,能用于托收和议付。(　)
36. 交单是指在合同、信用证规定的时间,以正确的方式,将符合要求的单证交给正确的当事人。通常在 T/T 方式下,出口企业应到银行交单。(　)
37. 根据《联合国国际货物销售合同公约》,一方当事人对另一方当事人的赔偿责任范围或解决争端的添加或不同条件属于实质性变更发盘条件。(　)
38. 根据我国合同法,书面形式是指合同书、信件和数据电文(包括电传、电报、传真、电子数据交换和电子邮件)等可以有形的表现所载内容的形式。(　)
39. 买卖双方往来的业务函电不可以作为制单和审单的依据。(　)
40. 在国际贸易中,对所有的进出口货物都必须进行检验并出具证书。(　)

2013 年全国国际商务单证专业考试
国际商务单证基础理论与知识试题

一、单项选择题

1. 根据《URC 522》的分类，(　　)不属于进口国官方要求的单据。
   A. 原产地证　　　　　　　　　　B. 船龄证明
   C. 领事发票　　　　　　　　　　D. 海关发票

2. 关于接受，下列说法正确的是(　　)。
   A. 接受不可以撤回但可以撤销
   B. 接受不可以撤销但可以撤回
   C. 接受的撤销以撤销通知先于接受或与接受通知同时到达发盘人为限
   D. 接受的撤回以撤回通知先于接受到达发盘人为限

3. 对进口商而言，首选的结算方式是(　　)。
   A. 前 T/T　　　　　　　　　　　B. D/A
   C. D/P at Sight　　　　　　　　 D. 信用证

4. 在实际业务中，发盘是由(　　)。
   A. 卖方或买方发出　　　　　　　B. 买方发出
   C. 卖方发出　　　　　　　　　　D. 以上答案都不对

5. 信用证业务中不会涉及的当事人是(　　)。
   A. Beneficiary　　　　　　　　　B. Issuing Bank
   C. Applicant　　　　　　　　　　D. Collecting Bank

6. 在买卖合同的检验条款中，关于检验时间和地点的规定，使用最多的是(　　)。
   A. 在出口国检验　　　　　　　　B. 在进口国检验
   C. 在出口国检验，进口国复检　　D. 在第三国检验

7. 对于接受，下列表述不正确的是(　　)。
   A. 接受是指交易的一方对于对方的发盘或还盘所作出的完全同意的表示
   B. 必须由特定的受盘人对发盘或还盘表示接受
   C. 接受必须由受盘人以声明或行为的方式向对方表示出来
   D. 如果受盘人 A 将发盘转让给 B 公司，则 B 公司可以直接向发盘人表示接受

8. 《INCOTERMS2010》中，以下仅适用于海运和内河水运的术语是(　　)。
   A. FAS　　　　　　　　　　　　B. FCA
   C. CIP　　　　　　　　　　　　D. DAP

9. 信用证规定装运期限为 3 月份，有效期为 4 月 14 日，没有规定交单期。出口公司装船后，提单签发日为 3 月 8 日，出口人应于(　　)前(包括当日)去交单。
   A. 3 月 28 日　　　　　　　　　B. 3 月 29 日
   C. 4 月 14 日　　　　　　　　　D. 3 月 23 日

10. 在出口结汇时，由出口商签发的、作为结算货款和报关纳税依据的核心单据是(　　)。

A. 海运提单 B. 商业汇票
C. 商业发票 D. 海关发票

11. 在国际上,根据附加的付款保障方式,支票分为(　　)。
A. 现金支票和转账支票 B. 普通支票和现金支票
C. 记名支票和不记名支票 D. 划线支票和保付支票

12. 受开证行的指示或授权,对有关代付行或议付行的索偿予以照付的银行是(　　)。
A. 保兑行 B. 偿付行
C. 承兑行 D. 转让行

13. 根据《UCP 600》规定,海运提单的签发日期应理解为(　　)。
A. 货物开始装船的日期 B. 货物装船完毕的日期
C. 货物装运过程中的任何一天 D. 运输合同中的装运日

14. 信用证规定贸易术语为 CIF London,提单上运费栏目应为(　　)。
A. Freight Prepaid B. Freight Collected
C. Freight to Collect D. Freight to be Collected

15. FCA/CIP 术语下,办理保险者应为(　　)。
A. 买方/买方 B. 卖方/买方
C. 买方/卖方 D. 卖方/卖方

16. 按《INCOTERMS 2010》,CIP 术语买卖双方风险划分的界限是(　　)。
A. 装运港船舷 B. 货交承运人
C. 目的港船上 D. 目的港码头

17. 我方某进出口公司于 2013 年 4 月 15 日用特快专递向美国 ABC 公司发盘,限 2013 年 4 月 29 日复到有效。4 月 25 日下午 3 时同时收到 ABC 公司的表示接受的特快专递和撤回接受的邮件。根据《联合国国际货物销售合同公约》,对此项接受(　　)。
A. 可以撤回 B. 不得撤回,合同成立
C. 在我方同意的情况下,可以撤回 D. 以上答案都不对

18. 原报价某商品 CIF 天津每件 600 英镑,现客户要求 5% 佣金,若不减少外汇净收入,应改报含佣价为(　　)。
A. 588 B. 618.95
C. 630 D. 631.58

19. 某公司出口一批贵金属,FOB 货值为 80 000 美元。查运价表知从价费率为 2%,另征燃油附加费 20%。则该批货物的运费为(　　)。
A. USD 1 920 B. USD 17 600
C. USD 1 600 D. USD 1 620

20. 信用证规定不迟于 2013 年 3 月底装运大约 10 000 条丝巾,单价为 4 美元/条,总金额为 40 000 美元,出口商最多应装运(　　)条丝巾。
A. 11 000 B. 10 000
C. 10 500 D. 9 500

21. 出口商把出口外汇收入卖给银行按( )计算。
   A. 买入价　　　　　　　　　　B. 卖出价
   C. 现钞买入价　　　　　　　　D. 现汇买入价

22. 根据《INCOTERMS2010》,下列贸易术语中装卸费都由卖方承担的是( )。
   A. CIF　　　　　　　　　　　B. FCA
   C. DDP　　　　　　　　　　　D. FOB

23. 出口公司收到银行转来的信用证后,侧重审核( )。
   A. 信用证内容与合同是否一致　　B. 信用证的真实性
   C. 开证行的政治背景　　　　　　D. 开证行的资信能力

24. 信用证所规定的信用证金额、单价及商品的数量单位,其前面如有"about"字样,允许的最大差额为( )。
   A. 10%　　　　　　　　　　　B. 5%
   C. 8%　　　　　　　　　　　　D. 15%

25. 信用证的基础是买卖合同,当信用证与买卖合同不一致时,受益人应向( )提出修改。
   A. 开证行　　　　　　　　　　B. 开证申请人
   C. 通知行　　　　　　　　　　D. 议付行

26. 《普惠制原产地证明书》(FORM A)中的原产地标准栏目,如果出口商品为完全原产品,不含有任何进口成分,出口到所有给惠国,正确填写代码是( )。
   A. "P"　　　　　　　　　　　B. "F"
   C. "Y"　　　　　　　　　　　D. "W"

27. 在落实信用证的过程中,对于出口商来说( )是必不可少的重要环节。
   A. 开证　　　　　　　　　　　B. 催证
   C. 改证　　　　　　　　　　　D. 审证

28. 下列汇票的抬头中可以经过背书转让的是( )。
   A. Pay to the order of ABC Company
   B. Pay to ABC Company only
   C. Pay to the holder
   D. Pay to bearer

29. 如果信用证没有特殊规定,商业发票的开立人和抬头分别是( )。
   A. 受益人/开证申请人　　　　　B. 开证行/开证申请人
   C. 受益人/开证行　　　　　　　D. 开证申请人/受益人

30. 出口贸易中,采用信用证和托收方式收汇时,常用的汇票是( )。
   A. 银行汇票　　　　　　　　　B. 商业汇票
   C. 商业承兑汇票　　　　　　　D. 光票

31. 下列属于受益人审核信用证的依据是( )。
   A. 合同　　　　　　　　　　　B. 开证申请书
   C. 结汇单据　　　　　　　　　D. 商业发票

根据以下资料回答 32－34 题。

某公司从国外进口钢材一批,合同规定货物分两批装运,每批分别由中国银行开立一份即期信用证。第一批货物装运后,出口方在有效期内向银行交单议付,议付行审单后向出口方议付货款,随后中国银行对议付行作了偿付。进口方在收到第一批货物后,发现货物品质与合同规定不符,因而要求开证行对第二份信用证项下的单据拒绝付款,但遭到开证行拒绝。

32. 开证行这样做是否有理?为什么?(   )
   A. 无理。开证行应该维护进口方利益
   B. 无理。开证行不应该自作主张
   C. 有理。信用证是独立于合同的自足文件
   D. 以上答案都不对

33. 关于第一批货物,进口方应如何处理(   )。
   A. 要求船公司赔偿   B. 向保险公司索赔
   C. 向议付行索要已付款项   D. 向卖方提出索赔要求

34. 是否可以要求开证行追回已经偿付的货款(   )。
   A. 可以。因为第一批货物的确与合同不符
   B. 不可以。开证行的付款是没有追索权的
   C. 不可以。因为这样做会影响公司信誉
   D. 以上答案都不对

35. 在我国外贸实务中,通常使用的信用证到期地点为(   )。
   A. 出口地   B. 进口地
   C. 第三地   D. 开证行所在地

36. 以下国际港口:Amsterdam, Manila, Hong Kong 所在国家代码分别依次为(   )。
   A. PH,HL,CN   B. HL,PH,CN
   C. PH,CN,HL   D. HL,CN,PH

37. 出口商持有远期汇票 10 000 美元,于 40 天后到期,已知银行贴现年利率为 6.5%,则贴现的利息为(   )。
   A. 71.23 美元   B. 70.23 美元
   C. 72.22 美元   D. 73.22 美元

38. 全套汇票的正本份数,应该是(   )。
   A. 一份   B. 二份
   C. 三份   D. 视不同国家而定

39. 以 CFR 术语、信用证支付方式进口一批货物,业务环节不包括(   )。
   A. 申请开证   B. 交单议付
   C. 付款赎单   D. 接货报关

根据以下信用证条款回答 40－42 题。

Applicant:Peter Flowers Corp. , Netherlands
231 Merry Street Amsterdam, Netherlands

Beneficiary: May Flowers Corp., China
18 Chung Shan Road, Shanghai, China
Documents required:
Full set of clean on board ocean bills of lading made out to order and blank endorsed, marked "freight prepaid", notify applicant.

40．该提单的收货人一栏应填制为(　　)。

A．Peter Flowers Corp., Netherlands
231 Merry Street Amsterdam, Netherlands

B．May Flowers Corp., China
18 Chung Shan Road Shanghai, China

C．to order

D．Bank of China, Shanghai Branch

41．该提单的通知人一栏应填制为(　　)。

A．Peter Flowers Corp., Netherlands
231 Merry Street Amsterdam, Netherlands

B．May Flowers Corp., China
18 Chung Shan Road Shanghai, China

C．to order

D．Bank of China., Shanghai Branch

42．按提单收货人分类,该提单属于(　　)。

A．记名提单　　　　　　　　　　B．不记名提单
C．清洁提单　　　　　　　　　　D．指示提单

43．CFR 术语下,出口商应在(　　)通过传真、电子邮件等方式,向进口商发出装运通知。

A．装运前　　　　　　　　　　B．装船完毕后
C．交单后　　　　　　　　　　D．收款后

44．信用证在汇票条款中注明"Drawn on us",出口商缮制汇票时,应将付款人作成(　　)。

A．开证行　　　　　　　　　　B．议付行
C．开证申请人　　　　　　　　D．偿付行

45．根据《UCP 600》规定,银行有权拒收于装运日期(　　)后提交的单据。

A．21 天　　　　　　　　　　　B．15 天
C．30 天　　　　　　　　　　　D．60 天

46．按《UCP 600》解释,若信用证条款中未明确规定是否"允许分批装运"、"允许转运",应理解为(　　)。

A．允许分批装运,但不允许转运　　　B．允许分批装运和转运
C．允许转运,但不允许分批装运　　　D．不允许分批装运和转运

47. 某公司收到客户开来的信用证,规定最迟装运期为"on or about Nov.15,2012",则该公司可以在(　　)发运货物。
   A. 11月15日前后各5天内　　　　　B. 11月15日前后各10日内
   C. 11月15日前后各15天内　　　　　D. 只能在11月15日当天装船

48. 一般出口商品报检最迟应于报关或装运出口前(　　)向商检机构提出申请。
   A. 6天　　　　　　　　　　　　　B. 10天
   C. 7天　　　　　　　　　　　　　D. 20天

49. 下列关于汇付的说法错误的是(　　)。
   A. 汇付属于商业信用
   B. 对于货到付款的卖方或预付货款的买方来说风险较大
   C. 买卖双方资金负担不平衡
   D. 汇付属逆汇

50. 下列关于托收的国际惯例是(　　)。
   A.《ISBP》　　　　　　　　　　　B.《INCOTERMS》
   C.《URC》　　　　　　　　　　　D.《UCP》

51.《INCOTERMS2010》中,买方自费办理货物出口结关手续的术语是(　　)。
   A. FAS　　　　　　　　　　　　　B. FOB
   C. FCA　　　　　　　　　　　　　D. EXW

52. 下列说法中与《INCOTERMS2010》相符的是(　　)。
   A. FCA是货交承运人　　　　　　　B. FAS是装运港船上交货
   C. FCA仅适用于海运　　　　　　　D. FOB适用于所有运输方式

53.《INCOTERMS2010》中,贸易术语是指"运输终端交货"的是(　　)。
   A. DAP　　　　　　　　　　　　　B. DDU
   C. DDP　　　　　　　　　　　　　D. DAT

54. 以下适合各种运输方式的贸易术语是(　　)。
   A. FOB　　　　　　　　　　　　　B. DAP
   C. CFR　　　　　　　　　　　　　D. CIF

55. 关于CIP说法错误的是(　　)。
   A. 卖方投保属于代办性质
   B. 卖方按双方在合同中约定的险别投保
   C. 如果买卖双方未在合同中明确规定投保险别,则由卖方按照惯例投保最低险别
   D. 保险金额一般是CIP货值的120%,并采用与合同相同的货币

56. 以下不属于《INCOTERMS 2010》的术语是(　　)。
   A. DAT　　　　　　　　　　　　　B. DDP
   C. DAP　　　　　　　　　　　　　D. DES

57.《INCOTERMS 2010》中,以下仅适用于海运和内河水运的术语是(　　)。
   A. FAS　　　　　　　　　　　　　B. FCA
   C. CIP　　　　　　　　　　　　　D. DAP

58. 目前最主要的国际货物运输方式是(　　)，约占国际货运总量的80%。
   A. 陆运	B. 海运
   C. 空运	D. 国际多式联运

59. 计算航空运费时，体积重量(KGS)＝货物体积(m^3)÷(　　)。
   A. 0.006	B. 0.06
   C. 0.005	D. 0.05

60. 集装箱货物交接方式中LCL/FCL的意思是(　　)。
   A. 整箱交，整箱接	B. 拼箱交，拆箱接
   C. 整箱交，拆箱接	D. 拼箱交，整箱接

61. 下列在实际业务中的应用最为广泛的提单是(　　)。
   A. 空白抬头、空白背书提单	B. 不记名提单
   C. 记名提单	D. 全式提单

62. 从承保责任范围来看，ICC(A)大致对应(　　)。
   A. 一切险	B. 水渍险
   C. 平安险	D. 战争险

63. 各种运输方式中运输时间最短、运价水平最高的是(　　)。
   A. 铁路运输	B. 海洋运输
   C. 航空运输	D. 公路运输

64. 下列构成不清洁提单的批注是(　　)。
   A. 货物装二手麻袋
   B. 强调承运人对于货物或包装性质所引起的风险不负责任
   C. 否认承运人知晓货物的内容、重量、容积、质量或技术规格
   D. 五箱水渍

65. 海运提单收货人一栏填写：ABC Trading Corp。该提单是(　　)。
   A. 记名提单	B. 指示提单
   C. 不记名提单	D. 空白抬头、空白背书提单

66. "Drawee"是指汇票当事人中的(　　)。
   A. 出票人	B. 付款人
   C. 收款人	D. 背书人

67. "Pay to ABC Company Only"是汇票的(　　)抬头。
   A. 限制性抬头	B. 指示性抬头
   C. 来人抬头	D. 空白抬头

68. "at 30 days after the date of the draft"是汇票付款日期的(　　)记载形式。
   A. 定日付款	B. 出票日后定期付款
   C. 见票日后定期付款	D. 运输单据出单日期后定期付款

69. 采用托收结算方式的买卖合同项下，出口商制单的首要依据是(　　)。
   A. 买卖合同	B. 信用证
   C. 《URC522》	D. 《UCP600》

70. 汇票按照出票人可分为（　　）。
   A. 商业汇票和银行汇票　　　　　　　B. 远期汇票和即期汇票
   C. 商业承兑汇票和银行承兑汇票　　　D. 跟单汇票和光票

71. "D/P after sight"是指（　　）。
   A. 即期付款交单　　　　　　　　　　B. 远期付款交单
   C. 承兑交单　　　　　　　　　　　　D. 承兑远期汇票

72. 在实际业务中，还盘较多围绕（　　）交易条件。
   A. 商品质量　　　　　　　　　　　　B. 商品数量
   C. 商品价格　　　　　　　　　　　　D. 付款条件

73. 下列汇票的抬头中可以经过背书转让的是（　　）。
   A. Pay to the order of ABC Company　　B. Pay to ABC Company only
   C. Pay to the holder　　　　　　　　D. Pay to bearer

74. 如汇票的见票日为6月15日，付款期限为见票日后30天，则到期日为（　　）。
   A. 7月15日　　　　　　　　　　　　B. 7月14日
   C. 7月16日　　　　　　　　　　　　D. 7月17日

75. 根据《UCP600》，信用证项下银行审单期限为（　　）个银行工作日。
   A. 3　　　　　　　　　　　　　　　B. 5
   C. 6　　　　　　　　　　　　　　　D. 8

76. 下列支付方式中属于银行信用的是（　　）。
   A. D/P　　　　　　　　　　　　　　B. L/C
   C. D/A　　　　　　　　　　　　　　D. T/T

77. 出口货物向海关申报的时间应是（　　）。
   A. 备货24小时前　　　　　　　　　　B. 装货24小时前
   C. 装货24小时后　　　　　　　　　　D. 货到目的港24小时后

78. 下列不属于出口国检验检疫机构出具的检验证书为（　　）。
   A. 原产地证明书　　　　　　　　　　B. 船舱检验证书
   C. 熏蒸检验证书　　　　　　　　　　D. 客检证

79. 下列检验证书可以作为进口国通关、享受减免关税待遇的凭证是（　　）。
   A. 兽医检验证书　　　　　　　　　　B. 卫生/健康检验证书
   C. 消毒检验证书　　　　　　　　　　D. 原产地证明书

80. 交易磋商过程中必不可少的步骤是（　　）。
   A. 发盘和接受　　　　　　　　　　　B. 询盘和发盘
   C. 还盘和接受　　　　　　　　　　　D. 发盘和还盘

二、多项选择题

1. 信用证项下作为制单和审单依据的相关国际惯例主要有（　　）。
   A. 《UCP》　　　　　　　　　　　　B. 《URR》
   C. 《ISBP》　　　　　　　　　　　　D. 《URC》
   E. 《INCOTERMS》

2. 根据《INCOTERMS2010》,由买方负担卸货费的术语有(　　)。
   A. DAT   B. DAP
   C. DDP   D. CIF/CIP
   E. CFR/CPT

3. 按照提单表面有无关于货物包装状况的不良批注,提单可分为(　　)。
   A. 记名提单   B. 清洁提单
   C. 不清洁提单   D. 不记名提单
   E. 已装船提单

4. 交易磋商的书面方式包括(　　)。
   A. 信函   B. 电话
   C. 面对面   D. 传真
   E. 电子邮件

5. 有关 CPT 术语买卖双方义务的说法错误的是(　　)。
   A. 卖方安排运输,支付运费
   B. 卖方按合同规定时间,将符合合同约定的货物交给承运人处置,并及时通知买方
   C. 卖方承担货交承运人监管之后的风险
   D. 卖方自费取得进出口许可证或其他官方许可,办理进出口相关手续
   E. 买方接受与合同相符的单据,受领货物,支付价款

6. 一家美国出口商向日本出口一批钢材,若双方约定使用 DAP 贸易术语,以下说法正确的是(　　)。
   A. DAP 是目的地交货
   B. 美国出口商在合同规定的时间将货物运至进口国指定目的地,将处在抵达的运输工具上可供卸载的货物交由买方处置时即完成交货义务
   C. 以卖方将货物交由买方处置为风险划分的界限,即货交买方处置之前的一切费用和风险由卖方承担,之后由买方承担
   D. 美国出口商自付费用办理相关出口手续,日本进口商自付费用办理相关进口手续
   E. 卖方负责提供商业发票和买方提货所需的单据

7. 根据《公约》和我国《合同法》规定,构成法律上有效的发盘必须具备(　　)要件。
   A. 有一个或一个以上特定的受盘人   B. 内容十分确定
   C. 表明发盘人愿意承受约束的意旨   D. 发盘于到达受盘人时生效
   E. 发盘于发送给受盘人时生效

8. 托收的特点包括(　　)。
   A. 托收属顺汇   B. 托收属商业信用
   C. 卖方资金压力和风险较大   D. 对买方有利
   E. 托收属逆汇

9. 信用证的受益人通常也是(　　)。
   A. 买卖合同的买方   B. 货运单据的发货人
   C. 汇票的出票人   D. 发票和装箱单的制作人

E. 买卖合同的卖方

10. 根据《公约》规定,一项发盘只要列明( ),即可被认为其内容"十分确定"。
    A. 货物
    B. 数量
    C. 价格
    D. 包装
    E. 交货期

11. 一方对另一方的发盘表示接受可以采取的方式有( )。
    A. 书面
    B. 行为
    C. 口头
    D. 缄默
    E. 声明

12. 根据《公约》,下列属于非实质性变更的有( )。
    A. 变更货物包装
    B. 变更交货地点和时间
    C. 变更赔偿责任范围
    D. 变更单据的种类或份数
    E. 要求寄送船样

13. 约首是合同的开头部分,主要包括( )。
    A. 合同名称、编号
    B. 合同文字及其效力
    C. 签约日期、地点
    D. 合同序言
    E. 当事人的名称、地址

14. 海运提单中对于货物描述说法正确的是( )。
    A. 和信用证对于货物的描述不抵触
    B. 必须要使用货物的全称
    C. 必须要和信用证中对于货物的描述完全一致
    D. 可以使用货物的统称
    E. 必须要和发票中对于货物的描述完全一致

15. 采用 CIF 术语出口时,信用证项下单据至少包括( )。
    A. 商业发票
    B. 汇票
    C. 海运提单
    D. 保险单
    E. 装箱单

16. 通常情况下,下列属于出口报检时应提供的单证有( )。
    A. 《出境货物报检单》
    B. 出口合同或订单
    C. 提单
    D. 商业发票、装箱单、信用证复印件
    E. 厂检单原件

17. 目前出口商自理报关时,出口货物报关所需单证通常包括( )。
    A. 进出口货物代理报关委托书
    B. 出口报关单
    C. 出境货物通关单
    D. 商业发票、装箱单
    E. 出口收汇核销单

18. 信用证项下,制单的正确性从银行的角度来考虑要做到"三相符",具体指( )。
    A. 单据与信用证相符
    B. 单据与贸易合同相符

C. 单据与单据相符 D. 单据与有关国际惯例相符
E. 单据与实际货物相符

19. 关于信用证项下各种单证的出单日期,下列说法正确的是( )。
A. 汇票的出票日期通常最晚,但不得晚于信用证规定的交单期和有效期
B. 商业发票的签发日期一般最早
C. 保险单的签发日期一般不得晚于提单日期
D. 保险单的签发日期可以晚于提单日期,如果保险公司在保险单上注明:"保险责任最迟至货物装船或发运和接受监督之日生效"
E. 单据的出单日期可以早于信用证的开立日期,但不得晚于该单据的提交日期

20. 进口商申请开立信用证的程序包括( )。
A. 递交有关合同副本及附件 B. 填写开证申请书
C. 缴付保证金 D. 支付开证手续费
E. 在开证申请书背面签字

21. 班轮运输最基本的特点有( )。
A. 固定的航线 B. 固定的挂靠港口
C. 固定船公司 D. 固定的船期
E. 相对固定的运价

22. 国际标准化组织推荐的标准唛头应包括的内容有( )。
A. 收货人名称的缩写或代号 B. 目的港(地)
C. 箱号或件号 D. 参考号(合同号、订单号等)
E. 原产地

23. 根据《INCOTERMS2010》,下列说法中正确的是( )。
A. FOB、CFR、CIF 都是以货物在装运港装上船为交货及风险分界点
B. FOB、CFR、CIF 三种贸易术语只适用于水上运输方式
C. FCA、CPT、CIP 三种贸易术语适用于所有的运输方式
D. FOB 和 FCA、CFR 和 CPT、CIF 和 CIP 的价格构成相同
E. CIF 和 CIP 都是不包括运费和保险费在内的价格

24. 根据《UCP600》规定,在出口业务中,卖方可以凭以结汇的装运单据有( )。
A. 提单 B. 不可转让的海运单
C. 报关单 D. 装货单
E. 空运单据

25. 进出口商在实际业务中,选用贸易术语时应考虑( )。
A. 与运输方式相适应
B. 与本国文化传统相符合
C. 考虑办理进出口货物结关手续的难易
D. 考虑运价动态
E. 考虑承运人风险控制

26. 常见的出口商(受益人)证明有(　　)。
   A. 寄单证明　　　　　　　　B. 寄样证明
   C. 保费收据　　　　　　　　D. 货物补充说明
   E. 借记通知　　　　　　　　F. 贷记通知

27. 以下单据中,对发票起补充作用的是(　　)。
   A. 装箱　　　　　　　　　　B. 尺码单
   C. 品质证书　　　　　　　　D. 保险单
   E. 重量单

28. 根据《INCOTERMS2010》,在出口国境内交货的术语有(　　)。
   A. DAT　　　　　　　　　　B. DAP
   C. CIF　　　　　　　　　　D. FCA
   E. EXW

29. 中国保险条款中属于一般附加险别的有(　　)。
   A. 淡水、雨淋险　　　　　　B. 短量险
   C. 钩损险　　　　　　　　　D. 黄曲霉素险
   E. 拒收险

30. 根据《INCOTERMS2010》,必须由卖方负担保险费的术语有(　　)。
   A. DAT　　　　　　　　　　B. DAP
   C. DDP　　　　　　　　　　D. CIF
   E. CIP

三、判断题

1. 在《INCOTERMS2010》中,DDP是卖方承担义务最多的贸易术语。(　　)
2. 保兑行具有与开证行相同的责任和地位。保兑行自对信用证加具保兑之时起,即不可撤销地对受益人承担承付或议付的责任。(　　)
3. 按CIF术语成交,尽管价格中包括至指定目的港的运费和保险费,但卖方不承担货物必然到达目的港的责任。(　　)
4. 倒签提单是指提单签发后,晚于信用证规定的交单期限才交到银行的提单,或晚于货物到达目的港的提单。(　　)
5. 航空运单、铁路运单、海运单和海运提单一样,均可背书转让。(　　)
6. 出口商不可以将发票号作为汇票的编号。(　　)
7. 办理进出口货物的海关申报手续,可以选择纸质报关单或电子数据报关单的形式,两种形式的报关单具有同等的法律效力。(　　)
8. 信用证规定目的港为Japanese Port,缮制提单时,装运港一栏应照样填Japanese Port,以免单证不符。(　　)
9. 对于成交数量较小、批次较多、交接港口分散的货物,使用租船运输比较便宜。(　　)
10. 通知行的义务是合理审慎地鉴别信用证及其修改书的表面真实性并及时、准确地通知受益人。(　　)

11. 根据汇款委托通知传递的方式不同,汇付分为电汇、信汇和票汇三种,其中电汇是实际业务中主要采用的汇付方式。(   )

12. 原产地证明必须显示发货人或出口商的名称。(   )

13. 远期信用证项下,因卖方能即期收到款项,所以汇票上的付款期限栏应打上即期(AT SIGHT)。(   )

14. 对付款人而言,承兑就是承诺按票据文义付款。汇票一经承兑,付款人就成为汇票的承兑人以及汇票的主债务人,出票人成为汇票的从债务人。(   )

15. 如果汇票上加注"货物到达后支付",则构成支付的附加条件,根据我国《票据法》,该汇票无效。(   )

16. 转让行是应第一受益人的委托,将可转让信用证转让给信用证的受让人的银行。(   )

17. 电开信用证是指开证行以标准格式缮制并通过电讯方式送达通知行的开立方式,目前广泛使用的是 MT700/701 标准格式和 SWIFT 报文传输。(   )

18. 发票中的数量、单价和金额可以冠以"大约"(about)或类似的文字。(   )

19. 副本提单一般标明"副本"(copy)或"不可转让"(non-negotiable)字样,不具有正本提单的效力。(   )

20. 信用证是银行与信用证受益人之间存在的一项契约,该契约以贸易合同为依据开立,所以信用证应受到贸易合同的牵制。(   )

21. 发盘人在其提出的订约建议中加注诸如"仅供参考"、"须以发盘人的最后确认为准"或其他类似保留条件,这样的订约建议就不是发盘,而只是发盘的邀请。(   )

22. 电子报检是指报检人使用报检软件通过检验检疫电子业务服务平台将报检数据以电子方式传输给检验检疫机构,经检验检疫业务管理系统和检务人员处理后,将受理报检信息反馈报检人,实现远程办理出入境检验检疫报检的行为。(   )

23. 买卖双方往来的业务函电也可以作为制单和审单的依据。(   )

24. 当货物使用班轮运输时,在装运条款中应规定装卸时间、装卸率和滞期费、速遣费。(   )

25. 对于需要法定商检的商品,必须在报关前完成商检手续。(   )

26. 信用证要求提供商业发票时,不得以其他种类的发票,如形式发票、厂商发票等代替。(   )

27. 在国际货物买卖合同中,约定包装时,"习惯包装"、"适合海运包装"等是常用的、比较好的规定方法。(   )

28. 合同的书面形式包括销售合同、购货确认书、备忘录、订单等形式。(   )

29. 检验检疫证书是卖方向银行结算货款的单据之一。(   )

30. 发盘的有效期仅对发盘人有约束力。(   )

31. 后 T/T 是一种有利于出口商的收汇方式。(   )

32. 保险加成是用来弥补进口商经营管理费用或预期利润的损失。(   )

33. 进口货物的收货人或其代理人应当自载运该货的运输工具申报入境之日起14天内向海关办理进口货物的通关申报手续。(   )

34. 签发国际多式联运提单的经营人,其责任只是对第一段运输负责。( )
35. 国际邮包运输具有国际多式联运和"门到门"运输的性质。( )
36. 在国际贸易中,发盘是卖方作出的行为,询盘是买方作出的行为。( )
37. 接受通知送达发盘人时已超过发盘规定的有效期,如发盘人立即予以确认,合同仍可成立。( )
38. 修改信用证时,可不必经开证行而直接由申请人修改后交给受益人。( )
39. 在票汇情况下,买方购买银行汇票寄交卖方,因采用的是银行汇票,故这种付款方式属于银行信用。( )
40. 根据《联合国国际货物销售合同公约》,受盘人在对发盘表示接受时,对发盘内容所作的任何添加或变更,均是对发盘的拒绝并构成还盘。( )
41. 根据《UCP600》,如果货物在不同时间、不同装运港装上同一航次的船,只要提单注明的装运港、装运日期不同,即使目的港相同,也属于分批装运。( )
42. 根据《UCP600》,在表示装运期时 to、till、until、between 均包括所述日期在内,而 from、before、after 则不包括所述日期在内。( )
43. 光票是指不附带货运单据的汇票,一般用于贸易从属费用、尾款、佣金等的收付。( )
44. "shipment during March,2013"意为卖方可在 2013 年 3 月 1 日至 3 月 31 日期间的任何时间出运货物。( )
45. 采用汇付方式,有关单据一般不通过银行转递,而由出口人自行寄交进口人,所以出口人采用汇付方式,一般不会有什么风险。( )
46. 自 2012 年 8 月 1 日起,我国取消使用出口收汇核销单。( )
47. 发票的抬头通常是指合同的买方。( )
48. 信用证要求提供保险单时,不得以保险凭证代替。( )
49. 受益人对于信用证修改书,可以接受其中对己有利的内容,而拒绝接受其中对己不利的内容。( )
50. 通知行审证和卖方审证是审证的两个环节,其中卖方审证是必不可少的环节,可以替代通知行审证。( )
51. 根据《INCONTERMS2010》的规定,DDP 的卖方必须办理进口和出口手续。( )
52. 在一笔具体的进出口交易中,除交易双方签订的买卖合同外,还涉及诸如运输合同、保险合同、融资合同等。( )
53. 以装运港船舷作为划分风险的界限是《INCOTERMS2010》中 FOB、CFR 和 CIF 的共同点。( )
54. 当使用集装箱运输货物时,卖方通常将货物在集装箱码头移交给承运人,而不是交到船上,这时不宜使用 FOB 术语,而应使用 FCA 术语。( )
55. 在多式联运情况下,货交承运人是指卖方在将货物交给第一承运人时即完成交货,风险也自货物交付给第一承运人时转移。( )
56. 如果全套正本提单不止一份的话,其中任何一份用于提货后,其余各份立即失

效。（　　）

57. 除前 T/T 付款方式外，进口商拿到单据后工作包括审单以及根据审单结果付款或拒付。（　　）

58. 不记名提单无须背书即可转让，在实际业务中因其方便而广泛使用。（　　）

59. 转船提单是指货物在装运港装上某一海轮后，在中转港口将货物卸下，再装上另一运输工具驶往目的地卸货的情况下签发的包括运输全程的提单。（　　）

60. 共同海损和单独海损都属于部分损失。（　　）

2014年全国国际商务单证专业考试
国际商务单证基础理论与知识试题

一、单项选择题

1. 根据《UCP 600》将信用证项下的单据所做的分类，以下不包括在内的是（　　）。
   A. 包装单据　　　　　　　　B. 保险单据
   C. 运输单据　　　　　　　　D. 商业发票

2. 按照单据形式，国际贸易单证分为（　　）。
   A. 金融单据和商业单据　　　B. 纸面单证和电子单证
   C. 基本单据和附属单据　　　D. 保险单据和包装单据

3. 根据《INCOTERMS2010》，以下适用于任何运输方式的术语是（　　）。
   A. FOB　　　　　　　　　　B. FAS
   C. FCA　　　　　　　　　　D. CFR

4. 海运提单日期应理解为（　　）。
   A. 签订运输合同的日期　　　B. 货物开始装船的日期
   C. 货物装船过程中任何一天　D. 货物装船完毕的日期

5. 根据《INCOTERMS2010》，下列贸易术语中，进口清关由卖方完成的是（　　）。
   A. EXW　　　　　　　　　　B. DAT
   C. FOB　　　　　　　　　　D. DDP

6. 海运提单的抬头是指提单的（　　）。
   A. Shipper　　　　　　　　B. Consignee
   C. Notify party　　　　　　D. Voyage no.

7. 下列不属于 T/T 的基本当事人的是（　　）。
   A. 汇款人　　　　　　　　　B. 代收行
   C. 汇入行　　　　　　　　　D. 收款人

8. 某开证行7月2日（周一）收到来自 H 公司寄来的单据，根据《UCP 600》规定，最迟的审单日期应当截止到（　　）。
   A. 7月6日　　　　　　　　　B. 7月7日
   C. 7月8日　　　　　　　　　D. 7月9日

9. 受益人审核信用证的依据是(　　)。
   A. 开证申请书　　　　　　　　　　　　B. 一整套单据
   C. 合同　　　　　　　　　　　　　　　D. 商业发票
10. 如商业汇票见票日为3月17日,见票后30天付款,则到期日为(　　)。
    A. 4月14日　　　　　　　　　　　　　B. 4月15日
    C. 4月16日　　　　　　　　　　　　　D. 4月17日
11. 承兑是(　　)对远期汇票表示承担到期付款责任的行为。
    A. 付款人　　　　　　　　　　　　　　B. 收款人
    C. 出口人　　　　　　　　　　　　　　D. 开证银行
12. 信用证的第一付款人是(　　)。
    A. 进口人　　　　　　　　　　　　　　B. 开证行
    C. 议付行　　　　　　　　　　　　　　D. 通知行
13. 某公司以CIF贸易术语进口一批货物,国外卖方提交的海运提单上有关"运费支付"一项应写成(　　)。
    A. Freight Prepaid　　　　　　　　　　B. Freight as Arranged
    C. Freight Collect　　　　　　　　　　D. Freight Payable at Destination
14. 航空运单(　　)。
    A. 代表物权,经背书可转让　　　　　　B. 代表物权,但不能转让
    C. 不代表物权,也不能凭以向承运人提货　D. 不代表物权,但可以作为提货凭证
15. 某合同以CIFC5成交,总价为100 000美元,则佣金为(　　)美元。
    A. 50 000　　B. 5 000　　C. 10 000　　D. 1 000
16. 《INCOTERMS2010》中,卖方承担的责任、费用最小的贸易术语是(　　)。
    A. EXW　　　B. DAT　　　C. CIF　　　D. FCA
17. 某公司从日本进口一套设备,合同价格1000万日元。支付日银行牌价100日元=6.12 – 6.18元人民币,该公司购汇需用(　　)人民币。
    A. 61.8万　　B. 61.2万　　C. 61.6万　　D. 60万
18. 普惠制原产地说明书(FROM A)中的原产地标准栏目,如果出口商为完全原产品,不含有任何进口成分,出口到所有给惠国,正确填写代码是(　　)。
    A. "P"　　　B. "F"　　　C. "Y"　　　D. "W"
19. 托收业务中不会涉及的当事人是(　　)。
    A. 委托人　　B. 付款人　　C. 开证行　　D. 代收行
20. 我某公司3月5日对外发盘,规定7月份装运,国外客户回电:"接受你方3月5日发盘,立即装运。"此回电是对原发盘的(　　)。
    A. 有效接受　　　　　　　　　　　　　B. 实质性变更
    C. 非实质性变更　　　　　　　　　　　D. 只是添加未作变更
21. 有出口商签发的、作为结算贷款和报关纳税依据的核心单据是(　　)。
    A. 海运提单　　　　　　　　　　　　　B. 商业汇票
    C. 商业发票　　　　　　　　　　　　　D. 海关发票

22. 某公司按 CIF London USD120 Per M/T 向英国出口数量为 1 000M/T 的散装货,国外开立信用证金额为 120 万美元且不能增减,则卖方发货(　　)。
   A. 数量和金额不能增减
   B. 数量和金额可在 5% 以内增减
   C. 数量和金额可在 10% 以内增减
   D. 数量在 9 500～10 000 公吨之间,金额不得超过 120 万美元

23. 根据《UCP600》,信用证中货物的数量规定有"约"、"大约"、"近似"或类似意义的词语时,应理解为其有关数量增减幅度不超过(　　)。
   A. 3%　　　　　B. 5%　　　　　C. 10%　　　　　D. 15%

24. 属于银行信用的国际贸易支付方式是(　　)。
   A. 汇付　　　　B. 托收　　　　C. 信用证　　　　D. 票汇

25. 在国际商务单据的分类中,根据《URC 522》,商业单据是指(　　)。
   A. 商业发票、装箱单和 GSP 产地证明书等
   B. 商业汇票、重量单和保险单等
   C. 商业发票、装箱单和商业汇票等
   D. 商业汇票、重量单和装箱单等

26. 根据《UCP600》,受益人超过提单日期后 21 天才交到银行议付的提单称为(　　)。
   A. 过期提单　　　　　　　　B. 倒签提单
   C. 预借题单　　　　　　　　D. 转船提单

27. 出口人得到托运确认后,应填制(　　)连同发票等相关单据向海关申报出口货物。
   A. 汇票　　　　　　　　　　B. 入境货物报检单
   C. 出口货物报关单　　　　　D. 装货单

28. 我方报价 CIP 纽约 USD2000/MT,对方要求 5% 佣金,改报后的含佣价为(　　)。
   A. USD 1 904.76　　　　　　B. USD 2 105.26
   C. USD 1 900.00　　　　　　D. USD 2 100.00

请根据以下内容回答 29—31 题。
买卖双方按 CIF 条件和信用证支付方式达成一项买卖粮食的大宗交易,合同规定"1～5 月份分批装运,每月装运 1 万公吨"。买方按合同规定开出信用证,卖方在 1～2 月,每月装运 1 万公吨并提交了符合信用证要求的单据。3 月份卖方因故未按时装运,而延至 4 月 20 日才装运出口。

29. 卖方 1～2 月份的交货能安全收回货款(　　)吗?
   A. 能　　　　　　　　　　B. 不能
   C. 不一定　　　　　　　　D. 卖必须出具保函

30. 根据《UCP 600》规定,关于卖方 4 月的交货说法正确的是(　　)。
   A. 只要在 4 月底前再发 1 万公吨,就可以算作 3、4 月均按时交货了
   B. 无需继续交货,因为已经无法按时结汇

C. 能否收汇不一定
D. 只要单据合格银行无权拒付

31. 根据《UCP 600》规定,以下说法正确的是( )。
   A. 3、4、5月均为交货失败
   B. 只有4、5月交货失败
   C. 4、5月仍可交货
   D. 4、5月交货后,只要单据合格,银行就无权拒付

32. 海洋运输的船舶按照运营方式一般分为租船运输和( )。
   A. 不定期运输   B. 专线运输
   C. 内河运输   D. 班轮运输

33. 信用证的汇票条款注明"drawn on us",则汇票的付款人是( )。
   A. 开证申请人   B. 开证行
   C. 议付行   D. 受益人

34. 在集装箱运输中,能够实现"门到门"运输的集装箱货物交接方式是( )。
   A. LCL/LCL   B. FCL/FCL
   C. LCL/FCL   D. FCL/LCL

35. 如信用证规定"shipment on or about 15th Oct 2013",那么装运期应为( )。
   A. 9天   B. 10天   C. 11天   D. 12天

36. 当空运货物为重货时,一般按照货物的( )作为计费重量。
   A. 实际净重   B. 体积重量
   C. 实际毛重   D. 较高重量较低运价的分界点重量

37. 根据《URC522》的分类,( )不属于进口国官方要求的单据。
   A. 原产地证明   B. 船龄证明
   C. 领事发票   D. 海关发票

38. CEPR原产地证书是指( )。
   A. 中国—东盟自贸区优惠原产地证书
   B. 中国—巴基斯坦原产地证书
   C. 中国—智利自贸区原产地证书
   D. 大陆—港澳更紧密经贸关系原产地证书

39. 下列货币代码中,分别代表了欧元、港币、英镑的是( )。
   A. EUR、SEK、GBP   B. GBP、CHF、SEK
   C. EUR、HKD、GBP   D. CHF、EUR、GBP

40. 受开证行的指示或授权,对有关代付或议付行的索偿予以照付的银行是( )。
   A. 保兑行   B. 偿付行
   C. 承兑行   D. 转让行

41. 出口商最迟于货物装运前( )天向出入境检验检疫局申请办理普惠制原产地证书。
   A. 3   B. 5   C. 7   D. 10

42. 我方某进出口公司于2014年3月15日用特快专递向美国ABC公司发盘,限2014年3月29日复到有效。3月25日下午3时同时收到ABC公司的表示接受的特快专递和撤回接受的邮件。根据《联合国国际货物销售合同合约》,对此项接受(　　)。
   A. 可以撤回
   B. 不得撤回,合同成立
   C. 在我方同意的情况下,可以撤回
   D. 以上答案都不对

43. 按照《联合国国际货物销售合同合约》,一项发盘在尚未送达受盘人之前,是可以阻止其生效的,这叫发盘的(　　)。
   A. 撤销　　B. 撤回　　C. 还盘　　D. 接受

44. 以下抬头的汇票中,可以经过背书转让的是(　　)。
   A. Pay to bearer
   B. Pay to the holder
   C. Pay to the order of XXX company
   D. Pay to XXX company only

45. 我方6月10日向国外某客商发盘,限6月15日复到,6月13日接到对方复电称,"你10日电接受,需提供船龄证明。"该接受(　　)。
   A. 属还盘
   B. 在我方缄默的情况下,则视为有效接受
   C. 属有效的接受
   D. 属询盘

46. 下列术语中,(　　)术语指卖方在指定港口或目的地的指定运输终端将货物从抵达的载货运输工具上卸下,交给卖方处置时即为交货。
   A. CPT　　B. DAP　　C. DDP　　D. CIF

47. 我国甲公司与加拿大乙公司签订出口服装销售合同,拟采用空运方式,甲公司承担将货物运至目的地的运费但不负责保险,根据《INCOTERM2010》,应采用的贸易术语是(　　)。
   A. CPT　　B. CFR　　C. FOB　　D. FAS

48. A商与B商签订一出口合同,合同中规定B商应于4月底之前来开信用证,A商应于5月20日之前装运。B商在4月28日将信用证开到,但信用证的有效期为5月15日。A商已无法在15日之前完成装运,遂电请对方展延信用证有效期为5月25日,B商同意延期,但未能通过开证行来修改。A商于5月20日完成装运并向银行议付。A商能否从银行收回货款(　　)。
   A. 可以。因为交单时间没有超过信用证规定有效期
   B. 不可以。因为超过了信用证有效交单期
   C. 具体看进口商对开证行的指示
   D. 可以。因为没有超过规定的装运期装运

49. 以下有关信用证修改程序描述,正确的是( )。
   A. 信用证的修改要由受益人通知开证行修改
   B. 信用证的修改要由通知行通知开证行修改
   C. 只要开证申请人具体要进口商对开证行的指示
   D. 可以,因为没有超过规定的装运期装运

50. 信用证的修改通知书的内容在两项以上者,受益人( )。
   A. 要么全部接受,要么全部拒绝
   B. 只能全部接受
   C. 只能全部拒绝
   D. 只能部分接受

51. 使用 L/C、D/P、D/A 三种支付方式结算贷款,就卖方的收汇风险而言,从小到大依次排序为( )。
   A. D/P、D/A 和 L/C   B. D/A、D/P 和 L/C
   C. L/C、D/P 和 D/A   D. L/C、D/A 和 D/P

52. 某公司出口电冰箱共 1 000 台,合同和信用证都规定不准分批装运。运输时有 30 台被撞,包装破裂,冰箱外观变形,不能出口。根据《UCP 600》规定,只要贷款不超过信用证总金额,交货量允许有 5% 的增减。据此,发货时可以装运( )。
   A. 1 000 台   B. 970 台
   C. 950 台   D. 1 050 台

53. 卖方自负费用、自担风险把货物运到进口国指定地点,但不负责卸货,不负担办理进口海关手续,也不支付进口关税及其他税费,应选择以下( )术语。
   A. DAT   B. DAT   C. DDP   D. CIP

54. 出口委托商代向船公司办理组船订舱,出口商须填写( )。
   A. 海运货物运输合同   B. 海运货物委托书
   C. 海运单   D. 装货单

55. 根据海关规定,进口货物的进口日期是指( )。
   A. 载货的运输工具申报的日期
   B. 货物进口报关的日期
   C. 申报货物准予提取的日期
   D. 申报货物进入海关监管仓库的日期

56. 2012 年 4 月 10 日,卖方以电子邮件形式发盘限 4 月 16 日到有效,15 日下午收到买方电子邮件要求提前 1 个月交货,次日上午又收到买方电子邮件表示完全接受原发盘。该项发盘( )。
   A. 已按卖方发盘条件达成合同
   B. 合同尚未达成
   C. 已按买方提出条件达成合同
   D. 无法判断

57. 根据《INCOTERMS2010》,一笔按 DDP 贸易术语成交的合同,以下哪个选项不是

卖方承担的义务( )。
  A. 卖方应按合同的规定将货物置于买方的控制之下
  B. 承担一切出口应付的税费
  C. 按照合同规定提供有关货物的货物凭证,并代买方销售货物
  D. 承担运输过程中的风险和费用

58. 一张商业汇票见票日为1月31日,见票后1个月付款,则到期日为( )。
  A. 2月28日   B. 3月1日
  C. 3月2日   D. 3月3日

59. 某合同价格条款规定为每公吨CIFC5新加坡100美元,这种价格是( )。
  A. 净价   B. 含佣价
  C. 离岸价   D. 折扣价

60. 进口商填写开证申请书的主要依据是( )。
  A. 发票   B. 贸易合同
  C. 订单   D. 进口许可证

61. 按《UCP600》规定,若信用证中对是否分批装运与转运未予规定,则受益人( )。
  A. 可以分批装运,也可转运
  B. 不得分批装运,也不得转运
  C. 可分批装运,但不得转运
  D. 不得分批装运,但可转运

62. FOB与FCA的主要区别是( )。
  A. 适合的运输方式不同
  B. 办理出口手续的责任方不同
  C. 负责订立运输合同的责任方不同
  D. 风险和费用是否同时转移不同

63. 出口单证中最重要的单据,能让有关当事人了解一笔交易的全貌,其他单据都是以其为依据的单据是( )。
  A. 装箱单   B. 产地证书
  C. 发票   D. 提单

64. 保兑行的责任是( )。
  A. 在开证行不履行付款义务时履行付款义务
  B. 在开证申请人不履行付款义务时履行付款义务
  C. 承担第一性的付款义务
  D. 开证行承担第一性的付款责任,保兑行承担第二性的付款责任

65. 一张有效的信用证必须规定一个( )。
  A. 装运期   B. 有效期
  C. 交单期   D. 开证日期

66. 信用证注明:10 000pcs Shirts CIFC4 Oslo at EUR 5.00/pce.,出口商在一次全部出

运后,提交的发票最终金额应写( )。
    A. EUR 50 000.00   B. EUR 480 000.00
    C. USD 50 000.00   D. USD 48 000.00

67. 某出口公司对外以 CFR 报价,如果该公司采用多式联运,应采用( )术语为宜。
    A. FCA   B. CIP   C. DDP   D. CPT

68. 出票人签发支票的金额高于其银行存款的金额,这种支票称为( )。
    A. 空头支票   B. 划线支票
    C. 现金支票   D. 转账支票

69. 进口商在货物到达目的港口后,应在运输工具进境之日起( )天内向海关申报。
    A. 3   B. 7   C. 14   D. 15

70. 发票的日期在结汇单据中应( )。
    A. 早于汇票的签发日期   B. 早于提单的签发日期
    C. 早于保险单的签发日期   D. 是最早的签发单据

71. 渣打银行东京分行开立一份 L/C,开证申请人是 ABC LTD. CO., TOKYO, JAPAN, L/C. 规定:Invoice must made out to XYZ LTD. CO., TOKYO JAPAN。出口商发票的抬头人应该做成( )。
    A. ABC LTD. CO., TOKYO, JAPAN
    B. YZ LTD. CO., TOKYO JAPAN
    C. ABC LTD. CO., TOKYO, JAPAN AND XYZ LTD. CO., TOKYO JAPAN
    D. 渣打银行东京分行

72. D/D 是( )。
    A. 信汇   B. 电汇   C. 票汇   D. 汇票

73. 就出口商的收汇时间来说,假远期信用证相当于( )。
    A. 循环信用证   B. 远期信用证
    C. 备用信用证   D. 即期信用证

74. 根据《CUP 600》规定,如果信用证使用诸如:in duplicate, in two fold, in two copies 等用语要求提交多份单据,则至少( )正本,其余使用副本即可。
    A. 三份   B. 两份   C. 十份   D. 一份

75. 《出境货物报检单》中的起运地栏目,根据规定应填报( )。
    A. 货物最后离境的口岸   B. 货物存放地
    C. 装货地   D. 原产地

76. 进口商向银行买入外汇时使用( )。
    A. 银行买入价   B. 银行卖出价
    C. 中间价   D. 以往汇率的平均值

77. 检验证书的作用不包括( )。
    A. 作为证明买方所交货物的品质、重量(数量)、包装以及卫生条件等是否符合合同

规定及索赔、理赔依据

  B. 确定检验标准和检验方法的依据
  C. 作为卖方向银行议付货款的单据之一
  D. 作为海关验关放行的凭证

78. 计算航空运费时,体积重量(KGS) = 货物体积(m^3)÷( )。
  A. 0.006   B. 0.06   C. 0.005   D. 0.05

79. 关于不能撤销信用证的修改,下列说法正确的是( )。
  A. 不容许任何形式的修改
  B. 只能在一定范围内修改
  C. 在信用证有效期内,任何一方的任何修改,都必须经过买卖双方协商一致同意后,由申请人通过开证行办理修改
  D. 买卖双方都可以直接要求开证行修改

80. 朝鲜某公司需以管道运输方式从我国进口石油,可采用( )。
  A. FAS   B. CIP   C. FOB   D. CIF

二、多项选择题

1. 国际贸易单证通常用于处理进出口货物的( )。
  A. 交付   B. 运输与保险
  C. 检验检疫   D. 报关
  E. 结汇

2. 贸易术语在国际贸易中的主要作用有( )。
  A. 简化交易手续   B. 明确交易双方责任
  C. 缩短磋商时间   D. 节省费用开支
  E. 明确风险划分界限

3. 根据《联合国国际货物销售合同公约》,构成一项有效接受的条件是( )。
  A. 须由特定的受盘人作出
  B. 可以用口头、书面的方式作出
  C. 必须与发盘条件相符
  D. 必须在发盘规定的有效期内送达发盘人
  E. 可以用行为的方式作出

4. 一方的发盘表示接受可以采取的方式有( )。
  A. 书面   B. 行动   C. 口头
  D. 缄默   E. 不行动

5. 下列贸易术语中,风险转移的界限在进口国的有( )。
  A. FCA   B. DAP   C. DOP
  D. CIP   E. CPT

6. 信用证支付方式的特点( )。
  A. 信用证是一种银行信用   B. 信用证是一种商业信用
  C. 信用证是一种自足文件   D. 信用证是一种单据的买卖

E. 以上都对

7. 按《UCP600》规定,海运提单中货物的描述( )。
   A. 只要不与信用证的描述相抵触即可
   B. 必须使用货物的全称
   C. 必须与商业发票的货物描述完全一致
   D. 符合信用证或合同,及实际货物的名称
   E. 可使用货物的统称

8. 按照《联合国国际货物销售合同公约》规定,受盘人对( )内容提出更改或添加,应被视为实质性变更发盘条件。
   A. 价格   B. 付款
   C. 质量和数量   D. 交货时间和地点
   E. 单据份数

9. 报关程序按时间先后分为三个阶段:前期阶段、进出境阶段、后续阶段。其中对进出口收发货人而言,在进出境阶段包括( )等环节。
   A. 进出口申报   B. 缴纳税费
   C. 备案   D. 配合查验
   E. 销案

10. CPT 与 CFR 的区别有( )。
    A. 交货地点   B. 适用的运输方式
    C. 风险划分界限   D. 出口结关手续
    E. 进口结关手续

11. 进出口人审核提单时,应注意的要点是( )。
    A. 提单应具备全套可转让提单并注明承运人具体名称
    B. 提单上的文字如有更改时,应有提单签署人的签字或签章
    C. 提单日期不得迟于信用证上规定的最迟装运期
    D. 提单向指定银行提示的日期,原则上不得迟于提单签发日后21天
    E. 提单日期可以早于信用证的开证日期

12. 进出口商品单价包括( )。
    A. 计量单位   B. 计算重量的方法
    C. 单位价格金额   D. 计价货币
    E. 贸易术语

13. 国际贸易单证中的"标准运输标志"包括( )。
    A. 目的地   B. 件数编号
    C. 收货人   D. 货物数量
    E. 参考号(合同号、订单号等)

14. 下列关于多式联运的说法正确的是( )。
    A. 必须一个多式联运合同
    B. 必须两种以上不同运输方式

C. 必须包括海运
D. 必须使用一份包括全程的多式联运单据
E. 必须是跨国运输

15. 下列关于海关发票的说法正确的是(　　)。
   A. 是进出商凭以报关,进口海关估价完税的凭证
   B. 是进口国海关核定货物原产地的依据
   C. 作为进口国海关编制统计资料之用
   D. 海关发票与商业发票的填制方法有差异
   E. 海关发票采用的是进口国海关要求的格式

16. 国际贸易单证工作的基本环节包括(　　)。
   A. 审单　　　　　B. 制单　　　　　C. 审证
   D. 交单　　　　　E. 归档

17. 下列(　　)抬头的汇票可以转让。
   A. PAY TO XXX CO. ONLY　　　　　B. PAY TO HOLDER
   C. PAY TO BEARER　　　　　　　 D. PAY TO XXX CO. OR ORDER
   E. PAY TO XXX CO., NOT TRANSFERBLE

18. 银行审核单的内容包括(　　)。
   A. 信用证规定的单证种类、份数是否齐全
   B. 单证、单据是否相符
   C. 单据上的装运港、目的港、装运日期等是否与信用证规定相符
   D. 单据上的商品规格、品质、金额是否与信用证规定相符
   E. 付款方、日期、运费是否与信用证相符

19. 一项有效的发盘,应该是(　　)。
   A. 向一个特定的人发出
   B. 向一个或一个以上特定的人发出
   C. 内容完整且明确肯定
   D. 表明受盘人一旦接受发盘的内容,发盘人当立即受到约束
   E. 发盘必须送达受盘人

20. 用于议付信用证项下的汇票可以是(　　)。
   A. 即期汇票　　　B. 远期汇票　　　C. 商业汇票
   D. 银行汇票　　　E. 以上都不对

21. 按《联合国国际货物销售合同公约》的规定,发盘中至少应包括(　　)。
   A. 货物名称　　　B. 货物价格　　　C. 交易数量
   D. 支付方式　　　E. 交货时间

22. 常见的原产地证明有(　　)。
   A. S/C　　　　　B. C/O　　　　　C. GSP
   D. B/L　　　　　E. S/O

23. 在出口货物装运前的(　　)环节要使用商业发票。
   A. 托运订舱　　　　B. 商品报检　　　C. 出口报关
   D. 海关查验　　　　E. 班里投保

24. 出口货物托运人缮制《国际货物托运委托书》的依据是(　　)。
   A. 外销出仓单　　　B. 销售合同　　　C. 信用证
   D. 配舱回单　　　　E. 海运提单

25. 根据《INCOTERMS2010》规定，下列贸易术语中，适用于各种运输方式的有(　　)。
   A. EXW　　　　　　B. FOB　　　　　C. CFR
   D. CPT　　　　　　E. FCA

26. 采用FPB术语出口时，信用证项下单据至少包括(　　)。
   A. 装箱单　　　　　B. 汇票　　　　　C. 海运提单
   D. 保险单　　　　　E. 商业发票

27. 进口商申请开立信用证的程序包括(　　)。
   A. 递交有关合同副本及附件　　　　B. 填写开证申请书
   C. 缴付保证金　　　　　　　　　　D. 支付开证手续费
   E. 在开证申请书背面签字

28. 以下单据中对发票起补充说明作用的有(　　)。
   A. 保险单　　　　　B. 尺码单　　　　C. 重量单
   D. 装箱单　　　　　E. 提单

29. 下列(　　)单证属于报关基本单证。
   A. 商业发票　　　　B. 贸易合同　　　C. 装箱单
   D. 保险单　　　　　E. 海运提单

30. 根据《票据法》规定，汇票上必须记载的事项包括(　　)等内容。
   A. 确定的金额　　　B. 汇票日期　　　C. 付款人名称
   D. 汇票编号　　　　E. 付款期限

三、判断题

1. 运输包装上的标志就是运输标志，也就是通常所说的唛头。(　　)
2. 在出口业务中，采用FOB上海成交，卖方只需将货物交至上海港买方指定的船上。(　　)
3. FCA、CPT和CIP三种贸易术语不仅适用于各种单一的运输方式，而且适用于多式联运。(　　)
4. 出口商采用D/A30天比采用D/P60天承担的风险要大。(　　)
5. 必须经过背书方可转让的提单是指提示提单。(　　)
6. 根据我国海洋运输货物保险条款的规定，如投保一切险，保险公司对被保险货物在海运途中由于任何外来原因造成的损坏灭失，均应负责赔偿。(　　)
7. 由生产制造厂商提供的货物出厂装箱单中显示的货物具体规格、型号、数量、毛重、净重、尺码等是缮制装箱的基本依据。(　　)

8. 票汇业务和托收业务都是商业信用,使用的都是商业汇票。(   )

9. 根据《UCP600》,除非信用证另有规定,商业发票应由开证申请人签发,必须做成受益人的抬头。(   )

10. 我公司对外发盘,其中规定"限8月15日复到"。外商接受通知于8月17日上午到达我方。根据《联合国国际货物销售合同公约》,如我公司同意接受并立即确认,合同仍可成立。(   )

11. 根据《联合国国际货物销售合同公约》的规定,买卖合同成立的一般程序是询盘、发盘、还盘、接受和签订书面合同。(   )

12. 凡是逾期送达要约人的承诺,只要要约人缄默,合同即告成立。(   )

13. 按我国有关规定,对于需要法定检验的商品,必须在报关前完成商检手续。(   )

14. 货物外包装上的运输标志需在有关的托运单、商业发票、装箱单、提单上显示,但是指示性标志、警告性表志无需在上述单据上显示。(   )

15. 一张纸质报关单上最多可打印5项商品;一张电子报关单最多允许打印15项商品。(   )

16. 以CIF出口时,如合同和信用证中无特别规定,保险单中"INSURED"一栏应填写进口商名称。(   )

17. 银行对于信用证未规定的单据将不予审核。(   )

18. 单证工作能及时反映货、船、证等业务的管理情况,为了杜绝差错事故的发生,避免带来不必要的经济损失,单证员必须加强工作责任心。(   )

19. 还盘在形式上不同于拒绝,但还盘和拒绝都可导致原发盘的失效。(   )

20. 汇票、本票、支票都可以分为即期和远期。(   )

21. 第二受益人将可转让信用证再转让回给第一受益人是不允许的。(   )

22. 一张未记载付款日期的汇票,按惯例可理解为见票后21天付款。(   )

23. 空白抬头、空白背书的提单是指提单收货人一栏内空白而不需要背书的提单。(   )

24. 如果汇票上加注"货物到达后支付",根据我国《票据法》,该汇票无效。(   )

25. 卖方发盘,限买方在6月10复到。8日下午,卖方收到买方复电,要求减价并修改交货期,次日上午又收到买方来电,接受发盘。卖方对此未做任何表示。此时,合同按卖方发盘条件已达成。(   )

26. 我某公司对外签发一张汇票,上面标明"AT 45 DAYS AFTER SIGHT",这张汇票是远期汇票。(   )

27. 交单是指在合同、信用证规定的时间,以正确的方式,将符合合同要求的单证交给正确的当事人。(   )

28. 某公司出口一批货物,合同规定2013年5月份装船。信用证规定:"shipment after April 10th till 30th"。该公司于5月7日装船,并取得提单。交单时遭遇到拒付,银行拒付是无理的。(   )

29. 出口商品检验证书的出证日期和保险单的出单日期均不得迟于提单日

期。(   )

30. 如信用证要求提供SIGNED INVOICE,则受益人必须在发票上进行签署。(   )

31. 信用证规定:FROM CHINA PORT TO LONDON。发票上应严格按照信用证要求填上"FROM CHINA PORT TO LONDON"。(   )

32. 不可撤销议付信用证列有"议付到日期",而未列有"最迟装货日",则应被理解为"双到期",即最迟装运日与到期日为同一天。(   )

33. 不使用海关发票或领事发票的国家,通常要求出口商提供原产地证明书,以确定对货物征税的税率。(   )

34. 信用证规定的装运期是6月30日,有效期是7月15日,交单期是提单日期后21天。若实际装船日6月25日,受益人可以于7月16日交单。(   )

35. 保险单据的签发日期应迟于提单签发日期。(   )

36. 发盘人在其提出的订约建议中加注诸如"仅供参考"、"须以发盘人的最后确认为准"或其他类似的保留条件,这样的订约建议就不是发盘,而只是发盘的邀请。(   )

37. 汇票经背书后,汇票的收款权利就转让给了被背书人,被背书人若日后遭拒付可向其前手行使追索权。(   )

38. 如果合同和信用证中均未规定具体唛头,货物为大宗散装货物,则发票的唛头栏可以留空不填。(   )

39. 按《UCP 600》,若信用证没有明确禁止,商业发票的出票日期可以早于信用证的开证日期。(   )

40. 信用证只规定课货物总称,发票除了要照样显示外,还可以加列详细的货名,可以与总称不一致。(   )

41. 根据《INCOTERMS 2010》的规定,FOB条件下,货物风险转移界限为装运港船上,但若因买方的原因无法按期装运,风险可以提前转移。(   )

42. 在我国,所有的进出口企业都必须亲自向海关办理报关手续。(   )

43. 根据《联合国国际货物销售合同公约》规定,采用口头发盘时,除非发盘人另有声明,受盘人应立即表示接受方为有效。(   )

44. 按FOB、CFR、CIF术语成交,货物在装运港装上船后,风险即告转移。因此,货到目的港后,买方如发现货物品质、数量、包装等与合同规定不符,卖方概不负责。(   )

45. 信用证是一种银行开立的无条件承诺付款的书面文件。(   )

46. 象征性交货的特点是卖方凭单交货,买方凭单付款。(   )

47. 《INCOTERMS 2010》中,买方责任最大的术语是EXW,最小的是DPP。(   )

48. 询盘对发盘人是没有约束力的。(   )

49. 不同运输方式下的运输单据都是承运人签发给托运人的货物收据,都是物权凭证,都可凭此向目的地承运人提货。(   )

50. 根据《INCOTERMS 2010》,在FOB术语条件下,如合同未规定"装船通知"条款,卖方将货物装船后可不发装船通知。(   )

51. 信用证支付方式中,议付行若遭开证行拒绝,不得对受益人进行追索。(   )

52. 不含佣金和折扣的价格称净价。(   )

53. 填写开证申请书,必须按合同条款的具体规定,写明对信用证的各项要求,内容要明确完整、无词义不清的记载。(　　)

54. 根据《UCP600》,凡信用证上未注明"可转让"字样的,就是不可转让信用证。(　　)

55. 货物装船后,托运人凭船公司的装货单换取已装船提单。(　　)

56. Drawee 是指汇票的出票人,一般情况下是开证行。(　　)

57. 某商品每箱体积为 30cm*40cm*50cm,毛重 Kgs,如果班轮运费计收标准为 W/M,则船公司应按尺码吨计收运费。(　　)

58. 活畜生、汽车等商品出口按重量计算运费。(　　)

59. "你方2月9日电悉,所提出的各项条件接受,另在外包装左侧刷唛头。"这则传真属于接受。(　　)

60. 出票就是出票人在汇票上写明有关内容并签名的行为。(　　)

2015年全国国际商务单证专业培训考试
国际商务单证基础理论与知识试题

一、单项选择题(总共80小题,每小题0.5分,共40分。单项选择题的答案只能选择一个,多选不得分,请在答题卡上将相应的选项涂黑)

1. 《URC522》将单据分为金融单据和(　　)两大类。
   A. 商业单据　　B. 运输单据　　C. 保险单据　　D. 官方单据

2. 现行的《国际贸易术语解释通则》是于(　　)生效的。
   A. 2010年　　B. 1990年　　C. 2011年　　D. 2014年

3. 我方公司与外商成交,选用贸易术语为 CIF Shanghai,办理保险一方应为(　　)。
   A. 我方公司　　B. 外商　　C. 两方应协商决定　　D. 以上均不正确

4. 按《INCOTERMS 2010》,CIP 术语买卖双方风险划分的界限是(　　)。
   A. 装运港船上　　B. 目的港船上　　C. 目的港码头　　D. 货交承运人

5. 根据《INCOTERMS2010》,下列贸易术语中装卸费都由卖方承担的是(　　)。
   A. CFR ex ship's hold　　B. CFR ex tackle
   C. CIF landed　　D. CIF liner terms

6. 根据《2010年通则》,DAT 是(　　)。
   A. 指定目的港交货　　B. 指定目的地交货
   C. 目的地交货　　D. 运输终端交货

7. 跨境 B2C 的全称是(　　)。
   A. Business to Customer　　B. Business to Company
   C. Business to Corporation　　D. Business to Chamber

8. 2015年3月国务院批复同意的中国首个跨境电子商务综合试验区设在(　　)。
   A. 杭州　　B. 上海　　C. 北京　　D. 广州

9. 某商品出口价格为每公吨 2 500 美元 CIF 香港减 2% 折扣,可写成 USD 2500 Per M/T CIF HONGKONG less 2% Discount。则商品折实售价(　　)。
   A. 2 500　　　　　B. 5 000　　　　　C. 2 450　　　　　D. 3 000
10. 国际货物买卖合同的基本内容不包括(　　)。
   A. 约首　　　　　　　　　　　　　　　B. 本文
   C. 约尾　　　　　　　　　　　　　　　D. 适用于《UCP600》的申明
11. 为了供进口商检查并确定是否应征收"反倾销税",信用证要求提供(　　)
   A. 汇票　　　　　　　　　　　　　　　B. 商业发票
   C. 领事发票　　　　　　　　　　　　　D. 厂商发票

根据以下资料回答第12 - 14 小题

我某外贸公司向巴基斯坦一公司以 CIF 条件出口一批货物,国外来证中对单据条款规定如下:商业发票一式两份;全套清洁已装船海运提单,注明"运费预付",做成指示抬头、空白背书;保险单一式两份,按照中国人民保险公司海洋运输保险条款投保一切险和战争险。信用证内注明按《UCP600》办理。外贸公司在信用证规定的装运期内将货物装上船,并于到期日前向议付行交单议付,议付行随即向开证行寄单索偿。开证行收到单据后来电表示拒绝付款。

12. 开证行拒绝是否合理?为什么?(　　)
   A. 合理。商业发票上没有签字。
   B. 合理。正本提单是一份,不符合全套要求。
   C. 不合理。单证相符且单单相符。
   D. 以上都不正确。
13. 根据《UCP600》规定,银行有权拒收于装运日期(　　)后提交的单据。
   A. 21 天　　　　　B. 15 天　　　　　C. 30 天　　　　　D. 60 天
14. 为符合全套单证要求,需要提交几份正本提单?(　　)
   A. 1 份　　　　　B. 2 份　　　　　C. 3 份　　　　　D. 4 份
15. 信用证项下,制单的正确性从银行的角度来考虑要做到"三相符",不包括(　　)。
   A 单据与贸易合同相符　　　　　　　　B. 单据与信用证相符
   C. 单据与单据相符　　　　　　　　　　D. 单据与有关国际惯例相符
16. 国际贸易单证常用代码中国家和地区名称采用两字母代码,其中 GB 表示(　　)。
   A. 英国　　　　　B. 德国　　　　　C. 刚果　　　　　D. 阿联酋
17. 《INCOTERMS2010》中 THC 是指(　　)。
   A. 理舱费　　　　　　　　　　　　　　B. 集装箱码头装卸作业费
   C. 滞期费　　　　　　　　　　　　　　D. 速遣费
18. 信用证在表达数量时,如果使用了"approximately"字样,应理解为有关数量的增减幅度为(　　)。
   A. 5%　　　　　　B. 10%　　　　　C. 15%　　　　　D. 20%

19. 下列说法中与《INCOTERMS2010》相符的是( )。
   A. DDP 指运输终端交货
   B. FOBT 指船上交货并理舱
   C. FCA 适用于所有运输方式
   D. FAS 是装运港船上交货

20. 根据《INCOTERMS2010》,下列贸易术语中由买方负担卸货费的术语有( )。
   A. DAP   B. CIF   C. CPT   D. DAT

21. 根据《INCOTERMS2010》,下列说法中不正确的是( )。
   A. FOB、CFR、CIF 都是以货物在装运港装上船为交货及风险分界点
   B. FOB、CFR、CIF 三种贸易术语只适用于水上运输方式
   C. FCA、CPT、CIP 三种贸易术语适用于所有的运输方式
   D. CIF 和 CIP 的价格构成不相同

22. 汇票的支付委托书应当是书面的,不可以( )。
   A. 手写   B. 印刷   C. 铅笔书写   D. 打字

23. 下列( )"抬头"的汇票不可转让。
   A. Pay to A Co. Only
   B. Pay to A Co. Or order
   C. Pay to bearer
   D. Pay to holder

24. 下列不属于远期汇票的有( )
   A. 定日付款
   B. 出票后定期付款
   C. 见票即付
   D. 见票后定期付款

25. 下面属于海运单的特征的是( )。
   A. 物权凭证
   B. 运输合同的证明
   C. 背面一般印有各种条款
   D. 可以背书转让

26. 汇票的出票日期不能晚于( )。
   A. 信用证有效期
   B. 信用证开证日期
   C. 信用证规定的装运期
   D. 保险单的出单日期

27. 如果合同和信用证没有特殊规定,一般原产地证书由( )出具。
   A. 外汇管理局   B. 检验检疫局   C. 工商局   D. 海关总署

28. 根据我国有关规定,出口商最迟于货物出运( )天前向签证机关申请办理原产地证书。
   A. 5   B. 4   C. 2   D. 3

29. 即期汇票的主要票据行为不包括( )。
   A. 提示   B. 承兑   C. 付款   D. 出票

30. 进出口商在实际业务中,选用贸易术语时应考虑的因素不包括( )。
   A. 考虑运价动态
   B. 考虑承运人风险控制
   C. 与本国文化传统相符合
   D. 与运输方式相适应

31. 以下关于 CIF 说法错误的是( )
   A. 卖方投保属于代办性质

B. 卖方按双方在合同中约定的险别投保
C. 如果买卖双方未在合同中明确规定投保险别，则由卖方按照惯例投保最低险别
D. 保险金额一般是CIF货值的120%，并采用与合同相同的货币

32. 以下不属于国际多式联运特点的是(　　)。
   A. 必须是国际上的货物运输
   B. 必须包括海运
   C. 必须包括两种及以上的运输方式
   D. 必须有一张全程运输单据

根据以下材料回答33－35题：

我某公司于7月5日向外商发盘，以每套40美元CIF纽约的价格提供泳装800套，限7月15日复到有效。7月10日收到外商回电称价格太高，若每套30美元可接受，7月14日又收到外商来电："接受你方7月5日的发盘，信用证已开出。"此时正值市价上涨，我方未予回应。其后外商认为我方违约，要求赔偿损失。

33. 根据《联合国国际货物销售合同公约》,7月10日收到的外商回电是(　　)。
    A. 还盘　　　　B. 询盘　　　　C. 接受　　　　D. 发盘

34. 根据《联合国国际货物销售合同公约》,7月14日收到的外商的接受是(　　)。
    A. 有效的　　　　　　　　　　B. 无效的
    C. 承诺　　　　　　　　　　　D. 表明合同订立

35. 根据《联合国国际货物销售合同公约》,本案(　　)。
    A. 合同成立
    B. 我方应赔偿外商损失
    C. 合同是否成立必须由买卖双方协商决定
    D. 合同不成立

36. 下列属于非实质性变更的有(　　)。
    A. 交货时间　　　　　　　　　B. 赔偿责任范围
    C. 包装的改变　　　　　　　　D. 货物重量

37. 象征性交货意指卖方的交货义务是(　　)。
    A. 不交货　　　　　　　　　　B. 既交单又实质性交货
    C. 凭单交货　　　　D. 实质性交货

38. 根据《URC522》的分类,(　　)不属于买方要求说明货物及相关情况的单据。
    A. 品质证书　　　　　　　　　B. 船龄证明
    C. 原产地证明　　　　　　　　D. 寄单证明

39. 我国《票据法》规定,持票人对出票人和承兑人的权利,应当在票据到期日(　　)起内行使。
    A. 一年　　　　B. 两年　　　　C. 三年　　　　D. 四年

40. 通常用于来料加工和来件装配业务的信用证是(　　)。
    A. 可转让信用证　　　　　　　B. 循环信用证
    C. 对开信用证　　　　　　　　D. 对背信用证

41. 下列不属于国际保理业务所涉及的一般当事人的是( )。
   A. 供应商　　　　　　　　　　B. 申请人
   C. 出口保理商　　　　　　　　D. 进口保理商

42. 根据 GRIF 的规定,进口保理商应当于收账款到期日后的第( )天向出口保理商全额支付已核准的应收账款。
   A. 30　　　　B. 60　　　　C. 90　　　　D. 120

43. 汇票规定见票日为 4 月 5 日,付款期限为见票日后 30 天,则付款到期日是( )。
   A. 5 月 3 日　　B. 5 月 4 日　　C. 5 月 5 日　　D. 5 月 6 日

44. 经过背书才能转让的提单是( )。
   A. 记名提单　　B. 不记名提单　　C. 指示提单　　D. 清洁提单

45. 信用证规定装运期限为 5 月份,有效期为 6 月 1 日,没有规定交单期。出口公司装船后,提单签发日为 5 月 12 日,出口人应于( )前(包括当日)去交单。
   A. 5 月 28 日　　B. 6 月 1 日　　C. 6 月 2 日　　D. 5 月 29 日

根据以下资料回答 46—48 题:

我某对外工程承包公司某年 10 月 5 日以电传请美国某供应商发盘出售钢材一批,我方在电传中声明:要求这一发盘是为了计算一项承造大楼的标价和确定是否参加投标之用。我方必须于 10 月 18 日向招标人递交投标书,招标人的开标日期为 10 月 31 日。美国供应商于 10 月 8 日向我发盘,我方据以计算标价,并于 10 月 18 日向招标人递交投标书。由于国际市场价格上涨,10 月 22 日美国供应商来电要求撤销其 10 月 8 日的发盘,我方当即表示不同意撤盘。于是,双方为能否撤销发盘发生争执,及至 10 月 31 日招标人开标,我方中标,随即以电传通知美国供应商接受其 10 月 8 日发盘,但美国供应商坚持该发盘已于 10 月 22 日撤销,合同不能成立;而我方则坚持合同已经成立。对此,双方争执不下,于是提交仲裁。试分析此案应如何处理? 说明理由。

46. 此案中,美商发盘未规定有效期,按《联合国国际货物销售合同公约》,理解发盘有效期为( )。
   A. 在合理时间内有效　　　　　B. 什么时候接受均可
   C. 10 月 18 日　　　　　　　　D. 10 月 31 日

47. 根据《联合国国际货物销售合同公约》,美商的发盘是( )。
   A. 可以撤销,因其撤销发盘通知到达发盘人时,发盘人尚未对发盘表示接受
   B. 不能撤销,因国际市场钢材价格已经上涨
   C. 不能撤销,因受盘人已本着对发盘人的信赖采取了行动
   D. 可以撤销,因双方还未签约

48. 根据《联合国国际货物销售合同公约》,如果你是仲裁员,应判( )。
   A. 工程承包公司胜诉
   B. 美商胜诉
   C. 本案中,双方各有责任,各打 50 大板
   D. 本案中,双方各有责任,美商责任大些,工程承包公司责任小些

49. 货物装船完毕后,承运人或其代理人应托运人的要求。由承运人或其代理人签发提单,但签发的日期早于该批货物实际装船的日期,这种提单是(　　)。
    A. 过期提单   B. 倒签提单
    C. 预借提单   D. 电放提单
50. 上海某进出口公司对外以 CFR 报价,如果公司采用多式联运,应采用(　　)术语为宜。
    A. FCA   B. CIP   C. CPT   D. DDP
51. 提单的抬头是指提单的(　　)。
    A. 托运人   B. 被通知人   C. 收货人   D. 收款人
52. 班轮运费的计收标准有多种,其中(　　)表示按货物重量、尺码或价值三者中选择最高一项。
    A. W/M   B. W/M or Ad Val
    C. Ad Val   D. Open Rate
53. 信用证规定"Shipping documents must show P/O NO. 1356",卖方制作(　　)时,可不显示此 P/O NO.。
    A. 保险单   B. 发票   C. 空运单   D. 汇票
54. Generalized system of preferences certificate of origin 是(　　)。
    A. 一般原产地证书
    B. ECFA 原产地证书
    C. 《中国—东盟自由贸易区》优惠原产地证书
    D. GSP 产地证
55. 当买卖双方采用信用证方式结算时,受益人应对照合同仔细检查,如发现信用证与买卖合同有重大的不一致时,受益人应要求(　　)。
    A. 通知行修改   B. 开证行修改
    C. 开证申请人修改   D. 议付行修改
56. 我国法定的度量衡制度是(　　)。
    A. 公制   B. 国际单位制
    C. 英制   D. 美制
57. 信用证有效兑付方式不包括(　　)。
    A. 汇票   B. 承兑支付
    C. 议付   D. 延期支付
58. 海关对进口货物凭出入境检验检疫机构签发的(　　)办理海关通关手续。
    A. 进口许可证   B. 进口货物报关单
    C. 查验通知   D. 入境货物通关单
59. 我方对外报价 CIF London GBP 100/DOZ,对方要求改报为 CIFC5 价格,求在保证我方原收益不变的条件下,应报多少(　　)?
    A. 95   B. 100   C. 105   D. 105.26
60. 国际商会《2010 年国际贸易术语解释通则》明确规定,"最低保险金额须为合同规定的价款加( )"。

A. 10% B. 20% C. 30% D. 40%

61. 根据《UCP600》第八条规定,( )自对信用证加具保兑之时起即不可撤销的承担承付的责任。

A. 保兑行 B. 通知行 C. 议付行 D. 开证行

62. 协会货物条款的英文缩写是( )。

A. PICC B. ICC C. CIC D. CCPIT

63. 开证行向申请人收取保证金有几种方法,下面说法错误的是( )。

A. 申请人与开证行有业务往来,资信好,或办理了抵押、质押手续的,或有其他金融机构、有实力的公司为其出面担保的,开证行免收保证金

B. 申请人与开证行有业务往来,但账户金额有限,或有过不良记录,信誉欠佳,或首次申请开证义无担保或抵押品、质押品的,开证行要收取全额保证金。

C. 申请人在开证行的账户余额或抵押品或质押品小于开证金额,或担保人不愿全额担保等,开证行要收取一定比例的保证金。

D. 申请人在开证行的账户余额或抵押品或质押品小于开证金额,或担保人不愿全额担保等,开证行不应收取保证金。

64. percentage credit amount tolerance 是信用证总金额浮动的规定,05/05 表示的是( )。

A. 允许上下浮动5% B. 允许上浮5%
C. 允许下浮5% D. 不允许浮动

65. 出口贸易中,采用信用证和托收方式收汇时,常用的汇票是( )。

A. 银行汇票 B. 商业汇票
C. 商业承兑汇票 D. 光票

66. 法国某公司受联合国世界卫生组织委托,将数台法国产运输设备运至我国天津。我在进口报关单起运国和原产国栏目分别填报( )。

A. 联合国,法国 B. 法国,法国
C. 法国,联合国 D. 联合国,联合国

67. ( )是买卖双方交接货物的主要依据和支付货款的唯一凭证。

A. 提单 B. 信用证 C. 商务单证 D. 发票

68. 海运提单中,价格条件为( )时,应有"freight collect"字样。

A. CFR 或 CIF B. FCA 或 FOB
C. CFR 或 FCA D. CIF 或 FOB

69. 按照有关规定,对不同包装种类的货物混装在一个集装箱内,这时货物的总件数显示数字之和,包装种类用统称( )来表示。

A. Cartons B. Pieces C. Packages D. Pallets

70. 如果信用证允许货物装在舱面,而提单也已经载明"on deck"的,保险单也应注明"on deck"。此时,应加保( )附加险,保险公司才付赔偿责任。

A. "special additional risk" B. reject risk

C. jettison and/or washing overboard　　　　D. war risk

71. 明佣是在买卖合同或发票等有关单证上公开表明的佣金,下面关于明佣的表示正确的是(　　)。
    A. CIF3%　　B. CCIF3%　　C. CIFC3%　　D. 不在发票等有关单证上显示

72. 以 FOB 术语、信用证支付方式进口一批货物,业务环节不包括(　　)。
    A. 申请开证　　B. 交单议付　　C. 付款赎单　　D. 接货报关

73. 在买卖合同的检验条款中,关于检验时间和地点的规定,使用最多的是(　　)。
    A. 在出口国检验　　B. 在进口国检验
    C. 在出口国检验,进口国复检　　D. 在第三国检验

74. 某批出口货物发票总金额为 CIF 12 000 美元,信用证规定按发票金额110%投保一切险和战争险,两种险的费率合计为0.6%,其保险费应为(　　)。
    A. 70　　B. 72　　C. 79.2　　D. 80

75. 根据《UCP600》规定,海运提单的签发日期应理解为(　　)。
    A. 货物开始装船的日期　　B. 货物装船完毕的日期
    C. 货物装运过程中的任何一天　　D. 运输合同中的装运日

76. 某合同以 CFRC5 成交,总价为 15 000 美元,则佣金额为(　　)美元。
    A. 75　　B. 77　　C. 770　　D. 750

77. 出口报关的时间应是(　　)。
    A. 装船前　　B. 装船后
    C. 货到目的港后　　D. 交单后

78. 惠普制原产地证明书(FORM A)中的原产地标准栏目,如果出口商品为完全原产品,不含有任何进口成分,出口到所有给惠国,正确填写代码是(　　)
    A. "P"　　B. "F"　　C. "Y"　　D. "W"

79. 某公司从日本进口一套设备,合同价格1000万日元。支付日银行牌价100日元=6.12−6.18元人民币,该公司购汇需用(　　)人民币。
    A. 61.8万　　B. 61.2万　　C. 61.6万人民币　　D. 60万

80. 非信用证方式收汇时,一般将合同的(　　)做为发票的抬头人。
    A. 买方　　B. 卖方　　C. 第一受益人　　D. 第二受益人

二、**多项选择题**(总共30小题,每小题1分,共30分。多项选择题的答案多选、少选、错选均不给分,请在答题卡上将相应的选项涂黑)

1. 商业发票中的标准运输标志是由哪几部分组成(　　)。
   A. 收货人简称　　B. 贸易业务参考号
   C. 目的地名称　　D. 件数编号
   E. 收货地址

2. 需要签署的商业发票有(　　)。A. 用于对外收汇的商业发票
   B. 信用证要求"signed invoice"时
   C. 信用证要求"manually signed invoice"

D. 发票上有"we certify that…"时

E. 用于报关,退税等国内管理环节的发票

3. 海运提单按照收货人可以分为( )。

A. 记名提单　　　　　　　　　　　B. 直达提单

C. 联运提单　　　　　　　　　　　D. 不记名提单

E. 指示提单

4. 下列属于出口货物租船订舱过程的核心单据有( )。

A. 商业发票　　　　　　　　　　　B. 出口货物报关单

C. 出口货物订舱委托书　　　　　　D. 通关单

E. 装箱单

5. 班轮运费包括基本运费和附加运费两个部分。基本运费的计算标准包括( )。

A. 重量法　　　B. 体积法　　　C. 选择法　　　D. 从价法

E. 按件法

6. 由于构成班轮运费的各种因素经常发生变化,船公司采取征收各种附加费的办法以维持其营运成本,下列属于班轮附加运费的有( )。

A. 燃油附加费　　　　　　　　　　B. 货币附加费

C. 港口拥挤费　　　　　　　　　　D. 转船附加费

E. 直航附加费

7. 关于佣金计算方法,下列说法正确的有( )。

A. 按成交价的百分率计算　　　　　B. 按成交数量支付一定金额

C. 按发票金额的百分率计算　　　　D. 按FOB/FCA货值为基数计算

E. 按交货时国际市场价格计算

8. 包装单据的作用主要有( )。

A. 用于银行结汇　　　　　　　　　B. 公证行查验货物的参考资料

C. 进口商核对货物的依据　　　　　D. 海关查验货物的凭证

E. 反映货物包装件号内的花色搭配

9. 出口商证明主要包括( )。

A. 寄单证明　　　B. 装运通知　　　C. 借记通知　　　D. 贷记通知

E. 海关发票

10. 国际贸易单证工作的基本环节包括( )。

A. 制单　　　B. 审单　　　C. 审证　　　D. 归档

E. 交单

11. 《INCOTERMS2010》中,以下哪种术语适用于任何单一运输方式或多种运输方式( )。

A. EXW　　　B. FAS　　　C. CFR　　　D. DAT

E. CPT

12. 缮制和审核国际贸易单证的主要依据包括( )。

A. 买卖合同　　　　　　　　　　　B. 信用证

C. 有关商品的原始资料 D. 相关国际惯例
E. 相关国内管理规定及国外客户要求

13. 国际货物买卖合同中单据条款的基本内容包括( )。
   A. 单据的种类 B. 单据的份数
   C. 对单据出具人的要求 D. 单据关键内容的缮制要求
   E. 单据转移的要求

14. 关于 DAP 术语说法错误的是( )。
   A. 是《INCOTERMS2000》中的术语
   B. 卖方按合同规定时间,将符合合同约定的货物从抵达指定目的地的运输工具上卸下交由买方处置,即完成交货
   C. 卖方自费取得进出口许可证或其他官方许可,办理进出口相关手续
   D. 仅适用于水上运输
   E. 卖方负责提供商业发票及买方能够收取货物的凭证

15. 常用的国际贸易付款方式有( )。
   A. 汇付 B. 汇票 C. 本票 D. 托收
   E. 跟单信用证

16. 下列属于区域性互惠原产地证书的有( )。
   A. 中国—东盟自贸区产地证 B. 亚太贸易协定产地证
   C. CEPA 产地证 D. ECFA 产地证
   E. GSP 产地证

17. 常用的船公司证明包括( )。
   A. 运费证明 B. 船龄证明 C. 已装船证明 D. 船籍证明
   E. 航程证明

18. 按《联合国国际货物销售合同公约》的规定,发盘的内容至少要包括( )。
   A. 货物名称 B. 货物规格 C. 货物包装 D. 货物数量
   E. 货物价格

19. 关于国际贸易中交易磋商的一般程序,下列说法正确的是( )。
   A. 接受不可以撤回但可以撤销
   B. 接受的撤销以撤销通知先于接受或与接受通知同到达发盘人为限
   C. 如果受盘人已经本着对发盘的信赖采取了行动,则发盘不可撤销
   D. 变更发盘的交货时间、地点属于实质性变更了发盘内容
   E. 商业广告本身就是一项发盘

20. 根据《公约》和我国《合同法》规定,构成法律上有效的发盘必须具备( )要件。
   A. 有一个或一个以上特定的受盘人
   B. 内容十分确定
   C. 表明发盘人愿意承受约束的意旨
   D. 发盘于到达受盘人时生效

E. 发盘于发送给受盘人时生效

21. 发盘效力终止的原因有（　　）。
A. 在有效期内未被接受而过时　　　　B. 受盘人拒绝
C. 有效的撤销　　　　　　　　　　　D. 受盘人还盘
E. 不能控制的因素所致,如战争.发盘人死亡.法人破产等

22. 在实际业务中,汇票付款日期的记载形式主要有（　　）。
A. 见票即付　　　　　　　　　　　　B. 定日付款
C. 出票日后定期付款　　　　　　　　D. 见票日后定期付款
E. 运输单据出单日期后定期付款

23. 装运通知的内容一般有（　　）。
A. 合同号　　　　　　　　　　　　　B. 船名、航次
C. 装运港、开航日期　　　　　　　　D. 货物基本情况
E. 投保的险别

24. 《UCP600》将信用证项下的单据分为（　　）。
A. 运输单据　　　　　　　　　　　　B. 金融单据
C. 商业发票　　　　　　　　　　　　D. 保险单据
E. 其他单据

25. 下列国家代码正确的是（　　）。
A. 中国 CN　　B. 日本 JPY　　C. 德国 DE　　D. 英国 GBP
E. 巴西 BR

26. 下列货币代码错误的是（　　）。
A. 美元 US　　B. 韩元 KR　　C. 欧元 EUR　　D. 加元 CAD
E. 港元 HKD

27. 根据《托收统一规则》,下列属于金融单据的有（　　）。
A. 汇票　　　B. 本票　　　C. 支票　　　D. 发票
E. 运输单据

28. 下列贸易术语中由买方支付运费的是（　　）。
A. CIF　　　B. FOB　　　C. FAS　　　D. FCA
E. EXW

29. 按照提单表面有无关于货物包装状况的不良批注,提单可分为（　　）。
A. 记名提单　　　　　　　　　　　　B. 清洁提单
C. 不清洁提单　　　　　　　　　　　D. 不记名提单
E. 已装船提单

30. 进口商对于信用证项下单据不符的处理通常有（　　）。
A. 接受不符点,对外付款
B. 允许受益人在有效期内更改单据
C. 同意降价后接受单据并付款
D. 改为货到后经检验再付款

E. 凭国外议付行书面担保后付款,保留追索权

三、判断题(总共60小题,每小题0.5分,共30分。答案为"是"的,请在答题卡上涂A,答案为"否"的,请在答题卡上涂B)

1. 商业发票是进口结汇的中心单据,也是制作其他单据的基础。( )
2. 若商业发票货物名称是"100% Cotton towel",则提单货物描述可以"Towel"。( )
3. 商业发票是进口方向出口方开列的发货价目清单,是买卖双方记账的依据,也是进出口报关交税的总说明。( )
4. 原产地证明必须显示发货人或出口商的名称。( )
5. 如果信用证要求是"certified invoice",则商业发票的名称可以只显示 INVOICE。( )
6. 可转让信用证的发票抬头可用第一受益人名称替换原证中的开证申请人名称。( )
7. 信用证在表示数量时如果用了"ABOUT"字样,应理解增减幅度为5%。( )
8. 信用证规定"blue cotton wears"发票上可以显示"colored cotton wears"。( )
9. 若信用证规定货名为 MACHINE,发票误打成 MASHINE,开证行不应据以拒付。( )
10. 租船合约提单不是一个完整的独立文件,它受租船合同条款的约束,是否代表物权凭证完全取决于租船合同所订立的内容。( )
11. 多式联运单据可以分为可流通形式和不可流通形式,可流通形式的第一程多是海运运输,可以凭此作为提货依据。( )
12. 当信用证规定货名为 DRIRD GRAPE 时,发票写成 RAISIN 不构成不符点。( )
13. 出口收汇使用的汇票金额不得涂改,不允许加盖校正章。( )
14. 国际标准化组织推荐使用几何图形作为运输标志。( )
15. 使用 FCA、FAS、FOB 术语时,卖方无订立保险合同的义务,但应向买方提供取得保险所需信息。( )
16. 买卖合同是买方申请开立信用证的基础。在非信用证支付方式下,买卖合同是出口商凭以制单的依据。( )
17. 若信用证要求单据"in duplicate",则该单据必须有一份正本。( )
18. 折扣是卖方给予买方的价格减让。一般是以原价格为基础,扣除一定的百分比来算出实际应付价款。( )
19. 如果价格中含有佣金,一般应以净价为投保基数。( )
20. 形式发票也称预开发票,可以用于托收和收汇。( )
21. 花色搭配单(Assortment List)是一种出口商证明。( )
22. 如果信用证规定"beneficiary certified copy of shipping advice",则受益人不必签署。( )
23. 出口商证明的抬头人一般写为 TO WHOM IT MAY CONCERN。( )

24. 若我方进口商品单价写为 USD100/MT FOB TIANJIN 是正确的。（   ）
25. 重量单如冠以 Certificate of Weight，应加注证明句"We certify that the weights are true and correct."。（   ）
26. 包装单据通常不需要签署。（   ）
27. 信用证规定贸易术语为 CFR New York，提单上运费栏目应为 Freight Prepaid。（   ）
28. FCA/CIP 术语下，办理保险者应为卖方/买方。（   ）
29. 根据《INCOTERMS2010》，贸易术语 DDP 中装卸费由卖方承担。（   ）
30. 根据《INCOTERMS2010》，贸易术语 DAT 中由买方负担卸货费。（   ）
31. 如发票金额为 USD10000，投保加成率为 10%，保险费率为 0.5%，则保险费为 USD55。（   ）
32. 在实际业务中，经常会遇到外商要求我方在报净价的基础上，改报含佣价。含佣价 = 净价 * (1 - 佣金率)（   ）
33. 一般原产地证书就是 GSP 证书。（   ）
34. 根据《INCOTERMS2010》，DAT、DAP 是在出口国境内交货的术语。（   ）
35. 保险凭证是一种简化的保险单，其背面是空白的，没有保险条款，所以保险凭证与海运保险单不具有同等的法律效力。（   ）
36. 根据我国检验检疫的有关规定，出口商应最迟于货物出口前 3 天向签证机构申请办理普惠制产地证书。（   ）
37. 按 CFR 术语成交，尽管价格中包括至指定目的港的运费和保险费，但卖方不承担货物必然到达目的港的责任。（   ）
38. 我国法律不允许持票人采用"空白背书"的方式转让票据权利。（   ）
39. 信用证是以买卖合同为基础，开证行只对信用证负责，不受合同约束。（   ）
40. 根据《INCOTERIS2010》，贸易术语 CPT 买卖双方风险划分界限为货交承运人。（   ）
41. 交易磋商的一般程序中，询盘和接受是必不可少的环节。（   ）
42. 国际货物买卖合同中的商品单价包括计价货币、佣金率、单位价格金额、贸易术语。（   ）
43. 如果受盘人甲将发盘转让给乙公司，则乙公司可以直接向发盘人表示接受。（   ）
44. 约首是合同的开头部分，一般包括合同名称和编号、签约日期和地点、合同当事人的名称和地址等。（   ）
45. 法定检验是指由我国检验检疫机构依法对规定的进出口商品和有关检验检疫事项进行的强制性检验。（   ）
46. 根据《UCP600》，信用证项下银行审单期限为 10 个银行工作日。（   ）
47. 一般而言，办理报检手续在先，办理报关手续在后。（   ）
48. 合同和确认书是书面合同的主要形式，二者具有同等法律效力。（   ）
49. 一项发盘，即使是不可撤销的，也可以撤回，只要撤回的通知在发盘送达受盘人

以前或同时送达受盘人。(　　)

50. 进口人在申请开证时,不需要支付开证手续费。(　　)

51. 根据我国《票据法》的规定表明,汇票必须记载收款人名称。(　　)

52. 出票人签发的支票金额不得超过其签发时在付款人处实有的存款金额。(　　)

53. T/T 是指汇付方式中的电汇。(　　)

54. 托收方式中的托收行通常是进口地银行。(　　)

55. 可转让信用证只能转让一次,第二受益人不能再将信用证转让给他人,也不能重新转让给第一受益人。(　　)

56. 使用假远期信用证时,受益人可以即期全额收汇。(　　)

57. 银行保函只能用于国际货物买卖合同的货款支付。(　　)

58. 不可转让海运单是海上运输合同,货物收据和物权凭证,可以凭以提货,但不能背书转让。(　　)

59. 一般银行不接受信用证项下的过期提单,所以过期提单是无效提单。(　　)

60. 惠普制产地证中原产地标准一栏如填写"P",表示完全原产品。(　　)

Ⅱ 操作题

2009年 单证操作题

一、根据合同内容审核信用证,指出不符之处并提出修改意见。

SALES CONTRACT

THE SELLER: NO. YH08039
  SHANDONG YIHAI IMP. & EXP. CO., LTD.   DATE: DEC. 1, 2008
  NO. 51 JINSHUIROAD, QINGDAO, CHINA   SIGNED AT: QINGDAO, CHINA
THE BUYER:
  LINSA PUBLICIDAD, S. A.
  VALENCIA, 195 BAJOS. 08011. BARCELONA, SPAIN

This Sales Contract is made by and between the Sellers and the buyers, whereby the sellers Agree to sell and the buyers agree to buy the under-mentioned goods according to the terms and Conditions stipulated below:

Commodity &Specification	Quantity	Price Terms	
		Unit Price	Amount
CARDHOLDER DYED COW LEATHER BLACK BROWN	5000PCS 8000PCS	FOB QINGDAO USD1.45/PC USD1.50/PC	USD 7250.00 USD12000.00 USD 19250.00
Total amount: U. S. DOLLARS NINETEEN THOUSAND TWO HUNDRED AND FIFTY ONLY			

Packing: 1PC/POLYBAG, 500PCS/CTN   **Shipping Mark**:   L. P.
Time of Shipment: DURING JAN. 2009 BY SEA
BARCELONA
                              NOS. 1 - 26
Loading port and Destination: FROM QINGDAO TO BARCELONA
Partial Shipment and Transshipment: ALLOWED
Insurance: TO BE EFFECTED BY THE BUYER.
Terms of Payment: THE BUYER SHALL OPEN THROUGH A BANK ACCEPTABLE TO

THE SELLER AN IRREVOCABLE SIGHT LETTER OF CREDIT TO REACH THE SELLER 30 DAYS BEFORE THE MONTH OF SHIPMENT AND TO REMAIN VALID FOR NEGOTIATION IN CHINA UNTIL THE 15th DAY AFTER THE FORESAID TIME OF SHIPMENT.

ISSUE OF DOCUMENTARY CREDIT

27: SEQUENCE OF TOTAL: 1/1
40A: FORM OF DOC. CREDIT: IRREVOCABLE
20: DOC. CREDIT NUMBER: 103CD137273
31C: DATE OF ISSUE: 081215
40E: APPLICABLE RULES: UCP LATEST VERSION
31D: DATE AND PLACE OF EXPIRY: DATE 090202 PLACE IN SPAIN
51D: APPLICANT BANK: BANCO SANTANDER, S.A.
   28660 BOADILLA DEL BARCELONA, SPAIN
50: APPLICANT: LINSA PUBLICIDAD, S.A.
   VALENCIA, 195 BAJOS. 08011. BARCELONA, SPAIN
59: BENEFICIARY: SHANDONG YIHAN IMP. & EXP. CO., LTD.
   NO.51 JINSHUI ROAD, QINGDAO, CHINA
32B: AMOUNT: CURRENCY EUR AMOUNT 19250.00
41A: AVAILABLE WITH...BY ANY BANK IN CHINA BY NEGOTIATION
42C: DRAFTS AT... 30 DAYS AFTER SIGHT
42A: DRAWEE: LINSA PUBLICIDAD, S.A.
43P: PARTIAL SHIPMTS: NOT ALLOWED
43T: TRANSSHIPMENT: NOT ALLOWED
44E: PORT OF LOADING: ANY CHINESE PORT
44F: PORT OF DISCHARGE: VALENCIA, SPAIN
44C: LATEST DATE OF SHIPMENT: 090115
45A: DESCRIPTION OF GOODS
 GOODS AS PER S/C NO. YH08036 DATED ON DEC.1, 2008
 CARDHOLDER DYED COW LEATHER
 BLACK COLOUR/8000PCS AT USD1.45/PC FOB QINGDAO
 BROWN COLOUR/5000PCS AT USD1.50/PC FOB QINGDAO
 PACKING: 200PCS/CTN
46A: DOCUMENTS REQUIRED
 1. SIGNED COMMERCIAL INVOICE IN 3 COPIES
 2. CERTIFICATE OF ORIGIN GSP FORM A ISSUED BY OFFICIAL AUTHORITIES
 3. PACKING LIST IN 3 COPIES
 4. FULL SET CLEA ON BOARD BILLS OF LADING MADE OUT TO ORDER MARKED

FREIGHT PREPAID AND NOTIFY APPLICANT

    5. INSURANCE POLICY/CERTIFICAE IN DUPLICATE ENDORSED IN BLANK FOR 100% INVOICE VALUE COVERING ALL RISKS AND WAP RISK AS PER CIC.

47A： ADDITIONAL CONDITIONS

    1. BILL OF LADING ONLY ACCPTABLE IF ISSUED BY ONE OF THE FOLLOWING SHIPPING COMPANIES：KUEHNE – NAGLE（BLUE ANCHOR LINE）VILTRANS（CHINA）INT'L FOREARDING LTD. OR VILTRANS SHIPPING（HK）CO., LTD.

71B：CHARGES：ALL CHARGES ARE TO BE BORN BY BENEFICIARY

48： PERIOD FOR PRESENTATION：WITHIN 5 DAYS AFTER THE DATE OF SHIPMENT, BUY WITHIN THE VALIDITY OF THIS CREDIT

49： CONFIRMATION INSTRUCTION：WITHOUT

经审核信用证需要修改的内容如下：

二、根据已知资料指出下列单据中错误的地方。

已知资料(1)：

SALES CONTRACT

Contract No.：HJT090218
Date：FEB. 18, 2009
Signed at：Nanjing, China

    The Seller：NANJING JINLING TEXTILE CO., LTD.
    Address： UINT A 18/F, JINLING TOWER, NO, 118 JINLING ROAD, NANJING, CHINA
    The Buyer：DEXICA SUPERMART S. A.
    Address： BOULEVARD PACHECO 44, B – 1000 BRUSSELS, BELGIUM

This Sales Contract is made by and between the Seller and the Buyers, whereby the sellers Agree to sell and buyers agree to buy the under-mentioned good according to the terms and Conditions stipulated below：

Commodity and specifications	Quantity	Unit Price	Amount
GIRLS GARMENTS	10800PCS	CIF BRUSSELS EUR5.00/PC	EUR54000.00

10% more or less in quantity and amount are acceptable.
Packing： IN CARTON   **Shipping Mark**：N/M.
Time of Shipment：Within 30 days after receipt of L/C.
From NINGBO PORT CHINA to BRUSSELS, BELGIUM
Transshipment and Partial Shipment：Allowed.
Insurance：to be effected by the Seller for 110% of full invoice value covering all risks up to

port Of destination and war risks include with clam payable at destination.

Terms of Payment: By 100% Irrevocable Letter of Credit in favor of the Sellers to be available By sight draft to be opened and to each china before APRIL 1 ,2009 and to remain valid for Negotiation in china until 21 days after the foresaid Time of Shipment. L/C must mention this Contract number L/C advised by BANK OF CHINA JIANGSU BRANCH. ALL banking Charges Outside China are for account of the Buyer.

The Seller　　　　　　　　　　**The Buyer**
NANJING JINLING TEXTILE CO. , LTD.　　**DEXICA SUPERMART S. A.**
钟山　　　　　　　　　　**ALICE**

已知资料(2)：

1. 装运信息：指定 APL 承运，装期 2009.04.19；船名 PRINCESS；航次 V.018
2. 装箱资料：合计 108 箱，装入 1X20' 集装箱。
3. 商业发票号：NJT09180205，签发日期 2009 年 4 月 10 日。
4. 信用证号：CMKK9180205

1. 一般原产地证

(1) Exporter (full name address and country) DEXICA SUPERMART S. A. BOULEVARD PACHECO 44 B – 1000 BRUSSELS, BELGUIUM		Certificate No.　CCPIT 09180528 **CERTIFICATE OF ORIGIN** **OF** **THE PEOPLE'S REPUBLIC OF CHINA**		
(2) Consignee(full name address and country) NANJING JINLING TEXTILE CO. , LTD. UNITA18/F , JINLINGTOWER , NANJING , CHINA				
(3) Means of transport and route FROM NANJING CHINA TO BRUSSELS, BELGIUM BY AIR		(5) For certifying authority use only		
(4) Country/region of destination CHINA				
(6) Marks and No. DEXICA S/C NJT090218	(7) Number and kind of packages; Description of goods LADIES GARMENTS PACKED IN (108) TWO HUNDRED AND EIGHT CARTONS ONLY. *********************** **	(8) H.S. code 6204430090	(9) Quantity 10080 DOZEN	(10) Number And date of Invoices NJT090218 APR. 9 , 2009

(11) Declaration by the exporter	(12) Certification
The undersigned hereby declares that the above Details and statements are correct; that all the goods Were produced in china and they comply with the Rules of origin of the people's republic of china. NAJING JINLING TEXTILE CO. ,LTD. ZHOU SHAN　　　　　　　　(出口商申请章) NANJING APR. 15,2009 Place and date, signature and stamp of certifying authority	It is hereby certified that the declaration by the Exporter is correct. CHINA COUNCIL FOR THE PROMOTION OF INTERNATIONAL TRADE JIAN LIAN CHENG　　　　(CCPT 签证章) NAJING CHINA APR. 16. 2009 Place and date, signature and stamp of certifying authority

2. 保险单

中国人民保险公司江苏省分公司
THE PEOPLE'S INSURANCE COMPANY OF CHINA JIANGSU BRANCH
货物运输保险单
CARGO TRANSPORTATION INSURANCE POLICY

发票号（INVOICE NO.）　NJT090218－09　　　　　　　保单号次　PYIE2006080
合同号（CONTRACT NO.）　　　　　　　　　　　　　　POLICY NO.
信用证号（L/C NO.）：CCPIT 091810528

别保险人：Insured：NANJING JINLING TEXTILE LTD.

中国人民保险公司(以下简称本公司)根据被保险人的要求，由被保险人向本公司缴付约定的保险费，按照本保险单承保险别和背面所载条款与下列特款承保下述货物运输保险，特立本保险单。

THIS POLICY OF INSURANCE WITNESSES THAT THE PEOPLE'S INSURANCE COMPANY OFCHINA(HEREINAFTER CALLED "THE COMPANY") AT THE REQUEST OF THE INSURED AND INCONSIDERATION OF THE AGREED PREMIUM PAID TO THE COMPANY BY THEINSURED, UNDERTAKES TO INSURE THE UNDERMENTIONED GOODS IN TRANSPORTATIONSUBJECT TO THE CONDITIONS OF THIS OF THIS POLICY ASPER THE CLAUSES PRINTEDOVERLEAF AND OTHER SPECIL CLAUSES ATTACHED HEREON.

标记 MARKS&NOS	包装及数量 QUANTITY	保险货物项目 DESCRIPTION OF GOODS	保险金额 AMOUNT INSURED
DEXICA S/C NJT090218	10800 DOZEN	LADIES GARMENTS	USD54000.00

总保险金额 TOTAL AMOUNT INSURED：US DOLLARS FIFTY FOUR THOUSANDS ONLY

保费　　　　　　　　　　　　　启运　　　　　　　　装载运输工具
AS ARRANGED　DATE OF COMMENCEMENT：APR 09,2009　PER CONVEYANCE：PRINCESS V.018
　　自　　　　　　　经　　　　　　　至
FROM；　NANJIMG PORT CHINA　　VIA　－－－－　TO　BRUSSELS,BELGIUM
承保险别：CONDITIONS；Covering F. P. A up to PORT OF DESTINATION.
所保货物，如发生保险单项下可能引起索赔的损失或损坏，应立即通知本公司下述代理人查勘。如有索赔，应向本公司提交保证单本(保险单共有 3 份正本)及有关文件。

IN THE EVENT OF LOSS OR DAMAGE WITCH MAY RESULT IN A CLAIM UNDER THIS POLICY, IMMEDIATE NOTICE MUST BE GIVEN TO THE COMPANY'S AGENT AS MENTIONED HEREUNDER. CLAIMS, IF ANY, ONE OF THE ORIGINAL POLICY WHICH HAS BEEN ISSUED IN 3__ ORIGINAL(S) TOGETHER WITH THE RELEVENT DOCUMENTS SHALL BE SURRENDERED TO THE COMPANY. IF ONE OF THE ORIGINAL PO;ICY HAS BEEN ACCOMPLISHED. THE OTHERS TO BE VOID.

中国人民保险公司广州市分公司
THE PEOPLE'S INSURANCE COMPANY OF CHINA JIANGSU
BRANCH 赔款偿付地点
CLAIM PAYABLE AT　Nanjing,CHINA
出单日期 ISSUING DATE　APR.50,2009

王天华
Authorized Signature

一般原产地缮制错误的地方有：

保险单缮制错误的地方有：

三、请根据银行来证及货物明细，缮制出口单据。（每小题8分，共40分）
1. 货物明细　　商品名称：Trolley Cases

货号	TS503214	TS503215	TS503216
产地		Dalian China	
商标		TAISHAN	
包装		1 pc in 1 PE bag;3pcs/CTN	
箱子尺寸	53.5×37×79.5cm	53.5×34.5×82cm	48×32.5×78.5cm
	0.1573cbm	0.151cbm	0.1225cbm
箱子尺寸(总)	57.8864cbm	57.833cbm	58.8cbm
净重/毛重(个)	4KG/4.6KG	3.5KG/4KG	3KG/3.5KG
净重/毛重(总)	4416KG/5078.4KG	4021.5KG/4596KG	4320KG/5040KG
数量	1104PCS	1149PCS	1140PCS
单价	USD6.50	USD6.00	USD5.80
金额	USD7176	USD6894	USD8352
集装箱容量	Qty/40'FCL:368ctns	Qty/40'FCL:383ctns	Qty/40'FCL:480ctns

发票号码：TSI081005　　发票日期：2008-8-5　　授权签字人：张平
装运船名：DONGFENG　　航　　次：V.369　　装船日期：2008-8-23
运输标志：ORTAI
　　　　　TSI0601005
　　　　　NEW YORK
　　　　　C/NO.1-1231
原产地标准："P"

2. 信用证相关内容

27: Sequence of Total: 1/1
40A: Form of Documentary Credit: IRREVOCABLE
20: Documentary Credit Number: N5632405TH11808
31C: Date of issue: 080715
31D: Date and Place Expiry: 080909 CHINA
51D: Applicant Bank: CITY ANTIONAL BANK

133 MORNINGSIDE AVE NEW YORK, NY 10027 Tel: 001-212-865-4763
50: Applicant: ORTAICO., LTD
    30 EAST 40TH STREET, NEW YORK, NY 10016
    TEL: 001-212-992-9788 FAX: 001-121-992-9789
59: Beneficiary: DALIAN TAISHAN SUITCASE & BAG CO., LTD.
66 ZHONGSHANROAD DALIAN 116001, CHINA TEL: 0086-0411-84524789
32B: Currency Code Amount: USD 22422.00
41D: Available With/By: ANY BANK IN CHINA BY NEGOTIATION
42C: Drafts at: SIGHT
42D: Drawee: ISSUING BANK
43P: Partial Shipments: NOT ALLOWED
43T: Transhipment: NOT ALLOWED
44E: Port Of Loading: DALIAN, CHINA
44F: Port Of. Discharge: NEW YORK, U.S.A
44C: Latest date of Shipment: 080825
45A: Description of Goods and/or Services:
    CIF NEWYORK TROLLEY CASES AS PER SC NO. TSSC0501005
46: Documents Required
    + MANUALLY SIGNED COMMERCIAL INVOICE IN 2 COPYES INDICATING L/C NO. AND CONTRACT NO. CERTIFYNG THE CONTENTS IN THIS INVOICE ARE TRUE AND CORRECT
    + FULL SET OF ORIGINAL CLEAN ON BOARD MARINE BILLS OF LADIING MADE OUT TO ORDER, ENDORSED ON BANK MARKED FREIGHT PREPAID AND NOYIFY APPLICANT
    + PACKING LIST IN 2COPYES ISSUED BY TJE BENEFICIARY
    + ORIGINAL GSPFORM A CERTIFICATE OF ORIGIN ON OFFICIAL FORM ISSUDE BY A TRADE AUTHORITY OR GOVERNMENT BODY
    + INSURANCE POLICIES OR CERTIFICATES IN DUPLICATE, ENDORSRD IN BANK FOR 110 PER CENT OF INVOICE VALUE COVERING ICC CLAUSES(A0
    + MANUFA CTURER'S QUALITY CERTIFICATE CERTIEYING THE

COMMODITY IS IN GOOD ORDER.

+BENEFICIARY'S CERTIFICATE CERTIFYING THAT ONE SET OF COPIES OF SHIPPING DOCUMENTS HAS BEEN SRNT TO APPLICANT WHTHIN 5DAYS AFTER SHIPMENT.

47A: Additional Conditions

+UNLESS OTHERWISE EXPRESSLY STATED, ALL DOCUMENTS MUST BE IN ENGLISH

+ANY PROCEED OF PRESNTATIONS UNDERTHIS DC WILL BE SETTLED BY TELETRANSMISSION AND A CHARGE OF USD50.00(OR CURRENCY EQUIVALENT) WILL BE DEDUCTED.

49: Confirmation Instructions: WITHUT

57D: Advise Through Bank: BANK OF CHINA DALIAN BRANCH

72: Sender to Receiver Information:
DOCUMENTS TO BE DESPATCHED BY COURIER SERVICE IN ONE LOT TO CITY NATIONAL BANK

3. 制作下列单据

(1) 质量证明

DALIAN TAISHAN SUITCASE & BAG CO., LTD.
66 ZHONGSHAN ROAD DALIAN 116001, CHINA
TEL:00886-0411-84524789

(2) 商业发票

Issuer		商 业 发 票 COMMERCIAL INVOICE		
TO		Invoice No,		Date
Transport Details		S/C NO.		L/C NO.
Marks and Numbers	Description of goods	Quantity	Unit Price	Amount

TOTAL VALUE IN WORDS:

(3) 装箱单

Issuer			装 箱 单 PACKING LIST		
TO			Invoice No.		Date
			S/C NO.		L/C NO.
Marks and Numbers	C/NOS.	Number and Kind of Packages; Description Of Goods	Quantity	G. W. (KGS)	N. W. (KGS)	MEAS. (CBM)
Total						

TOTAL PACKAGES IN WOEDS:

(4) 惠普制产地证

			Reference No. T200510819
1. Goods consigned from (Exporter's full name And address, country)			GENERALIZED SYSTEM OF PREFERFNCES CERTIFICATE OF ORIGIN (Combined declaration and certificate) **FORMA**
2. Goods consigned to (Consignee's Full name, Address, country)			Issued in _____ (Country) See Notes. Overleaf
3. Means of transport and route (as for as known)			4. For certifying authority use only
5. Item number	6. Marls and Numbers of Packages	7. Number of packages; Description of goods	8. Origin Criterion (see Notes Overleaf)	9. Gross Weight Or other Quantity	10. Number And date Of invoices

11. Certification It is hereby certified that the declaration by the Exporter is correct. CIQ .... Place and date, signature and stamp of Certifying authority	12. Declaration by the exporter The undersigned hereby declares that the Above Details and statements correct, that All the Goods were produced in .... and that they Comply with the origin requirements specified for those goods in the Generalized System of references for Goods exported to ＿＿＿＿＿＿＿ 　　　　　　　　　　　　　(importing country) .... Place and date, Signature and stamp of Authorized signatory

（5）受益人证明

DALIAN TAISHAN SUITCASE & BAG CO., LTD.

66 ZHONGSHAN ROAD DALIAN 116001, CHINA
TEL:00886 - 0411 - 8452789

2010年全国国际商务单证员专业考试
国际商务单证缮制与操作试题

一、根据下列合同内容审核信用证，指出不符之处，并提出修改意见。

SALES CONTRACT

THE SELLER:	NO. WILL09068
SHANGHAI WILL TRADING. CO. LTD.	DATE:JUNE. 1,2009
NO. 25 JIANGNING ROAD, SHANGHAI, CHINA	SIGNED AT:SHANGHAI, CHINA

THE BUYER:
NU BONNETERIE DE GROOTE
AUTOSTRADEWEG 6 9090 MEUEBELGIUM

This Sales Contract is made by and between the Sellers and the Buyers, whereby the sellers agree to sell and the buyers agree to buy the under-mentioned goods according to the terms and conditions stipulated below:

Commodit&Specification	Quantity	Price Terms	
		Unit price	Amount
WORK SHORT TROUSERS – 100 PCT COTTON TWILL AS PER ORDER D0900326, WORK SHORT TROUSERS – 100 PCT COTTON TWILL AS PER ORSER D0900326,	3000 PCS	CIF ANTWERP USD10.50/PC	USD31 500.00
	5000 PCS	USD12.00/PC	USD60 000.00
TOTAL:	8000 PCS		USD91 500.00
Total amount: U.S. DOLLARS NINETY ONE THOUSAND FIVE HUNDRED AND FIFTY ONLY			

Packing: IN CARTONS OF 50 PCS EACH   shipping Mark: AT SELLER'S OPTION
Time of Shipment: DURING AUG.2009 BY SEA
Loading Port and Destination: FROM SHANGHAI,CHINA TO ANTWERP,BELGIUM
Partial Shipment and Transshipment: ARE ALLOWED
Insurance: TO BE EFFECTED BY THE SELLER FOR 110 PCT OF INVOICE VALUE AGAINST ALL RISKS AND WAR RISK AS PER CIC OF THE PICC DATED 01/01/1981.
Terms of Payment: THE BUYER SHALL OPEN THROUGH A BANK ACCEPTABLE TO THE SELLER AN IRREVOCABLE SIGHT LETTER OF CREDIT TO REACH THE SELLER 30 DAYS BEFORE THE MONTH OF SHIPMENT AND TO REMAIN VALIDFOR NEGOTIATION IN CHINA UNTIL THE 15thDAY AFTER THE FORESAID TIME OF SHIPMENT.

                    SELLER   BUYER
         SHANGHAI WILL TRADING CO.,LTD   NU BONNETERIE DE GROOTE
                     张平   LJSKOUT
                 ISSUE OF DOCUMENTARY CREDIT

27: SEQUENCE OF TOTAL: 1/1
40A: FORM OF DOC. CREDIT: IRREVOCABLE
20: DOC. CREDIT NUMBER: 132CD6372730
31C: DATE OF ISSUE: 090715
40E: APPLICABLE RULES: UCP LATEST VERSION
31D: DATE AND PLACE OF EXPIRY: DATE 090910 PLACE IN BEL GIUM
51D: APPLICNT BANK: ING BELGIUM NV/SV(FORMERLY BANK
             BRUSSELS LAMBERT SA), GENT
50: APPLICANT: NU BONNETERIE DE GROOTE
             AUTOSTRADEWEG 6
             9090 MELLE BELGIUM
59: BENEFICIARY: SHANGHAI WILL IMPORT AND EXPORT CO.,LTD

NO. 25 JIANGNING ROAD, SHANGHAI, CHINA
32B: AMOUNT: CURRENCY USD AMOUNT 19 500.00
41A: AVAILABLE WITH BUY   ANY BANK IN CHINA BY NEGOTIATION
42C: DRAFTS AT   30 DAYS AFTER SIGHT
42A: DRAWEE: NU BONNETERIE DE GROOTE
43P: PARTLAL SHIPMTS: NOT ALLOWED
43T: TRANSSHIPMENT: ALLOWED
44E: PORT OF LOADING: ANY CHINESE PORT
44F: PORT OF DISCHARGE: ANTWERP, BELGIUM
44C: LATEST DATE OF SHIPMENT: 090815
45A: DESCRIPTION OF GOODS
+3000 PCS SHORT TROUSERS – 100PCT COTTON TWILI EUR10.50/PC AS PER ORDER D0900326 AND SALES CONTRACT NUMBER WILL09068.
+5000 PCS SHORT TROUSERS – 100PCT COTTON TWILL AT EUR12.00/PC AS PER
ORDER D0900327 AND SALES CONTRACT NUMBER WILL09069.
SALES CONDITIONS: CFR ANTWERP
PACKING: 50PCS/CTN
46A: DOCUMENTS PEQUIRED
1. SIGNED COMERCLAL INVOICES IN4ORGINAL AND4 COPIES.
2. FULL SET OF CLEAN ON BOARD OCEAN NILLS OFLADING, MADE OUT TO ORDER, BLANK ENDORSED, MARKED FREIGHT COLLECT NOTIFY THE APPLICANT.
3. CERTIFICATE OF ORIGIN.
4. PACKING LIST IN QUADRUPLICATE STATING CONTENTS OF EACH PACKGE SEPARARTELY.
5. INSURANCE POLICY/CERTIFICATE ISSUED IN DUPLICATE IN NEGOTLABLE FORM, COVERING ALL RISKS, FROM WAREHOUSE TO WAREHOUSE FOR 120PCT OF INVOICE VALUE. INSURANCE POLICY/CERTIFICATE MUST CLEEARLY STATE IN THEBODY CLAIMS, IF ANY PAYABLE IN BELGIUM IRRESPECTIVE OF PERCENTAGE.
47A: ADDITIONAL CODITIONS
1. ALL DOCUMENTS PRESENTED UNDER THIS LC MUST BE ISSUED IN ENGLISH.
2. IN CASE THE DOCUMENTS CONTAIN DISCREPAEPANCIES, WE RESERVE THE RIGHT TO CHARGE DISCREPANCY FEES AMOUNTING TO EUR 75 OR EQUIVALENT.
71B: CHARGES: ALL CHARGES ARE TO BE BORN BY BENEFICIARY
48:   PERIOD FOR PRESENTATION: WITHIN 5 DAYS AFTER THE DATE OF SHIPMENT, BUT WITHIN THE VALIDTY OF THIS CREDIT

49： CONFIRMATION INSTRUCTION：WITHOUT
经审核信用证后存在的问题如下：

_____
_____
_____

二、用所给资料审核并修改已填制错误的汇票、提单

资料：
BENEFICIARY：ABC LEATHER GOODS CO，LTD.
　　　　　　 123 HUANGHE ROAD，TLANJIN CHINA
APPLICANT：XYZ TRADING COMPANY
　　　　　　 456 SPAGNOLI ROAD，NEW YORK 11747 USA
……
DRAFTS TO BE DRAWN AT 30 DAYS AFTER SIGHT ON ISSUING BANK FOR 90% OF INVOICE VALUE.
……
YOU ARE AUTHORIZED TO DRAWN ON ROYAL BANK OF NEW YORK FOR DOCUMENTARY IRREVOCABLE CREDIT NO. 98765 DATED APR. 15,2009. EXPRITY DATE MAY31, 2009 FOR NEGOTIATION BENEFICIARY.
AVAILABLE WITH ANY BANK IN CHINA BY NEGOTIATION
……
FULL SET OF CLEAN ON BOARD OCEAN BILLS OF LADING，MADE OUT TO ORDER，BLANK ENDORSED AND MARKED FREIGHT PREPAID NOTIEY APPLICANT.
……
INSURANCE POLICY/CERTIFICATE IN DUPLICATE FOR 110 PCT OF INVOICE VALUE COVERING ALL RISKS AND WAR RISK OF THE PICC DATED01/01/1981

GOODS：5,000 PCS OF LEATHER BAGS PACKED IN 10 PCS/CARTON
……
合同号：ABC234
信用证号：DT905012
发票号：1234567
发票日期：2009年5月5日
发票金额：USD108000 CIF NEW YORK
装运港：TIANJIN CHINA
目的港：NEW YORK USA

装船日期:2009 年 5 月 15 日
开船日期:2009 年 5 月 15 日
发票签发人:ABC LEATHER GOODS CO, LTD.
              ALICE
G. W:2408KGS
NW:2326KGS
MEASUREMENT:21.70CBM
NO OF PACKAGES:500 CARTONS
船名、航次号:SUN V. 126
提单号码:CNS010108895
集装箱号/封号:YMU259654/56789
运输标记: XYZ
             1234567
            NEW YORK
            NOS. 1—500
保险单号码:HMOP09319089

汇票:

BILL OF EXCHANGE

凭   信用证号
Drawn under:XYZ TRANING COMPANY   L/C NO.89765
日期
Dated:May 15,2009
号码   汇票金额   中国天津
NO. **123456**   Exchange for USD108,000.00 shanghai, china Date:June 1, 2009
见票   日后(本汇票之副本未付)付交
At ****** sight of this FIRST of Exchange (Second of Exchange being unpaid)
Pay to the order of **BANK OF CHINA,TIANJIN BRANCH**
金额
the sum of   US DOLLARS ONE HUNDRED AND EIGHT THOUSAND ONLY

此致
To:XYZ TRANING COMPANY   ABC LEATHER GOODS CO;
                                                                   ALICE

提单：

Shipper Insert Name, Address and Phone ABC LEATHER GOODS CO., LTD. 123 HUANGHE ROAD, TIANJIN CHINA		B/L No. CNS010108895	
Consignee insert Name, Address and Phone XYZ TRADING COMPANY 456 SPAGNOLI ROAD, NEW YORK11747 USA		中远集装箱运输 有限公司 COSCO CONTAINER LINES TLX:33057 COSCO CN FAX: +86(021)6545 8984 ORIGINAL	
Notify Party Insert Name, Address and Phone XYZ TRADING COMPANY456 SPAGNOLI ROAD, NEW YORK11747 USA			
Ocean Vessel Voy. No. SUN V.126	Port of Loading SHANGHAI	Port-to-Port BILL OF LADING Shipped on board and condition except as other-...	
Port of Discharge LONG BEACH	Port of Destination		
Marks & Nos. Container/Seal No.	No. of Containers or Packages	Description of Goods	Gross Weight Kgs	Measurement
XYZ 1234567 LONG BEACH NOS. 1-500 YMU259654/56789	5,000 PCS	LEATHER GOODS-FREIGHT PREPAID	2400KGS	20.70CBM
		Description of Contents for Shipper's Use only (Not part of this B/L Contract)		
Total Number of containers and/or packages (in words) SAY FIVE THOUSAND PCS ONLY				
Ex. Rate:	Prepaid at	Payable at LONG BEACH	Place and date of issue TIANJIN MAY.30,2009	
	Total Prepaid	No. of Original B(s)/L THREE(3)	Singed for the Carrier COSCO CONTAINER LINES +++	
LADEN ON BOARD THE VESSELDATE: LINES DATE: MAY.30,2009		BY: COSCO CONTAINER +++		

三、根据已知资料缮制商业发票、装箱单、装船通知

1. 信用证资料

ISSUE OF DOCUMENTARY CREDIT

27: SEQUENCE OF TOTAL: 1/1

40A: FORM OF DOC. CREDIT: IRREVOCABLE

20: DOC. CREDIT NUMBER: KLMU1234
31C: DATE OF ISSUE: 090728
40E: APPLICABLE RULES: UCP LATEST VERSION
31D: DATE AND PLACE OF EXPIRY: DATE 090915 PLACE CHINA
51D: APPLICANT BANK: NATIONAL COMMERCIAL BANK, JEDDAH
50: APPLICANT: ALOSMNY INTERNATIONAL TRADE CO.
      177 ALHRAM STREET SECOND FLOOR – G102A EGYPT 12111
59: BENEFICIARY: ABC COMPANY, SHANGHAI
      NO.11 CHANGCHUN ROAD, SHANGHAI, CHINA
32B: AMOUNT: CURRENCY USD AMOUNT 28820.00
41A: AVAILABLE WITH. BY ANY BANK IN CHINA BY NEGOTIATION
42C: DRAFTS AT SIGHT FOR FULL INVOICE VALUE
42A: DRAWEE: ISSUINF BANK
43P: PARTIAL SHIPMT: NOT ALLOWED
43T: TRANSSHIPMENT: NOT ALLOWED
44E: PORT OF LOADING: SHANGHAI, CHINA
44F: PORT OF DISCHARGEl: SAID, EGYPT
44C: LATEST DATE OF SHIPMENT: 090830
45A: DESPCRIPTION OF GOODS
    ABT 48000 CANS OF MEILING BRAND CANNED ORANFE JAM, PACKED
    IN SEAWORTHY CARTONS.250 GRAM PER CAN12 CANS IN A CARTON
    UNIT PRICE: USD6.55/CTN CFR JED DAH COUNTRY OF ORIGIN:P. R CHINA
46A: DOCUMENTS REQUIRED
    1. COMMERCIAL INVOICE IN 3 COPIES DATED THE SAME DATE AS THAT OF L/C ISSUANCE DATE INDICATING COUNTRY OF ORIGIN THE GOODS AND CERTIFIED TO BE TRUE AND CORRECT ,INDICATING CONTRACT NO. SUM356/09 AND L/C NO.
    2. NEUTRAL PACKING LIST INDICATING QUANTITY , N. W. AND G. W. OF EACH PACKAGE,TTL QUANTITY , N. W. AND G. W. AND PACKING CONDITIONS AS REQUIRED BY L/C.
    BENEFICIARY'S CERTIFIED COPY OF SHIPPING ADVICE TO THE APPLICANT ADVISING MERCHANDISE ,SHIPMENT DATE ,GROSS INVOICE WALUE,NAME AND VOYAGE OF VESSEL, CARRIER S NAME, PORT OF LOADING AND PORT OF
    DISCHARGE IMMEDIATELY ON THE DATE OF SHIPMENT.
47A:ADDITIONAL CODITIONS
    1. ALL DOCUMENTS MUST INDICATE SHIPPING MARKS.
    2. ALL DOCUMENTS MUST BE MADE OUT IN THE NAME OF THE APPLICANT UNLESS OTHERWISE STIPULATED BY THE L/C.
71B: CHARGES: ALL CHARGES AND COMMISSIONS OUTSIDE EGYPT ARE FOR

ACCOUNT OF BENEFICIARY

48：PERIOD FOR PRESENTATION：WIFHIN 15 DAYS AFTER THE DATE OF SHIPMENT,
BUT WITHIN THE VALIDITY OF THIS CREDIT

49：CONFIRMATION INSTRUCTION：WITHOUT

2. 附加资料：

SHIPPNG MARK：A. I. T. C.
SUM356/09
SAID
C/NO. 1 – UP

发票号码：123QWE

装箱单日期 2009. 8. 19

提单号：COSU299120029

受益人授权签字人：洪河

供货商处仓单位显示:52800 CANS OF MEILING BRAND CANNED ORANGE JAM

N. W. 3KG/CARTON

G. W. 4KG/ CARTON

MEAS. 20 × 30 × 40CM/CARYON

船名：MOONRIVER V. 987

装船日期：2009. 8. 30

ABC COMPANY, SHANGHAI				
NO. 11 CHANGCHUN ROAD, SHANGHAI, CHINA				
PACKING LIST				
TO：		INVOICE NO. _____		
		DATE： _____		
		S/C NO. _____		
		L/C NO. _____		
MARKS & NUMBERS	NOS & KINDS OF PKGS	QUANTITY	G. W. (KGS)	N. W. (KGS)	MEAS. (M³)
TOTAL PACKAGES (IN WORDS)：					

	shipping note	
1. Exporter	4. Invoice No.	
	5. Contract No.	6. L/C No.
2. Importer	7. Transpotr document No.	
	8. Value	
3. Transport details	9. Port and date of shipment	
10. shipping marks；Container No.	11. Number and kind of packages；Commodity No.；Commodity description	
	12. Exporyer stamp and signature	

ABC COMPANY,SHANGHAI
NO.11 CHANGCHUN ROAD,SHANGHAI,CHINA
COMMIERCIAL INVOICE

TO：
INVOICE NO. _____
DATE：_____
S/C NO. _____
L/C NO. _____

FROM _____ VIA _____ TO _____ BY _____

MARKS & NUMBERS	DESCRIPTION OF GOODS	QUANTITY	UNIT PRICE	AMOUNT
TOTAL AMOUTNT：				

2011年全国国际商务单证缮制与操作试题

一、根据下述合同内容审核信用证,指出不符之处,并提出修改意见。

SALES CONFIRMATION

No: GL101223
Data: dec. 13, 2010

The seller: JINAN GLOBALCO, LTD
NO105, LVYOU ROAD, JINAN, CHINA
The Buyer: AERO SPECIALTIES MATERIAL CORP
YARIMCA, KOCAELI41740, IZMIT, TURKEY

The undersigned seller and buyer have agreed to close the following transactions according to the terms and conditions set forth as below:

Commodity & Specification	Quantity	Unit price	Amount
STEEL COILS STANDARD AS PER JIS G3312	100MT	GFR IZMIT USD 1030/MT	USD 103,000.00

TOTAL AMOUNT: SAY US DOLLARS ONE HUNDRED AND THREE THOUSAND ONLY.
Shipping Marks: N/M
Port of Loading: Qingdao port, China   Port of destination: Izmir port, Turkey
The latest date of shipment: Feb. 28, 2011
Partial shipment&transshipment: Allowed
Insurance: to be covered by the buyer
Terms of Payment: 100% by irrevocable L/C at sight which should be issued before Dec. 29, 2010
The seller: Jinan Global Trading Co, Ltd   The buyer: AERO SPECIALTIES MATERIAL-CORP. FRANKLIK.

苏岩

ISSUE OF DOCUMENTARY CREDIT

27: SEQUENCE OF TOTAL: 1/1
40A: FORMOF DOC. CREDIT: IRREVOCABLE
20: DOC. CREDIT NUMBER: 00415MA000138
31C: DATE OF ISSUE: 20110122
40E: APPLCABLE RULES: UCP LATEST VERSION
31D: DATE AND PLACE OF EXPIRY: 20110301 IN TURKEY
51D: APPLICANT BANK: FNNBTRISOPS, FINANSBANK A. S. ISTANBUL
50: APPLICANT: AORE SPECIALL TIES MATERIAL CORP
YARIMCA, KOCAELI41740, IZMIT, TURKEY
59: BENEFICIARY: JINAN GLOBAL CO, LTD
NO 105, LVYOU ROAD, JINAN, CHINA

32B: AMOUT: CURRENCY USD AMOUNT 10300.00
41A: AVAILABLE WITH BY   ANY BANK IN CHINA BY NEGOTIATION
42C: DRAFTS AT   45 DAYS AFTER SIGHT
42A: DRAWEE: AERO SPECIALTIES MATERIAL CORP
43P: PARTIAL SHIPMTS: ALLOWED
43T: TRANSSHIPMENT: NOT ALLOWED
44E: PORT OF LOADING: ANY CHINESE PORT
44F: PORT OF DISCHARGE: TURKEY
44C: LATEST DATE OF SHIPMENT: 20110128
45A: DESCRIPTION OF GOODS
　　AS PER SALES CONTRACT NO: GL1120 DATED20110120
　　STEEL COIL: STANDARD AS PER JIS G3312
　　QUANTITY: 100MT, U/P: USD 1030/MT CIF IZMIT
46A: DOCUMENTS REQUIRED

　1. MANUALLY SIGNED COMMERCIAL INVOICE IN 4 ORIGINALS AND 1 COPY ISSUED TO THE NAME OF THE APPLICANT, INDICATING CFR IZMIT PORT AND TURKEY VALUEOF THE GOODS.

　2. FULL SET, SHIPPED ON BOARD, OCEAN(PORT TO PORT) B/L IN 3/3 ORIGINAL SAND 3 N/N COPOES ISSUED TO THE OF FINANSBANK AS ISTANBUL BRANCH MARKED FREIGHT COLLECT AND MENTIONING FULLNAME AND ADDRESS OF THE APPLICANT AS NOTIFY PARTY.

　3. PACKING LISH IN 2 ORIGNALS AND 1 COPY INDICATING NET AND GROSS WEIGHT. FOR EACH COIL AND PACKING LIST MUST BE ISSUED FOR EACH CONTAINER.

　4. CERTIFICATE OF ORIGIN IN 1 ORIGINAL AND 1COPY LEGALLIZED OR CERTIFIED BY THE CHAMBER OF COMMERCE IN CHINA ATTESTING THEORIGIN OF GOODS SHIPPED AS CHINA.

　5. COPY OF SHIPMENT ADVICE ON SHIPMENT DATE INDICAATING FULL SHIPMENT DETAILS LIKE DATE AND PORT OF SHIPMENT, QUANTITY, VALUE AND DESCRIPTION OF THE GOODS, PORT OF DISCHARGE, VESSEL NAME AND OUR L/C REF AND CERTIFY THAT THE INFORMATIONS IS TRUE AND CORRECT.

　6. INSURANCE POLICY/CERTIFICATE IN DUPLICATE ENDORSED IN BLANK FOR 120% INVOICE VALUE, COVERING ALL RISKS AND WAR RISK OF CIC OF PLCC(1/1/1981)INCI. WAREHOUSE TO WAREHOUSE AND I.O.P AND SHOUING THE CLAIMING CURRENCY IS THE SAME AS THE CURRENCY OF CRENIT.

　7. MILL'S TEST CERTIFICATE IN 2 ORIGINALS AND 1 COPY INDICATING CHEMICAL AND MECHANICAL ANALUSIS OF THE COILS.
47A: ADDITIONAL CODITIONS
　1/ALL DOCUMENTS PRESENTED UNDER THIS LC MUST BE ISSUED IN ENGLISH.

2/DRAFT MUST INDICATE NUMBER, DATE AND NAME OF ISSUING BANK OF THIS CREDIT.

3/IN CASE THE DOCUMENTS CONTAIN DISCREPANCIES, WE RESERVE THE RIGH TO CHARGE DISCREPANCY FEES AMOUTING TO EUR 75 OR EQUIVALENT.

71B: CHARGES: ALL CHARGEANDCOMMSSIONSAREON BENEFICIARYACCOUNT

49B: CONFIRMATION INSTRUCTION: WITHOUT.

经审核信用证后存在的问题如下：

二、根据所给资料审核并修改已填制错误的出境货物报检单和惠普制产地证。

ISSUING BANK: DONTUSU COMMERCIAL BANK TOKYO, JAPAN

L/C NO: KKT5846172

ISSUING DATE: OCT.15, 2010

BENEFICIARY: SHANGHAI MACHINERY IMP, &EXP. CORP. (GROUP)
　　　　　　726 CHUNGSHAN ROAD E.1., SHANGHAI, CHINA

APPLICANT: SHITAYA KINZOKU CO., LTD.
　　　　　　6 - 11 7 - CHOME UENO TAITO - KU TOKYO, JAPAN

AMOUNT: USD 15880.00

SHIPMENT FROM SHANGHAI FOR TRANSPORTATION TO YOKOHAMA. COVERING SHIPMENT OF "RABBIT" BRAND SHOVEL WITH METAL HANDLE, S501MH 210 DOZS AND S503MH 200 DOZS FOR 20 FT CONTAINER. AS PER S/C NO. A9700247

TRADE TERM: GIF YOKOHAMA

SHIPPING MARKS: A9700247/YOKOHAMA/NO.1 - 410

发票号码：GD920059

发票日期：NOV.2, 2010

生产厂家：SHANGHAI CHONGMING FARMING TOOL FACTORY

包装：1DOZ/CTN

船名：HANGTUV.0134

集装箱号码：1 * 20 FCL SCZU7854343

商品编号：7216.6100

惠普制产地证号码：SH07/2345/12345

提单编号：GK101024

总毛重：10000 千克

商品型号	单价	净重	毛重	尺码
S501MH	USD40.00/DOZ	@24.00KGS/CTN	@25.00KGS/CTN	@(97×36×23)CM3/CTN
S503.MH	USD37.40/DOZ	@22.00KGS/CTN	@23.00KGS/CTN	@(97×36×25)CM3/CTN

该批货物存于外高桥码头仓库，拟于2010年10月21日装运，2010年11月15日由报检员陈浩向出入境检验检疫局报检。出口公司的报检单位登记号4401AA490。

1. 出境货物报检单

中华人民共和国出入境检验检疫
出境货物报检单

报检单位(单位公章)   *编号 ×××

报检单位登记号:4401AA490   联系人:陈浩   电话:65052521   报检日期:2011 年 10 月 15 日

发货人	(中文)上海机械进出口(集团)公司			
	(外文)SHANGHAI MACHINERY LMP&EXP CORP(GROUP)			
收货人	(中文)			
	(外文)SHITAYA KINZOKU CO. LTD			
货物名称(中/外文)	H.S编码	产地	数/重量	货物总值	包装数量
铲 "RABBII" BRAND SHOVEL WITH METAL HANDLE	72166100	上海 崇明	410 打 N.W. 10000kgs	15880 美元	410 纸箱
运输工具名称号码	HANGTU VOY0314	贸易方式	加工贸易	货物存放地点	外高桥码头
合同号	KKT5846172	信用证号	A9700247	用途	
发货日期	2010.11.21	输往国家(地区)	日本	许可证/审批证	
集装箱规格数量及号码	HANGTU VOY0134				
合同信用证订立检验检疫条款或特殊要求	标记及号码	随付单据(划"√"或补填)			
	A9700247 YOKOHAMA NO:1-410	□ √信用证 □ √厂检单 □ √发票 □ √合同 □ √装箱单 □ √换证凭单	□ √许可/审批文件 □ √包装性能结果单		

需要证单名称(划"√"或填补)		*检验检疫费
□ 品质证书 __正__副	植物检疫证书 __正__副	总金额(人民币元)
□ 重量证书 __正__副	熏蒸消毒证书 __正__副	
□ 数量证书 __正__副	出境货物换证凭单 __正__副	计费人
□ 兽医卫生证书 __正__副		收费人

报检人郑重声明: 1. 本人被授权报检 2. 上列填写内容正确属实,货物无伪造或冒用他人的厂名、标志、认证标志,并承担货物质量责任。 签名:_____	领取证件
	日期
	签名

注:有"*"号栏目由出入境检验检疫机关填写   ◆国家出入境检验检疫局制

2. 普惠制产地证明

1. Goods consigned from (Exporter's business name, adress, country) SHANGHAI MACHINERY IMP&. CORP. 726 CHONGSHAN ROAD, E. I. SHANGHAI, CHINA	Reference No: GD920059 GENERALIZEDSYSTEMOFPREFERE. NCE CERTIFICATE OF ORIGIN (COMBINED DECLARATION AND CERTIFICATE) FORMA ISSUED IN THE PEOPLE'S REPUBLIC OF CHINA (COUTRY)				
2. Goods consigned from (Consignee's name, adress, country) 6-11-7-CHOME UENO TATTO-KU TOKYO, JAPAN					
3. Means of transport and route (as far as known) FROM SHANGHAI TO KOBE BY SEA	4. For official use				
5. Item number	6. Marks and number of packages A9700247 YOKOHAMA NO. 1-410	7. Number and kind of packages; description of goods "RABBIT" BRAND SHOVEL WITH METAL HANDEL 410 CTNS	8. Origin criterion "P"	9. Gross weight or other quantity 10000KGS410 DOZS	10. Number and date of invoices SH07/ 2345/12345 NOV. 2, 2010
11. Certification It is hereby certified, on the basis of control carried out, that the declaration by the exporter is correct CIQ ------ SHANGHAI OCT 26, 2010 XXX Place and date signature and stamp of certifying authorized signatory	12. Declaration by the exporter The undersigned herby declares that the above details and statement are correct, that all the goods were produced in ___CHINA___ (country) and that they comply with the origin requirements spacified for those goods in the Generalized System of Preference for goods exported to ___TOKYO___ (importing country) 上海机械进出口(集团)公司(章) SHANGHAI OCT 26, 2010 陈浩 Place and date, signature of authorized signatory				

三、根据下述给出的条件缮制商业发展发票、装箱单、汇票。

卖方: SUZHOU IMPORR &EXPORR TARDE CORPORATION
　　　321 FENGXIAN ROAD SHANGHAI CHINA

买方: TANJIN-DAIEI CO. LTD. SHIBADAIMON MF BLDG, 2-1-16, SHIBADAI-
　　　MON MINATO-KU, OSAKA, 105 JAPN

货名: 红茶(BLACK TEA)

单价: ART NO. 555 USD 110.00/KG、ARE NO. 666 USD 100.00/KG、
　　　ARTNO. 777 USD 90.00/KG　CIF OSAKA

数量: ART NO. 555 100KGS　ART NO. 666 110KGS.　ART NO. 777 120KGS

包装: 每5公斤装一箱(PACKED IN ONE CARTON OF 5KGS EACH)
　　　装一个20英尺的集装箱(编号: GATUO0506118)(整箱)

毛 重：ART NO. 555　5KGS/CTN　ART NO. 666　5KGS/CTN　ARTNO. 777　6KGS/CTN

净重：每箱　4KGS　　　体积：每箱　0.2CBM

唛头：自编一个标准化唛头

开证行：FUJI BANK 1013, SAKULA OTOLIKINGZA MACHI OSAKA JAPAN

议付行：BANK OF CHINA ZUZHOU BRANCH

支付条件：L/C AT SIGHT　　　信用证号：　XT173　　开证日期：10.2010

正本提单份数：3 份

发票编号：TX0522　　　　发票日期：20110.6.1

合同号：TXT264

装运港：苏州港（SUZHOU PORT）　　目的港：大阪港（OSAKA PORT）

装运日：2010.6.20　　　　　出票人姓名：黄河

1. 汇票

NO. TX0522

FOR _____　　**BILL OF EXCHANGE**　_____

AT _____ sight of this SECOND BILL OF EXCHANGE（first of same tenor And date unpaid）pay to the order of _____ the sum of

_____

Drawn under _____

L/C NO. : _____　　DATED _____

TO. _____

　　_____

2. 商业发票

COMMERCIAL INVOICE

1. EXPORTER	4. INVOICE DATE AND NO.	
	5. CONTRACT NO.	6. L/C NO.
2. IMPORTER	7. COUNTRY/ REGION OF ORIGINAL	
3. TRANSPORT DETAIL	8. TRADE MODE	
	9. TERMS OF DELIVERY AND PAYMENT	

10. SHIPPING MARKS; CONTAINER NO.	11. NO. AND KIND OF PACKAGE; COMMODITY AND DESCRIPTION	12. QUANTITY	13. UNIT PRICE	14. AMOUNT
	TOTAL			
15. TOTAL AMOUNT IN FIGURE AND WORD			16. EXPORTER STAMO AND SIGNATURE	

3. 装箱单

装 箱 单
PACKING LIST

1. EXPORTER	3. PACKING LIST DATE	
2. IMPORTER	4. CONTRACT NO.	
	5. INVOICE NO. AND DATE	
6. SHIPPING MARKS; CONTAINER NO.	7. NO. AND KIND OF PACKAGE ; COMMODITY NAME	8. GROSS WEIGHT(kgs)	9. CUBE (m^3)
10. Exporyer stamp and signature			

2012年全国国际商务单证专业考试
国际商务单证缮制与操作试题

一、根据下述合同内容审核信用证,指出不符之处,并提出修改意见。

合同:

SALES CONTRACT

The Seller: Tianjin Yimei International Corp. Contract No. YM0806009

Address: 58 Dongli Road Tianjin, China Date: June 5, 2011

The Buyer: VALUE TRADING ENTERPRISE, LLC

Address: Rm1008 Green Building Kuwait

This Sales Contract is made by and between the Seller and the Buyer, whereby the Seller agree to sell and the Buyer agree to buy the under-mentioned goods according to the terms and conditions stipulated below:

Description of Goods	Quantity	Unit Price	Amount
Man's Wind Breaker Style No. YM082 Colour: Black Khaki	2500PCS 2500PCS	$CIFC_5$ Kuwait USD15.10/PC	USD75500.00
TOTAL	5000PCS		USD75500.00

Total Amount: Say U.S. Dollars Seventy Five Thousand Five Hundred Only

Packing: 20pcs are packed in one export standard carton

Shipping Mark: VALUE

　　　　　　　　 ORDER NO. A01

　　　　　　　　 KUWAIT

　　　　　　　　 C/No. 1 – UP

Tine of Shipment: Before AUG. 10, 2011

Loading Port and Destination: Form Tianjin, China to Kuwait

Partial Shipment: Not Allowed

Transshipment: Allowed

Insurance: To be effected by the seller for 110% invoice covering All Risks and War Risk as per CIC of PICC dated 01/01/1981

Terms of payment: By L/C at 60 days after sight, reaching the seller before June 15, 2011, and remaining valid for negotiation in China for further 15 days after the effected shipment. L/C must mention this contract number. L/C advised by BANK OF CHINA. All banking Charges outside China (the mainland of China) are for account of the Drawee.

Documents:

+ Signed commercial invoice in triplicate .
+ Full set (3/3) of clean on board ocean Bill of Lading marked "Freight Prepaid" made out to order blank endorsed notifying the applicant.
+ Insurance policy in duplicate endorsed in blank.
+ Packing list in triplicate.
+ Certificate of Origin issued by china chamber of commerce.

Signed by:

    THE SELLER :   THE BUYER:

Tianjin Yimei Internation Corp.   VALUE TRADING ENTERPRISE LLC

     Jack   Julia

信用证:

27: SEQUENCE OF TOTAL:1/1

40A:FORM OF DOCUMENTARY CREDIT:IRREVOCABLE

20: DOCUMENTARY CREDIT NUMBER:KR369/03

31C:DATE OF ISSUE:110619

40E:APPLICABIE RULES :UCP LATEST VERSION

31D:DATE AND PLACE OF EXPIRY :110825 KUWAIT

50: APPLICANT:VALUE TRADING ENTERPRISE CORP.

           RM1008 GREEN BUILDING KUWAIT

59: BENEFICIAPY:TIANJIN YMEI INTERNATIONAL CORP.

      58 DONGLI ROAD TIANJIN,CHINA

32B:CURRENCY CODE,AMOUNT:USD71500.00

41A:AVAILABLE WITH BY:BANK OF CHINA

                BU NEGOTIATION

42C:DRAFTS AT :90 DAYS DFTER SIGHT

42A:DRAWEE:VALUE TRADING ENTERPRISE,LLC

43P:PARTIAL SHIPMENTS:NOT ALLOWED

43T:TRANSHIPMENT:NOT ALLOWED

44E:PORT OF LOADING/AIRPORT OF DEPATURE:ANY CHINESE PORT

44F:PORT OF DISCHARGE /AIRPORT OF DESTINATION;KUWAIT BY SEA FREIGHT

44C:LATEST DATE OF SHIPMENG;110710

45A:DESCRIPTION OF GOODS AND/OR SERVICES :5000PCS WIND BPEAKER

              STYLE NO . YM085

              AS PER ORDER NO:A01 AND S/C NO/YM009

              AT SUD 15.10PC CIF KUWAIT

PACKED IN CARTON OF 20PCS EACH

46A:DOCUMENTS REQUIRED

+ SIGNED COMMERCIAL INVOICES IN TRIPLICATE INDICATING LC NO. AND CONTRACT NO.

+ FULL SET3/3 OF CLEAN NO BOARD OCEAN BILL OF LANDING MADE OUT TO APPLICANT AND   BLANK ENDORSED MARKED "FREIGHT TO COLLECT" NOTIFYING THE APPLICANT

+ SIGNED PACKING LIST IN TRIPLICATE SHOWING THE FOLLOWING DETALLS: TOTAL NUMBER OF PACKAGES SHIPPED ; CONTENT(S) OF PACKAGE: GPOSS WEIGHT,NET WEIGHT AND MEASUREMENT.

+ CERTIFICATE OF ORIGIN   ISSUED AND SIGNED OR AUTHENTICATED BY A LOCAL
CHAMBER OF COMMERCE LOCATED IN THE EXPORTING COUNTRY.

+ INSURANCE POLICY/CERTIFICATE IN DUPLICATE ENDORSED IN BLANK FOR 120%
INVOICE VALUE,COVERING ALL RISKS AND WAR RISK OF CIC OF PICC (1/1/1981).

71B:CHARGES:ALL CHARGES AND COMMISSIONS ARE FOR ACCOUNT OF BENEFICIARY   INCLUDING REIMBURSING CHARGES.

二、根据下面合同资料和相关资料指出下列开证申请书中错误的地方。

2011年6月20日,上海华联皮革制品有限公司(SHANGHAI HUALIAN LEATHER GOODS CO.,LTD. 156 CHANGXING ROAD, SHANGHAI, CHINA)向 SVS DESIGN PLUS CO.,LTD. 1-509 HANNAMDONG YOUNGSAN-KU,SEOUL,KOREA 出口 DOUBLE FACE
SHEEPSKIN 一批,达成以下主要合同条款:

1. Commodity:DOUBLE FACE SHEEPSKIN/
   COLOUR CHESTNUT
2. Quantity:3175.25SQFT(平方英尺)
3. PACKING:IN CARTONS
4. Unit price:USD 7.40/SQFT CIF SEOUL
5. Amount:USD 23496.85
6. Time of shipment:During NOV. 2011
   Port of Loading:SHANGHAI,CHINA
   Port of Destination:SEOUL,KOREA
   Partial shipment:ALLOWED
   Transshipment:PROHIBITED
7. Insurangce:TO BE COVERED BY THE SELLER FOR 110% INVOICE VALUE COVERING ALL RISK AND WAR RISK AS PER CIC OF THE PICC DATED 01/01/1981.

8. Payment: BY IRREVOCABLE LETTER OF CREDIT AT 45 DAYS SIGHT TO REACH THE SELLER NOT LATER THAN JUNE 24,2011,VALID FOR NEGOTIATION IN CHINA UNTIL THE 15th DAY AFTER TIME OF SHIPMENT.

9. Document: (1) SIGNED COMMERCIAL INVOICE IN 3 FOLD

(2) SIGNED PACKING LIST IN 3 FOLD

(3) FULL SET OF CLEAN ON BOARD OCEAN B/L IN 3/3 ORIGINALS ISSUED TO ORDER AND BLANK ENDORSED MARKED "FREIGHT PREPAID" AND NOTIFY THE APPLICANT.

(4) CERTIFICATE OF ORIGIN IN 1 ORIGINAL AND 1 COPY ISSUED BY THE CHAMBER OF COMMERCE IN CHINA.

(5) INSURANCE POLICY/CERTIFICATE IN DUPLICATE ENDORSED IN BLANK FOR 110% INVOICE VALUE, COVERING ALL RISKS AND WAR RISKS OF CIC OF PICC (1/1/1981). SHOWING THE CLAIMING CURRENCY IS THE SAME AS THE CURRENCY OF CREDIT.

相关资料：

信用证号码：MO722111057

合同号码：HL20110315

SVS DESIGN PLUS CO.,LTD 国际商务单证员金浩于 2011 年 6 月 23 日向 KOOKMIN BANK,SEOUL,KOREA 办理申请电开信用证手续,通知行市 BANK OF CHINA,SHANGHAI BRANCH。

IRREVOCABLE DOCUMENTARY CAEDIT APPLICATION

TO: BANK OF CHINA　　　　　　　　　Date: June 25,2011

Beneficiary(full name and address) SVS DESIGN PLUS CO., LTD. 1-509　　　　　　　HANNAMDONG YOUNGSAN-KU, SEOUL,KOREA		L/C NO. MO722111059
		Contract No. HL20110315
		Date and place of expiry of the credit NOV.15,2011 in CHINA
Partial shipments not allowed	Trasnsshipment allowed	Issue by teletransmission (which shall be the opprative instrument)
Loading on board/dispatch/taking in charge at/From SEOUL,KOREA Not later than OCT.31,2011 For transportaion to SHANGHAI,CHINA		Amount (both in figures and words) EUR 23496.85 (SAY EURO TWENTY THREE THOUSAND FOUR HUNDRE NINETY SIS POINT EIGHTY FIVE ONLY)

Description of goods:	Credit available with ANY BANK IN CHINA
DOUBLE FACE SHEEPASKIN COLOUR CHESTNUT 3175.25PCS Packing: IN GUNNY BAGS	By negotiation against the documents detailed here in And beneficiary's draft for 100% of the invoice value AT SIGHT On US
	CFR

Documents require: (marked with x)
1. (x) Signed Commercial Invoice in 5 copies indicating invoice no., contract no..
2. (x) Full set of clean on board ocean Bills of lading made out to order of issuing bank and blank endorsed, marked "freight(x) to collect /(   ) preaid (   ) showing freight amount" notifying the applicant.
3. (x) Insurance Policy/ Certificate in 2 copies for 120% of the invoice value showing claims payable in china in currency of the draft, bank endorsed, covering (x) Ocean Marine Transportation/(   ) Air Transportation /(   ) Over Land Transportation) All Risks.
4. (x) Packing List/Weight Memo in 5 copies indicating quantity /gross and net weights of each package and packing conditions as called for by the L/C.
5. (   ) Certificate of Quantity /Weight in copies issued an independent surveyor at the packing condition.
6. (   ) Certificate of Quality in copies issued by (   ) manufacturer/(   ) public recognized surveyor/(   )
7. (   ) Beneficiary's certified copy of FAX dispatched to the accountee with after shipment advising (   ) name of vessel/(   ) date, quantity, weight and value of shipment.
8. (   ) Beneficiary's certificate certifying that extra copies of the documents have been dispatched according to the contract terms.
9. (   ) Shipping Company's Certificate attesting that the carrying vessel is chartered or booked by accountee or their shipping agents:
10. (x) Other documents, if any:
a) Certificate of Origin in   3   copies issued by authorized institution.

Additional instructions:

Advising bank:
KOOKMIN BANK, SEOUL, KOREA

三、根据所给资料缮制商业发票、原产地证明、保险单

出口商(托运人): DAYU CUTTING TOOLS I/E CORP
　　　　　　　　774 DONG FENG EAST ROAD, TIANJIN, CHINA
进口商(收货人): FAR EASTERN TRADING COMPANY LIMITED
　　　　　　　　336 LONG STREET, NEW YORK
发票日期: 2011 年 5 月 15 日
发票号: X118
合同号: MK007
信用证号: 41-19-03
装运港: TIANJIN
中转港: HONG KONG
目的港: NEW YORK

运输标志：FETC
　　　　　MK007
　　　　　NEW YORK
　　　　　C/No.1－UP
货名：CUTTING TOOLS
数量：1500 SETS
包装：纸箱装，每箱3　SETS
单价：CIF NEW YORK USD 128/SET
原产地证书号：IBO12345678
商品编码：1297 0400
保险单号：ABX999
保险单日期：2011年5月18日　保险加成率：10%
提单日期：2011年5月20日
船名航次：HONGXING V.777
险别：COVERING ICC(A) AS PER INSTITUTE CARGO CLAUSE OF 1982
赔付地点：NEW YORK IN USD

2012年全国国际商务单证专业考试
国际商务单证缮制与操作试题答题纸

题号	一	二	三	总分	阅卷组长
得分					

一、根据下述合同内容审核信用证，指出不符之处，并提出修改意见。(36分)
经审核信用证后存在的问题如下：

1. _____
2. _____
3. _____
4. _____
5. _____
6. _____
7. _____
8. _____
9. _____
10. _____

11. _____
12. _____
13. _____
14. _____
15. _____
16. _____
17. _____
18. _____

二、根据下面合同资料和相关资料指出下列开证申请书中错误的地方(24 分)

申请书中错误的地方有：

1. _____ 2. _____
3. _____ 4. _____
5. _____ 6. _____
7. _____ 8. _____
9. _____ 10. _____
11. _____ 12. _____
13. _____ 14. _____
15. _____ 16. _____
17. _____ 18. _____
19. _____ 20. _____
21. _____ 22. _____
23. _____ 24. _____

三、根据所给资料缮制商业发票、原产地证明、保险单(共 40 分)

1. 商业发票(15 分)

COMMERCIAL INVOICE

INVOICE NO. (2)_____

DATE:(3) _____

S/C NO. ____(4)_____

L/C NO. (5)_____

FROM(6)_____ VIA(7)_____ TO(8)_____ BY(9)_____

MARKE&NUMBERS	DESCRIPTION OF GOODS	QUANTITY	UNIT PRICE	AMOUNT
(10)	(11)	(12)	(13)	(14)
TOTAL AMOUNT	(15)			

DAYU CUTTING TOOLS I/E CORP

王焱

2. 原产地证明(12分)

1. Exporter(1)	Certificate No. (5)
2. Consignee(2)	**CERTIFICATE OF ORIGIN OF THE PEOPLE'S REPUBLIC PF CHINA**
3. Means of transport and route(3)	5. For certifying authority use only
4. Country/region of destination	

6. Marks and numbers(6)	7. Number and kind of packages; description of goods(7)	8. H.S code(8)	9. Quantity(9)	10. Number and date of invoices(10)

11. Declaration by the exporter The undersigned hereby declares that the above details and statements are correct; that all the goods were produced in china and that they comply with the rules of origin of the people's republic of china. (11) 李明 Place and date, signature and stamp of certifying authority	12. Certification It is hereby certified that the declaration by the exporter is correct. (12) 张平 Place and date, signature and stamp of certifying authority

3. 保险单(13 分)

中国财产保险有限公司
The people's insurance (property) company of China, Ltd

Invoice No. (1)	Policy No. (2)

海洋货物运输保险单
MARINE CARGO TRANSPORTATION INSURANCE POLICY

Insured：(3)

中国财产保险有限公司(以下简称本公司)根据被保险人的要求,及其所缴付约定的保险费,按照本保险单承担险别和背面所载条款与下列特别款承包下列货物运输保险,特签发本保险单。

This policy of Insurance witnesses that the People's Insurance (Property) Company of China, Ltd. (hereinafter called "The Company"), at the request of the Insured and in consideration of the agreed premium paid by the Insured, undertakes to insure the undermentioned goods in transportation subject to conditions of the Policy as the Clauses printed overleaf and other special clauses attached hereon.

货物标记 Marks of Goods(4)	包装单位 Packing Unit(5)	保险货物项目 Descriptions of Goods (6)	保险金额 Amount Insured(7)

总保险金额：(8)
Total Amount Insured：

保费 Premium as Arranged	开航日期(9) Slg. on or Abt	载运输工具(10) Per conveyances S. S

承保险别：(11)
Conditions

FROM	VIA	起运港 TO	中转港	目的港

所保货物,如发生本保险单下可能引起索赔的损失或损坏,应立即通知本公司下述代理人查勘。如有索赔,应向本公司提交保险单正本(本保险单共有 2 份正本)及有关文件。如一本正本已用于索赔,其余正本则自动失效。

In the event of loss or damage which may result in acclaint under this olicy. immediate notice be given to the Commpany's agent mentioned herrunder. claims if any one of the original policy which has been accompilished the others to be void.

赔款偿付地点：(12)
Claim payable at

日期：(13)　　　中保财产保险有限公司天津分公司
Date　　　　　The People's Insuarance (Property) Company of China, Ltd. Tianjin Branch
　　　　　　　　　　　　　　　XXX

2013年全国国际商务单证缮制与操作试题

一、根据下述合同内容审核信用证,指出不符之处,并提出修改意见。

合同:

SALES CONTRACT

The Seller: MAITY INTERNATIONAL CO., LTD.
Address: NO.29 JIANGNING ROAD, SHANGHAI, CHINA

Contract No. MT13008
Date: Dec 6, 2012
Signed At: Shanghai China

The Buyer: DESEN EUROPE GMBH
Address: GIRARDETSTRASSE 2-38, EINGANG.4 D-45131 ESSEN, GERMANY

This Sales Contract is made by and between the Seller and the Buyer, whereby the Seller agree to sell and the Buyer agree to buy the under-mentioned goods according to the terms and conditions stipulated below:

Description of Goods	Quantity	Unit Price	Amount
"RAIKOU" Homewear RH1140 Blue RH1150 Pink DRRW005 Gray DRRW008 Purple AS PER ORDER NO. MY1301	400PCS 400PCS 400PCS 400PCS	CIF Hamburg € 5.88 € 6.08 € 5.38 € 5.18	€ 2,352.00 € 2,432.00 € 2,152.00 € 2,072.00
TOTAL	1600PCS		€ 9,008.00
Total Amount: Say Euro Nine Thousand and Eight Only			

Packing: 40pcs are packed in one export standard carton
Shipping Mark: RAIKOU
　　　　　　　　MT13008
　　　　　　　　HAMBURG
　　　　　　　　C/No.1-40
Time of Shipment: NOT LATER THAN FEB. 15, 2013
Loading Port and Destination: From Shanghai, China to Hamburg, Germany
Partial Shipment: Not Allowed
Transshipment: Allowed
Insurance: To be effected by the seller for 110% invoice value covering All Risks and War Risk as per CIC of PICC dated 01/01/1981
Terms of Payment: By L/C at sight, reaching the seller before Dec. 31, 2012, and remaining valid for negotiation in China for further 15 days after the effected shipment. L/C must mention this contract number. L/C advised by BANK OF CHINA. All banking Charges outside China (the mainland of China)

are for account of the Drawee.

Documents:

+ Signed commercial invoice in triplicate.

+ Full set (3/3) of clean on board ocean Bill of Lading marked "Freight Prepaid" made out to order blank endorsed notifying the applicant.

+ Insurance Policy in duplicate endorsed in blank for 110% of invoice value covering All Risks and War Risk as per CIC dated 01/01/1981.

+ Packing List in triplicate.

+ Certificate of Origin issued by China Chamber of Commerce

Signed by:

THE SELLER:	THE BUYER:
MAITY INTERNATIONAL CO., LTD.	DESEN EUROPE GMBH
GU TAO	Luty

信用证:

27: SEQUENCE OF TOTAL:1/1

40A: FORM OF DOCUMENTARY CREDIT:IRREVOCABLE

20: DOCUMENTARY CREDIT NUMBER:00130010018208A1

31C: DATE OF ISSUE:130101

40E: APPLICABLE RULES:UCP LATEST VERSION

31D: DATE AND PLACE OF EXPIRY:130220 GERMANY

50: APPLICANT: DESEN EUROPE GMBH
   GIRARDETSTRASSE 2-38,EINGANG. 4 D-45131ESSEN, GERMANY

59: BENEFICIARY:MATY INTERNATIONAL CO., LTD.
   NO. 29 JIANGNING ROAD, SHANGHAI, CHINA

32B: CURRENCY CODE, AMOUNT:USD9008.00

41A: AVAILABLE WITH…BY…:BANK OF CHINA
   BY NEGOTIATION

42C: DRAFTS AT…: 30 DAYS AFTER SIGHT

42A: DRAWEE: DESEN EUROPE GMBH

43P: PARTIAL SHIPMENTS: NOT ALLOWED

43T: TRANSHIPMENT: NOT ALLOWED

44E: PORT OF LOADING/AIRPORT OF DEPARTURE: ANY CHINESE PORT

44F: PORT OF DISCHARGE/AIRPORT OF DESTINATION: HAMBURG BY SEA.

44C: LATEST DATE OF SHIPMENT: 130210

45A: DESCRIPTION OF GOODS AND/OR SERVICES:
   1600PCS BABYWEAR
   AS PER ORDER NO. MY1301 AND S/C NO. MT13008
   CFR HAMBURG

PACKED IN CARTON OF 20PCS EACH

46A: DOCUMENTS REQUIRED

+ SIGNED COMMERCIAL INVOICES IN TRIPLICATE INDICATING LC NO. AND cONTRACT NO.

+ FULL SET (3/3) OF CLEAN ON BOARD OCEAN BILL OF LADING MADE OUT TO APPLICANT AND BLANK ENDORSED MARKED "FREIGHT TO COLLECT" NOTIFYING THE APPLICANT.

+ SIGNED PACKING LIST IN TRIPLICATE SHOWING THE FOLLOWING DETAILS: TOTAL NUMBER OF PACKAGES SHIPPED; CONTENT(S) OF PACKAGE(S); GROSS WEIGHT, NET WEIGHT AND MEASUREMENT.

+ CERTIFICATE OF ORIGIN ISSUED AND SIGNED OR AUTHENTICATED BY A LOCAL CHAMBER OF COMMERCE LOCATED IN THE EXPORTING COUNTRY.

+ INSURANCE POLICY/CERTIFICATE IN DUPLICATE ENDORSED IN BLANK FOR 120% INVOICE VALUE, COVERING ALL RISKS OF CIC OF PICC (1/1/1981).

71B: CHARGES: ALL CHARGES AND COMMISSIONS ARE FOR ACCOUNT OF BENEFICIARY INCLUDING REIMBURSING CHARGES.

二、根据下面相关资料指出下列进口单据中错误的地方。

相关资料：

买方:QINGDAO ECONOMIC TRADE INT'L CO., LTD.
　　　NO. 19,ZHUZHOU ROAD, QINGDAO

卖方:VICTOR MACHINERY INDUSTRY CO., LTD.
　　　NO.338,BA DE STREET,SHU LIN CITY, TAIBEI
　　　TEL/FAX:886－2－26689666/26809123

信用证对海运提单的要求：

FULL SET(INCLUDING 3 ORIGINALS AND 3 NON－NEGOTIABLE COPIES) OF CLEAN ON BOARD OCEAN BILLS OD LADING MARKED "FREIGHT PREPAID" MADE OUT TO ORDER AND BLANK ENDORSED NOTIFYING APPLICANT WITH ITS FULL NAME AND ADDRESS.

发票号:FU1011103

提单号:KEETAO100933

船名、航次:YM HORIZON UT018NCNC

装船日期:MAY 10,2013

装运港:TAIWAN MAIN PORT

目的港:QINGDAO

唛头：　　　E. T. I
　　　　　QINGDAO
　　　　　NOS. 1－2

保险单号:PO9810101

保险单日期:MAY 8,2013

发票金额:USD25200,00

保险金额:按发票金额的110%投保

货物描述:ONE COMPLETE STE OF SHEET CUTTER

毛重:15600KGS

体积:51CBM

包装:PACKED IN TWO WOODEN CASES

贸易术语:CIF QINGDAO

投保险别:COVERING ALL RISKS AND WAR RISK AS PER CIC.

赔付地点:QINGDAO

1. 海运提单

Shipper Insert Name, Address and Phone		B/L No. KEETAO100935	
TO ORDER Consignee Insert Name, Address and Phone VICTOR MACHINERY INDUSTRY CO.,LTD. NO.338,BA DE STREET,SHU LIN CITY,TAIBEI TEL/FAX:886-2-26689666/26809123		EASY LINK OCEAN FREIGHT FORWARDER CO., LTD. 迅通海運承攬運送股份有限公司 TEL:(02) 2562-7299 FAX:(02) 2568-4558 海攬(基)字第1041號 台北市南京東路2段8號10樓-1 **BILL of LADING**	
Notify Party Insert Name, Address and Phone VICTOR MACHINERY INDUSTRY CO.,LTD. NO.338,BA DE STREET,SHU LIN CITY,TAIBEI TEL/FAX:886-2-26689666/26809123			
Ocean Vessel Voy. No.	Port of Loading		
YM HORIZON UT018NCNC	QINGDAO		
Port of Discharge	Port of Destination		
KEELUNG			
Marks & Nos. Container / Seal No.	No. of Containers or Packages	Description of Goods	Gross Weight Kgs	Measurement
E.T.I QINGDAO NOS.1-5	5 WOODEN CASES	ONE COMPLETE OF SHEET CUTTER	15,600KGS FREIGHT	51CBM COLLECT
	Description of Contents for Shipper's Use Only (Not part of This B/L Contract)			
Total Number of containers and/or packages (in words) SAY TWO WOODEN CASES ONLY				
Ex. Rate:	Prepaid at	Payable at	Place and date of issue	
		QINGDAO	QINGDAO MAY. 13,2013	
	Total Prepaid	No. of Original B(s)/L	Signed for the Carrier	
		THREE (3)	EASY LINK OCEAN FREIGHT FORWARDER CO., LTD. TONY	
LADEN ON BOARD THE VESSEL YM HORIZON UT018NCNC DATE:MAY.13,2013 BY: EASY LINK OCEAN FREIGHT FORWARDER CO., LTD. TONY				

2. 保险单

	海洋货物运输保险单 MARINE CARGO TRANSPORTATION INSURANCE POLICY
Invoice No. FU1011108	Policy No. PO9810107

Insured: QINGDAO ECONOMIC TRADE INT'L CO., LTD.

中保财产保险有限公司(以下简称本公司)根据被保险人的要求,及其所缴付约定的保险费,按照本保险单承担险别和背面所载条款与下列特别条款承保下列货物运输保险,特签发本保险单。

This policy of Insurance witnesses that the People's Insurance (Property) Company of China, Ltd. (hereinafter called "The Company"), at the request of the Insured and in consideration of the agreed premium paid by the Insured, undertakes to insure the undermentioned goods in transportation subject to conditions of the Policy as per the Clauses printed overleaf and other special clauses attached hereon.

货物标记 Marks of Goods	包装单位 Packing Unit	保险货物项目 Descriptions of Goods	保险金额 Amount Insured
E.T.I QINGDAO NOS. 1–5	5 WOODEN CASES	ONE COMPLETE OF SHEET CUTTER	USD25200,00

总保险金额:
Total Amount Insured: SAY U.S. DOLLARS TWENTY FIVE THOUSAND TWO HUNDRED ONLY.

保费 Premium as Arranged	开航日期 Slg. on or Abt MAY 13, 2013	载运输工具 Per conveyance S.S YM HORIZON UT018NCNC

承保险别
Conditions
COVERING ALL RISKS AND WAR RISK AS PER CIC DATED 01/01/1981.

起运港
  Form QINGDAO
	目的港
	  To KEELUNG

所保货物,如发生本保险单项下可能引起索赔的损失或损坏,应立即通知本公司下述代理人查勘。如有索赔,应向本公司提交保险单正本(本保险单共有2份正本)及有关文件。如一份正本已用于索赔,其余正本则自动失效。

In the event of loss or damage which may result in acclaim under this Policy, immediate notice must be given to the Company's Agent as mentioned hereunder. Claims, if any, one of the Original Policy which has been issued in two original (s) together with the relevant documents shall be surrendered to the Company. If one of the Original Policy has been accomplished, the others to be void.

赔款偿付地点
Claim payable at KEELUNG IN USD

日期 Date MAY 15,2013	亚洲保险有限公司台北分公司 ASIA INSURANCE CO., LTD.,TAIBEI BRANCH LUCY

三、根据所给资料缮制下列单据。

出口商：TIANJIN TECHSUN CO., LTD.
　　　　60 DONG FENG EAST ROAD, TIANJIN, CHINA
进口商：VESTE BEYAS ESYE SAN. TIC. A. S
　　　　ORGANIZE SANAY BOLGEST 45030, MANISA, TURKEY
开证行：ASYA KATILIM BANKASI A. S. ISTANBUL, TURKEY
信用证号：901L/C2519031
开证日期：2013年4月20日
发票日期：2013年5月12日
发票号：TECH126
合同号：TECH1305
装运港：TIANJIN, CHINA
目的港：IZMIR, TURKEY
运输标志：VESTE
　　　　TECH126
　　　　IZMIR
　　　　C/No. 1 – 1000
货名：CONDENSER
数量：20000 PCS
包装：纸箱装，每箱20PCS
毛重：7600KGS
净重：7400KGS
体积：58CBM
单价：USD 12.00/PC CIF IZMIR
付款期限：见票后60天
授权签署人：风光

1. 汇票

BILL OF EXCHANGE

不可撤销信用证
凭 Drawn Under (1) _____ Irrevocable L/C No. (2) _____

日期 DATED (3) _____ 支取 Payable With interest @ ___ % 按 息 付款

号码 No. (4) _____ 汇票金额 Exchange for (5) _____ 中国上海 Shanghai, China

见票 At (6) _____ 日后(本汇票之副本未付)付交 sight of this FIRST of Exchange (Second of Exchange
Being unpaid) Pay to the order of (7) _____

金额 the sum of (8) _____

此致 To
(9) _____

(10) _____

2. 商业发票

TIANJIN TECHSUN CO., LTD.
60 DONG FENG EAST ROAD, TIANJIN, CHINA

COMMERCIAL INVOICE

TO: (1) _____
INVOICE NO. (2) _____
DATE: (3) _____
S/C NO. (4) _____
L/C NO. (5) _____

FROM (6) _____ TO (7) _____ BY (8) _____

MARKS & NUMBERS	DESCRIPTION OF GOODS	QUANTITY	UNIT PRICE	AMOUNT
(9)	(10)	(11)	(12)	(13)
TOTAL AMOUNT:	(14)			
(15)				

3. 装箱单

TIANJIN TECHSUN CO., LTD.

60 DONG FENG EAST ROAD, TIANJIN, CHINA

PACKING LIST

TO:(1)　　　　　　　　　　　　　　　　INVOICE NO. (2)＿＿＿＿
　　　　　　　　　　　　　　　　　　　　DATE: (3)＿＿＿＿
　　　　　　　　　　　　　　　　　　　　S/C NO. (4)＿＿＿＿
　　　　　　　　　　　　　　　　　　　　L/C NO. (5)＿＿＿＿

FROM (6)＿＿＿＿　　TO (7)＿＿＿＿　　BY　　SEA

MARKS & NUMBERS	DESCRIPTION OF GOODS	QUANTITY	PACKAGE	G.W.	N.W.	MEAS.
(8)	(9)	(10)	(11)	(12)	(13)	(14)
TOTAL:	(15)					

TIANJIN TECHSUN CO., LTD

风光

2014年全国国际商务单证专业考试
国际商务单证缮制与操作试题

一、根据下述合同内容审核信用证,指出不符之处,并提出修改意见。

SHANGHAI　ANDYS　TRADING CO,LD.

SALES　CONTRACT

THE SELLER: SHANGHAI　ANDYS　TRADING CO,LTD.　　　　NO. AD13007
NO. 126Wenhua Road, Shanghai, China　　　　　　　　　　DATE: MAR. 16,2013
　　　　　　　　　　　　　　　　　　　　　　　　SIGNED AT: SHANGHAI, CHINA

THE BUYER: HAZZE AB HOLDING
BOX 1237, S-111 21　HUDDINGE, SWEDEN

This contract is made by and between the Seller and Buyer, whereby the Seller agree to sell and the Buyer agree to buy the under-mentioned commodity according to the terms and conditions stipulated below:

Commodity& specification	Quan.	Unit price	Amount
Gas Detectors ART NO. BX616 ART NO. BX319	50pcs 50pcs	FOB SHANGHAI USD380.00/pc USD170.00/pc	USD19,000.00 USD 8500.00
Total	100pcs		USD27,500.00
Total Amount: SAY U.S. DOLLLARS TWENTY SEVEN THOUSAND AND FIVE HUNDRED ONLY			

PACKING: In Carton.
TIME OF SHIPMENT: During July, 2013.
PLACE OF LOADING ANDDESTINATION:
From Shanghai, China to Stockholm, Sweden
Partial shipment and transshipment are allowed.
INSURANCE: To be effected by the Buyer.

SHIPPING MARKS:
HAZZE
AD2013007
STOCKHOLM, SWEDEN
NOS. 1 – UP

TERMS OF PAYMENT: By irrevocable L/C at sight which should be issued before May 31, 2013, valid for negotiation in china for further 15 days after time of shipment.
INSPECTION: In the factory.
This contract is made in two original copies and become valid after signature, one copy to be held by each party.
signed by:

THE SELLER　　　　　　　　　　　　　　　**THE BUYER**
SHANGHAI ANDYS TRADING CO,LTD.　　**HAZZE AB HOLDING**

信用证：
MT 700　　　　　　　　　　　ISSUE OF A DOCUMENTARY CREDIT
SENDER　　　　　　　　　　　SWEDBANK
RECEIVER　　　　　　　　　　BANK OF CHINA ,SHANGHAI, CHINA

SEQUENCE OF TOTAL　　　　　　27: 1/1
FROM OF DOC. CREDIT　　　　　 40A: IRREVOCABLE
DOC. CREDIT NUMBER　　　　　　20: BCN1008675
DATE OF ISSUE　　　　　　　　　31C: 130612
APPLICABLE RULES　　　　　　　40E: UCP LATEST VERSION
DATE AND PLACE OF EXPIRY.　　 31D: DATE 130630 PLACE IN SWENDEN
APPLICANT　　　　　　　　　　　50: HAZZE ABC HOLDING
　　　　　　　　　　　　　　　　　BOX 1237,S – 111 21 HUDDINGE ,SWEDEN
BENEFICIARY　　　　　　　　　　59: SHANGHAI ANDY TRADING CO,LTD.
　　　　　　　　　　　　　　　　　NO. 126 WENHUAROAD,SHANGHAI,CHINA.

AMOUNT	32B:	CURRENCY EUR AMOUNT 27,000.00
AVAILABLE WITH/BY	41D:	ANY BANK IN CHINA, BY NEGOTIATION
DRAFTS AT...	42C:	30 DAYS AFTER SIGHT
DRAWEE	42A:	HAZZE AB HOLDING
PARTIAL SHIPMTS	44P:	NOT ALLOWED
TRANSSHIPMENT	44T:	NOT ALLOWED
PORT OF LOADING	44E:	TIANJIN, CHINA
POR OF DISCHARGE	44F:	STOCKHOLM, SWEDEN
LATEST SHIPMENT	44C:	130615
DESCRIPTION OF GOODS	45A:	1000 PCS OF GAS DETECTORS AS PER S/C NO. AD13007 CIF STOCKHOLM PACKED IN CARTONS
DOCUMENTS REQUIRED	46A:	+COMMERCIAL INVOICE SIGNED MANUALLY IN TRIPLICATE. +PACKING LIST IN TRIPLICATE. +CERTIFICATE OF CHINESE ORIGIN CERTIFIED BY CHAMBER OF COMMERCE. +INSURANCE POLICY/CERTIFICATE IN DUPLICATE ENDORSED IN BLANK FOR 110% INVOICE VALUE, COVERING ALL RISKS AND WAR RISK OF CIC OF PICC(1/1/1981) +FULL SET OF CLEAN 'ON BOARD' OCEAN BILLS OF LADING MADE OUT TO ORDER MARKED FREIGHT PREPAID AND NOTIFY APPLICANT.
ADDITIONAL CONDITION	47A:	+ALL PRESENTATIONS CONTAINING DISCREPANCIE WILL ATTRACT A DISCREPANCY FEEOF USD50.00. THIS CHARGE WILL BE DEDUCTED FROM THE BILL AMOUNT WHETHER OR NOT WE ELECT TO CONSULT THE APPLICANT FOR A WAIVER.
CHARGES	71B:	ALL CHARGES AND COMMISSIONS ARE FOR ACCOUNT OF BENEFICIARY.
CONFIRMATION INSTRUCTION	49:	WITHOUT

二、根据下面相关资料指出下列进口单据中错误的地方，并改正。

相关资料：

卖方：LA GUYENNOISE GROUP
　　　3 RUE DES ANCIENS COMBATTANTS 33460 SOUSSANS FRANCE

授权签字人：MAITY

买方：TIANJIN LINBEICHEN COMMERCE AND TRADE CO.,LTD.
　　　NO.81 JINGSAN ROAD,TIANJIN,CHINA

授权签字人：林晓婉

货物描述：12,000PCS OF BOTTLED WINE

包装：2000WOODEN CASES

W.G：21,000KGS

N.W：15,000KGS

MEAS：31CBM

开证行：BANK OF CHINA,TIANJIN BRANCH

信用证号：LC14231679

开证日期：May.15,2014

汇票金额：EUR83,340.00

付款期限：即期

出票日期：MAY 1,2014

议付行：BANQUE NATIONALE PARIS

合同号：LBC14005

发票号：LBC2014015

贸易术语：FOB

装运港：FOS

目的港：TIANJIN

1. 汇票

BILL OF EXCHANGE

Drawn under：BANQUE NATIONALE PARIS L/C NO. LC14231670　　　Dated：May.15,2013

No. LBC2013015　Exchange for　€83,430.00　Paris　　　　　　Date：May.1,2013

At 30 days after sight of this FIRST of Exchange(Second of Exchange being unpaid)

pay to the order of BANK OF CHINA. TIANJIN BRANCH

the sum of SAY EURO EIGHTY THREE THOUSAND FOUR HUNDRED AND THIRITY ONLY.

To：BANQUE NATIONALE PARIS

　　　　　　　　　　TIANJIN LINBEICHEN COMMERCE AND TREDE CO,LTD.

　　　　　　　　　　　　　　　　　Laura

2. 订舱委托书

		海运进口货物订舱委托书		
装运港： TIANJIN	目的港： FOS	合同号： LBC13005	出口国： FRANCE	委托单位编号： LBC2014016
唛头标记及号码	包装件数	货物描述	重量（公斤）	尺码（立方米）
N/M	12000WOODEN CASES	BOTTLED RED WINE	W.G：20,000KGS N.W：16,000KGS	30CBM 价格条件： CFR
托运人（shipper） TIANJIN LINBEICHEN COMMERCE AND TRADE CO.,LTD. NO.81 JINGSHAN ROAD,TIANJIN CHINA				需要提单正本 3份；副本3份
收货人（Consignee） TO ORDER				信用证号 LC14231679
被通知人（Notify Party） LA GUYENNOISE GROUP 3RUE DES ANCIENS COMBATTANTS 33460 SOUSSANS FRANCE				装期：140430 效期：140515 可否分批：NO 可否转运：NO
				运费支付： FREIGHT COLLECT
特约事项				
委托单位名称：TIANJIN LINBEICHEN COMMERCE AND TRADE CO.,LTD. 联系人：林晓婉　电话：0086-022-86759221　传真：0086-022-86759229				

三、根据第一大题的合同和下面资料缮制下列单据。

制单资料：
发票号：AD2013011　　　　发票日期：2013年7月5日
贸易方式：一般贸易
装船日期：2013年7月20日　船名、航次号："HAIHE"V.917
提单号：TA5019E
包装：纸箱装，每箱装10PCS
毛重：260KGS　　　　　　体积：15.8CBM
HS编码：90271000
授权签署人：ANDYS

2015年国际商务单证缮制与操作试题

一、根据下述合同内容审核信用证,指出不符之处,并提出修改意见。(36分)

1. 合同

SALES CONTRACT

CONTRACT No: ES1405009
Date: FEB 10, 2014

The seller: SHENZHEN ESHOM CO, LTD
Address: 81 FUHUA ROAD, SHENZHEN, CHINA
The Buyer: UNICAM LIMITED ATOMIC ARSORPTION
Address: 203 YORK STREET, CAMBRIDGE CBI 2SU ENGLAND

Description of Goods	Quantity	Unit price	Amount
5 inl Programming Cable J0015A	1000PCS	FOB SHENZHEN USD26.00/PC	USD 26000.00
TOTAL AMOUNT: SAY US DOLLARS TWENTY SIX THOUSAND ONLY.			

Packing: IN CARTONS
Shipping Mark: UNICAM
　　　　　　　　ES1406009
　　　　　　　　LONDON
　　　　　　　　C/NO: 1-100
Time of shipment: before APR. 30, 2014
Port of Loading and destination: FROM SHENZHEN, CHINA TO LONDON, ENGLAND
Partial shipment: NOT ALLOWED
Transshipment: Allowed
Insurance: to be effected by the buyer
Terms of Payment: by L/C at sight, reaching the seller before FEB. 25, 2014, and remaining valid for negotiation in china for further 15 days after the effected shipment, L/C must mention this contract number. L/C advised by BNAK OF CHINA, ALL banking charges outside china are for account of the DRAWEE.

DOCUMENTS:
+ signed commercial invoice in triplicate
+ full set (3/3) of clean on board ocean bill of lading marked "freight to collect", made out to order blank endorsed notifying the applicant
+ packing list in triplicate
+ certificate of origin issued by china chamber of commerce

2. 信用证

40A：FORMOF DOC. CREDIT：IRREVOCABLE

20：DOC. CREDIT NUMBER：LC1691709/14

31C：DATE OF ISSUE：140227

40E：APPLCABLE RULES：UCP LATEST VERSION

31D：DATE AND PLACE OF EXPIRY：140515 IN ENGLAND

50A：APPLICANT BANK：MIDLAND BANK PLC，LONDON

50：APPLICANT：UNICAM LIMITED ATOMIC ARSORPTION
　　203 YORK STREET，CAMBRIDGE CBI 2SU ENGLAND

59：BENEFICIARY：SHENZHEN SHOM CO，LTD
　　81 FUHUA ROAD，SHENZHEN，CHINA

32B：CURRENCY CODE. AMOUT：USD 26000.00

41A：AVAILABLE WITH … BY ANY BANK IN CHINA BY NEGOTIATION

42C：DRAFTS AT … 30 DAYS AFTER SIGHT FOR 100 PCT OF INVOICE VALUE

42A：DRAWEE：UNICAM LIMITED ATOMIC ARSORPTION

43P：PARTIAL SHIPMTS：NOT ALLOWED

43T：TRANSSHIPMENT：NOT ALLOWED

44E：PORT OF LOADING：GUANGZHOU，CHINA

44F：PORT OF DISCHARGE：MANCHESTER，ENGLAND

44C：LATEST DATE OF SHIPMENT：140415

45A：DESCRIPTION OF GOODS：1000PCS OF 3 inl Programming Cable AS PER S/C NO.
　　ES14060098 AT USD 26.00/PC CFR LONDON PACKED IN WOODEN CASES

46A：DOCUMENTS REQUIRED

+ FULL SET(3/3)OF CLEAN ON BOARD OCEAN BILL OF LADING MADE OUT TO APPLICANT AND BLANK ENDORSED MARKED "FREIGHT PREPAID" NOYIFYING THE APPLICANT

+ INSURANCE POLICY/CERTIFICATE IN DUPLICATE ENDORSED IN BLANK FOR 110% INVOICE VALUE，COVERING ALL RISKS AND WAR RISK OF CIC OF PLCC(1/1/1981)

71B：CHARGES：ALL CHARGEANDCOMMSSIONSAREON BENEFICIARY

二、根据所给相关资料指出下列进口单据中错误的地方(24分)

相关资料：

卖方：MIGUEL PEREZ TRADING COMPANY LIMITED
　　281147 TER SW NAPLES HAIFA，ISRAEL

买方：TIANJIN ESHOW IMPORT AND EXPORT CO,. LTD
　　NO. 21 JIANGSU ROAD，HEXI DISTRICT，TIANJIN，CHINA

货物描述：12000PCS OF CANNED MUSHROOM

包装：2000 CARTONS GW：21000KGS NW：15000KGS MEAS：31CBM

唛头：ESHOW

TIANJIN
NOS:1-2000
收货人抬头:TO ORDER
发票号:LBC201501578
发票日期:2015年5月20日
贸易术语:FOB HAIFA
装运期:2015年5月30日
装运港:HAIFA
目的港:TIANJIN
原产地证书签发日期:2015年5月25日
提单号:CKG1358/90   船名、航次:RIWA V.123

1. 原产地证书

1. Exporter (name address and country) TIANJIN ESHOW IMPORT AND EXPORT CO,. LTD NO. 21 JIANGSU ROAD, HEXI DISTRICT, TIANJIN, CHINA	2. Certificate No. 027707 CERTIFICATE OF ORIGIN OF THE PEOPLES REPUBLIC OF CHINA		
3. Consignee (name address and country) MIGUEL PEREZ TRADING COMPANY LIMITED 281147 TER SW NAPLES HAIFA, ISRAEL			
4. Means of transport and route FROM TIANJIN TO HAIFA BY AIR			
5. Marks and NUMBERS ESHOW TIANJIN NOS:1-12000	6. Number and kind of packages 12000PCS	7. Description of goods CANNED MUSHROOM	8. GROSS WEIGHT 15000KGS	9. NumberAnd date of Invoices 201501578MAY 30,2015
10. Certification It is hereby certified that the declaration by the Exporter is correct. CHINA COUNCIL FOR THE PROMOTION OF INTERNATIONAL TRADE CCPIT 签证章 JIAN LIAN CHENG DATE OF ISSUE: MAY 20,2015			

2. 海运提单

Shipper Insert Name, Address and Phone			B/L No. CKG135009	
MIGUEL PEREZ TRADING COMPANY LIMITED 281147 TER SW NAPLES HAIFA, ISRAEL				
Consignee insert Name, Address and Phone				
TIANJIN ESHOW IMPORT AND EXPORT CO,. LTD NO. 21 JIANGSU ROAD, HEXI DISTRICT, TIANJIN, CHINA			**BILL OF LADING** Shipped on board and condition except as other-……	
Notify Party Insert Name, Address and Phone				
TIANJIN ESHOW IMPORT AND EXPORT CO,. LTD NO. 21 JIANGSU ROAD, HEXI DISTRICT, TIANJIN, CHINA				
Ocean Vessel Voy. No.		Port of Loading		
RIWA V. 128		TIANJIN		
Port of Discharge		HAIFA		
Marks & Nos.	No. of Containers or Packages	Description of Goods	Gross Weight Kgs	Measurement
N/M	12000CARTONS	CANNED MUSHROOM	20000KGS	30CBM
Total Number of containers and/or packages (in words) SAY TWENTY THOUSAND CARTONS ONLY				
Ex. Rate:	Prepaid at	Payable at	Place and date of issue	
	Total Prepaid	HAIFA	TIANJIN MAY. 30, 2015	
		No. of Original B(s)/L	Singed for the Carrier	
		THREE(3)	ARROW MARTIME LINE +++	
LADEN ON BOARD THE VESSELDATE BY VESSEL DATE: MAY 30, 2015 BY ARROW MARTIME LINE +++				

三、根据已知资料缮制商业发票、装箱单、装运通知(40分)

1. 信用证资料

20: DOC. CREDIT NUMBER: LC147900931

50: APPLICANT: MARCO FOERSTER CMBH
　　　　　　NUERTINGER STR. 5 METZINGEN, HUNBURG, GERMANY

59: BENEFICIARY: SHENZHEN SHOM CO, LTD
　　　　　　81 FUHUA ROAD, SHENZHEN, CHINA

32B: AMOUT: CURRENCY USD AMOUT153000.00

44E: PORT OF LOADING: SHENZHEN, CHINA

44F: PORT OF DISCHARGE: HUNBURG, GERMANY
44C: LATEST DATE OF SHIPMENT: 140830
45A: DESCRIPTION OF GOODS:
1000PCS OF RETEVIS BRAND RI523 PORTARLE WALKLE 0.5W LHF EUROPE FREQUENCY 446MHZ. UNIT PRICE: USD15.30/PC CFR HAMBURG
COUNTRY OF ORIGIN: P. R. CHINA   PACKING: 50 PCS/CTN
46A: DOCUMENTS REQUIRED
1. COMMERICAL INVOICE IN 3 COPIES INDICATING COUNTRY OF ORIGIN OF THE GOODS AND L/C NO
2. PACKING LIST
3. SHIPPING NOTE

  2. 附加资料
SHIPPING MARKS: M.F.G
       E140519872
       HAMBURG
       C/NO:1-200
合同号:E14052115
发票号码:E140519871
发票日期:2014.8.20
提单号:MESU329120029
装船日期:2014.8.30
受益人授权签字人:李红丽
NW:10KG/CTN
GW:13.5KG/CTN
船名:VELLOWRIVEE V.987
HS CODE:85171220

2015年全国国际商务单证缮制与操作试题答题纸

一、根据下述合同内容审核信用证,指出不符支持,并提出修改意见(36分)
经审核信用证后存在的问题如下:

1. _____
2. _____
3. _____
4. _____
5. _____
6. _____

7. _____
8. _____
9. _____
10. _____
11. _____
12. _____
13. _____
14. _____
15. _____
16. _____
17. _____
18. _____

二、根据所给资料审核并修改已填制错误的原产地、海运提单。(24分)

原产地错误的地方如下：

1. _____
2. _____
3. _____
4. _____
5. _____
6. _____
7. _____
8. _____
9. _____
10. _____
11. _____
12. _____

海运提单错误的地方如下：

1. _____
2. _____
3. _____
4. _____
5. _____
6. _____
7. _____
8. _____
9. _____
10. _____
11. _____

12. _____

三、缮制商业发票、装箱单、装运通知。(40分)

(1) 商业发票

COMMERCIAL INVOICE

1. EXPORTER (1)	4. INVOICE DATE AND NO. (4)	
	5. CONTRACT NO. (5)	6. L/C NO. (6)
2. IMPORTER (2)	7. COUNTRY/ REGION OF ORIGINAL (7)	
3. TRANSPORT DETAIL (3)	8. TRADE MODE GENERAL	
	9. TERMS OF DELIVERY AND PAYMENT (8)	

10. SHIPPING MARKS; CONTAINER NO. (9)	11. NO. AND KIND OF PACKAGE; COMMODITY AND DESCRIPTION(10)	12. QUANTITY (11)	13. UNIT PRICE (12)	14. AMOUNT (13)

15. TOTAL AMOUNT IN FIGURE AND WORD (14)	16. EXPORTER STAMO AND SIGNATURE (15)

(2) 装箱单

PACKING LIST

1. EXPORTER (1)	3. PACKING LIST DATE (3)
2. IMPORTER (2)	4. CONTRACT NO. (4)
	5. INVOICE NO. AND DATE (5)

6. SHIPPING MARKS; CONTAINER NO. (6)	7. NO. AND KIND OF PACKAGE; COMMODITY NAME (7)	8. GROSS WEIGHT (kgs) (8)	9. CUBE (m³) (9)
TOTAL PACKAGES (IN WORD) (10)			

(3) 装运通知

shipping note		
1. Exporter (1)	4. Invoice No. (4)	
	5. Contract No. (5)	6. L/C No. (6)
2. Importer (2)	7. Transpotr document No. (7)	
	8. Value (8)	
3. Transport details (3)	9. Port and date of shipment (9)	

10. shipping marks;Container No. (10)	11. Number and kind of packages;Commodity No.; Commodity description (11)
	12. Exporyer stamp and signature (12)

附件 《UCP600》条文讲解

第一条 统一惯例的适用范围

跟单信用证统一惯例,2007年修订本,国际商会第600号出版物,适用于所有在正文中标明按本惯例办理的跟单信用证(包括本惯例适用范围内的备用信用证)。**除非信用证中另有规定,本惯例对一切有关当事人均具有约束力。**

第二条 定义

就本惯例而言:

通知行意指应开证行要求通知信用证的银行。

申请人意指发出开立信用证申请的一方。

银行日意指银行在其营业地正常营业,按照本惯例行事的行为得以在银行履行的日子。

受益人意指信用证中受益的一方。

相符提示意指与信用证中的条款及条件、本惯例中所适用的规定及国际标准银行实务相一致的提示。

保兑意指保兑行在开证行之外对于相符提示做出兑付或议付的确定承诺。

保兑行意指应**开证行的授权或请求**对信用证加具保兑的银行。

信用证意指一项约定,无论其如何命名或描述,该约定**不可撤销**并因此构成开证行对于相符提示予以兑付的确定承诺。

兑付意指:

a. 对于即期付款信用证即期付款。

b. 对于延期付款信用证发出延期付款承诺并到期付款。

c. 对于承兑信用证承兑**由受益人出具汇票**并到期付款。

开证行意指应**申请人要求或代表其自身**开立信用证的银行。

议付意指被指定银行在其应获得偿付的银行日或在此之前,通过向受益人预付或者同意向受益人预付款项的方式购买相符提示项下的汇票(汇票付款人为被指定银行以外的银行)及/或单据。

被指定银行意指有权使用信用证的银行,对于可供任何银行使用的信用证而言,任何银行均为被指定银行。

提示意指信用证项下单据被提交至开证行或被指定银行,抑或按此方式提交的单据。

提示人意指做出提示的受益人、银行或其他一方。

第三条 释义

就本惯例而言:

在适用的条款中,词汇的单复数同义。

<u>信用证是不可撤销的</u>,即使信用证中对此未作指示也是如此。

<u>单据可以通过手签、签样印制、穿孔签字、盖章、符号表示的方式签署,也可以通过其它任何机械或电子证实的方法签署。</u>

当信用证含有要求使单据合法、签证、证实或对单据有类似要求的条件时,这些条件可由在单据上签字、标注、盖章或标签来满足,只要单据表面已满足上述条件即可。

<u>一家银行在不同国家设立的分支机构均视为另一家银行。</u>

诸如"第一流"、"著名"、"合格"、"独立"、"正式"、"有资格"、"当地"等用语用于描述单据出单人的身份时,单据的出单人可以是<u>除受益人以外</u>的任何人。

除非确需在单据中使用,<u>银行对诸如"迅速"、"立即"、"尽快"之类词语将不予置理。</u>

"于或约于"或类似措辞将被理解为一项约定,按此约定,某项事件将在所述日期前后各五天内发生,<u>起迄日均包括在内</u>。

词语"×月×日止"**(to)**、"至×月×日"**(until)**、"直至×月×日"**(till)**、"从×月×日"**(from)** 及"在×月×日至×月×日之间"**(between)** 用于<u>**确定装运期限**</u>时,<u>包括所述日期</u>。词语"×月×日之前"**(before)** 及"×月×日之后"**(after)** 不包括所述日期。

词语"从×月×日"(from)以及"×月×日之后"(after)用于<u>**确定到期日**</u>时<u>不包括所述日期</u>。

术语"上半月"和"下半月"应分别理解为自每月"1日至15日"和"16日至月末最后一天",包括起迄日期。

术语"月初"、"月中"和"月末"应分别理解为每月1日至10日、11日至20日和21日至月末最后一天,包括起迄日期。

第四条 信用证与合同

a. 就性质而言,信用证与可能作为其依据的销售合同或其它合同,是<u>**相互独立的交易**</u>。即使信用证中提及该合同,银行亦与该合同完全无关,且不受其约束。因此,一家银行作出兑付、议付或履行信用证项下其它义务的承诺,并不受申请人与开证行之间或与受益人之间在已有关系下产生的索偿或抗辩的制约。

<u>受益人在任何情况下,不得利用银行之间或申请人与开证行之间的契约关系。</u>

b. 开证行应<u>劝阻</u>申请人将基础合同、形式发票或其它类似文件的副本作为信用证整体组成部分的做法。

第五条 单据与货物/服务/行为

银行处理的是单据,而不是单据所涉及的货物、服务或其它行为。

第六条 有效性、有效期限及提示地点

a. 信用证必须规定可以有效使用信用证的银行,或者信用证是否对任何银行均为有效。对于被指定银行有效的信用证同样也对开证行有效。

b. 信用证必须规定它是否适用于<u>**即期付款**</u>、<u>**延期付款**</u>、<u>**承兑抑或议付**</u>。

c. <u>不得开立包含有以申请人为汇票付款人条款的信用证。</u>

d. i. 信用证必须规定提示单据的有效期限。规定的用于兑付或者议付的有效期限将被认为是提示单据的有效期限。

  ii. <u>可以有效使用信用证的银行所在的地点是提示单据的地点。</u>对任何银行均为

有效的信用证项下单据提示的地点是任何银行所在的地点。不同于开证行地点的提示单据的地点是开证行地点之外提交单据的地点。

e. 除非如29(a)中规定,由受益人或代表受益人提示的单据必须在到期日当日或在此之前提交。

第七条　开证行的承诺

a. 倘若规定的单据被提交至被指定银行或开证行并构成相符提示,开证行必须按下述信用证所适用的情形予以兑付:

　i. 由开证行即期付款、延期付款或者承兑;
　ii. 由被指定银行即期付款而该被指定银行未予付款;
　iii. 由被指定银行延期付款而该被指定银行未承担其延期付款承诺,或者虽已承担延期付款承诺但到期未予付款;
　iv. 由被指定银行承兑而该被指定银行未予承兑以其为付款人的汇票,或者虽已承兑以其为付款人的汇票但到期未予付款;
　v. 由被指定银行议付而该被指定银行未予议付。

b. 自信用证开立之时起,开证行即**不可撤销**地受到兑付责任的约束。

c. 开证行保证向对于相符提示已经予以兑付或者议付并将单据寄往开证行的被指定银行进行偿付,无论被指定银行是否到期日前已经对相符提示予以预付或者购买。对于承兑或延期付款信用证项下相符提示的金额的偿付于到期日进行。**开证行偿付被指定银行的承诺独立于开证行对于受益人的承诺。**

第八条　保兑行的承诺

a. 倘若规定的单据被提交至保兑行或者任何其他被指定银行并构成相符提示,保兑行必须:

　i. **兑付**,如果信用证适用于:
　a. 由保兑行即期付款、延期付款或者承兑;
　b. 由另一家被指定银行即期付款而该被指定银行未予付款;
　c. 由另一家被指定银行延期付款而该被指定银行未承担其延期付款承诺,或者虽已承担延期付款承诺但到期未予付款;
　d. 由另一家被指定银行承兑而该被指定银行未予承兑以其为付款人的汇票,或者虽已承兑以其为付款人的汇票但到期未予付款;
　e. 由另一家被指定银行议付而该被指定银行未予议付。
　ii. 若信用证由保兑行议付,**无追索权地议付**。

b. 自为信用证加具保兑之时起,保兑行即**不可撤销**地受到兑付或者议付责任的约束。

c. 保兑行保证向对于相符提示已经予以兑付或者议付并将单据寄往开证行的另一家被指定银行进行偿付。无论另一家被指定银行是否到期日前已经对相符提示予以预付或者购买,对于承兑或延期付款信用证项下相符提示的金额的偿付于到期日进行。**保兑行偿付另一家被指定银行的承诺独立于保兑行对于受益人的承诺。**

d. 如开证行授权或要求另一家银行对信用证加具保兑,而该银行不准备照办时,它必须不延误地告知开证行并仍可通知此份未经加具保兑的信用证。

第九条　信用证及修改的通知

a. 信用证及其修改可以通过通知行通知受益人。除非已对信用证加具保兑，通知行通知信用证不构成兑付或议付的承诺。

b. 通过通知信用证或修改，通知行即表明其认为信用证或修改的**表面真实性**得到满足，且通知准确地反映了所收到的信用证或修改的条款及条件。

c. 通知行可以利用另一家银行的服务（"第二通知行"）向受益人通知信用证及其修改。通过通知信用证或修改，第二通知行即表明其认为所收到的通知的**表面真实性**得到满足，且通知准确地反映了所收到的信用证或修改的条款及条件。

d. 如一家银行利用另一家通知行或第二通知行的服务将信用证通知给受益人，它也必须利用**同一家银行的服务**通知修改书。

e. 如果一家银行被要求通知信用证或修改但决定不予通知，它**必须不延误**通知向其发送信用证、修改或通知的银行。

f. 如果一家被要求通知信用证或修改，但**不能确定信用证、修改或通知的表面真实性**，就**必须不延误地**告知向其发出该指示的银行。如果通知行或第二通知行仍决定通知信用证或修改，则**必须告知**受益人或第二通知行其未能核实信用证、修改或通知的表面真实性。

第十条　修改

a. 除本惯例第38条另有规定外，凡未经开证行、保兑行（如有）以及受益人同意，信用证既不能修改也不能撤销。

b. 自发出信用证修改书之时起，开证行就**不可撤销地**受其发出修改的约束。保兑行可将其保兑承诺扩展至修改内容，且自其通知该修改之时起，即不可撤销地受到该修改的约束。然而，**保兑行可选择**仅将修改通知受益人而不对其加具保兑，但必须不延误地将此情况通知开证行和受益人。

c. 在受益人向通知修改的银行表示接受该修改内容之前，原信用证（或包含先前已被接受修改的信用证）的条款和条件对受益人仍然有效。受益人应发出接受或拒绝接受修改的通知。如受益人未提供上述通知，当其提交至被指定银行或开证行的单据与信用证以及尚未表示接受的修改的要求一致时，则该事实即视为受益人已作出接受修改的通知，并从此时起，该信用证已被修改。

d. 通知修改的银行应当通知向其发出修改书的银行任何有关接受或拒绝接受修改的通知。

e. **不允许部分接受修改，部分接受修改将被视为拒绝接受修改的通知。**

f. 修改书中作出的除非受益人在某一时间内拒绝接受修改，否则修改将开始生效的条款将被不予置理。

第十一条　电讯传递与预先通知的信用证和修改

a. 经证实的信用证或修改的电讯文件将被视为有效的信用证或修改，**任何随后的邮寄证实书将被不予置理。**

若该电讯文件声明**"详情后告"（或类似词语）**或声明随后寄出的邮寄证实书将是有

效的信用证或修改,则**该电讯文件将被视为无效的信用证或修改**。开证行必须随即不延误地开出有效的信用证或修改,**且条款不能与电讯文件相矛盾**。

b. **只有准备开立有效信用证或修改的开证行,才可以发出开立信用证或修改预先通知书**。发出预先通知的开证行应不可撤销地承诺将不延误地开出有效的信用证或修改,**且条款不能与预先通知书相矛盾**。

第十二条　指定

a. 除非一家被指定银行是保兑行,对被指定银行进行兑付或议付的授权**并不构成**其必须兑付或议付的义务,被指定银行明确同意并照此通知受益人的情形除外。

b. 通过指定一家银行承兑汇票或承担延期付款承诺,开证行即授权该被指定银行预付或购买经其承兑的汇票或由其承担延期付款的承诺。

c. **非保兑行身份**的被指定银行接受、审核并寄送单据的行为既不使得该被指定银行具有兑付或议付的义务,也不构成兑付或议付。

第十三条　银行间偿付约定

a. 如果信用证规定被指定银行("索偿行")须通过向另一方银行("偿付行")索偿获得偿付,则信用证中**必须声明**是否按照信用证开立日正在生效的国际商会《银行间偿付规则》办理。

b. 如果信用证中未声明是否按照国际商会《银行间偿付规则》办理,则适用于下列条款:

　　i. 开证行必须向偿付行提供**偿付授权书**,该授权书须与信用证中声明的有效性一致。**偿付授权书不应规定有效日期**。

　　ii. **不应要求索偿行向偿付行提供证实单据与信用证条款及条件相符的证明**。

　　iii. 如果偿付行未能按照信用证的条款及条件在首次索偿时即行偿付,则**开证行应对索偿行的利息损失以及产生的费用负责**。

　　iv. **偿付行的费用应由开证行承担**。然而,如果费用系由受益人承担,则**开证行有责任在信用证和偿付授权书中予以注明**。如偿付行的费用系由受益人承担,则该费用应在偿付时从支付索偿行的金额中扣除。如果未发生偿付,**开证行仍有义务承担偿付行的费用**。

c. 如果偿付行未能于首次索偿时即行偿付,则开证行**不能解除其自身的偿付责任**。

第十四条　审核单据的标准

a. 按照指定行事的被指定银行、保兑行(如有)以及开证行必须对提示的单据进行审核,并**仅以单据为基础**,以决定单据在表面上看来是否构成相符提示。

b. 按照指定行事的被指定银行、保兑行(如有)以及开证行,自其收到提示单据的**翌日起算**,应各自拥有**最多不超过五个银行工作日**的时间以决定提示是否相符。**该期限不因单据提示日适逢信用证有效期或最迟提示期或在其之后而被缩减或受到其它影响**。

c. 提示若包含一份或多份按照本惯例第19条、20条、21条、22条、23条、24条或25条出具的正本运输单据,则必须由受益人或其代表按照相关条款**在不迟于装运日后的二十一个公历日内提交,但无论如何不得迟于信用证的到期日**。

d. 单据中内容的描述**不必**与信用证、信用证对该项单据的描述以及国际标准银行实务完全一致,但不得与该项单据中的内容、其它规定的单据或信用证相冲突。

e. **除商业发票外**,其它单据中的货物、服务或行为描述若无规定,**可使用统称**,但不得与信用证规定的描述相矛盾。

f. 如果信用证要求<u>提示运输单据、保险单据和商业发票以外的单据,但未规定该单据由何人出具或单据的内容</u>。如信用证对此未做规定,只要所提交单据的内容看来满足其功能需要且其它方面与十四条(d)款相符,银行将对提示的单据予以接受。

g. 提交了信用证中未要求提交的单据,**银行将不予置理**。如果收到此类单据,可以退还提示人。

h. 如果信用证中包含某项条件而未规定需提交与之相符的单据,银行将认为未列明此条件,并对此不予置理。

i. <u>单据的出单日期可以早于信用证开立日期,但不得迟于信用证规定的提示日期。</u>

j. <u>当受益人和申请人的地址显示在任何规定的单据上时,不必与信用证或其它规定单据中显示的地址相同,但必须与信用证中述及的各自地址处于同一国家内</u>。用于联系的资料(电传、电话、电子邮箱及类似方式)如作为受益人和申请人地址的组成部分将被不予置理。然而,当申请人的地址及联系信息作为按照19条、20条、21条、22条、23条、24条或25条出具的<u>运输单据中收货人或通知方详址的组成部分时</u>,则必须按照信用证规定予以显示。

k. 显示在任何单据中的货物的托运人或发货人不必是信用证的受益人。

l. 假如<u>运输单据</u>能够满足本惯例第19条、20条、21条、22条、23条或24条的要求,则运输单据可以由承运人、船东、船长或租船人以外的任何一方出具。

第十五条 相符提示

a. 当开证行确定提示相符时,就必须予以兑付。

b. 当保兑行确定提示相符时,就必须予以兑付或议付并将单据寄往开证行。

c. 当被指定银行确定提示相符并予以兑付或议付时,必须将单据寄往保兑行或开证行。

第十六条 不符单据及不符点的放弃与通知

a. 当按照指定行事的被指定银行、保兑行(如有)或开证行确定提示不符时,可以拒绝兑付或议付。

b. 当开证行确定提示不符时,可以依据其独立的判断联系申请人放弃有关不符点。然而,这并不因此延长14条(b)款中述及的期限。

c. 当按照指定行事的被指定银行、保兑行(如有)或开证行决定拒绝兑付或议付时,必须**一次性通知**提示人。

通知必须声明:

    i. 银行拒绝兑付或议付;及

    ii. 银行凭以拒绝兑付或议付的各个不符点;及

    iii. a) 银行持有单据等候提示人进一步指示;或

          b) 开证行持有单据直至收到申请人通知弃权并同意接受该弃权,或在同意接受弃权前从提示人处收到进一步指示;或

  c）银行退回单据；或

    d）银行按照先前从提示人处收到的指示行事。

  d. 第十六条(c)款中要求的通知必须以电讯方式发出，或者，如果不可能以电讯方式通知时，则以其它快捷方式通知，但不得迟于提示单据日期翌日起第五个银行工作日。

  e. 按照指定行事的被指定银行、保兑行（如有）或开证行可以在提供第十六条(c)款(iii)、(a)款或(b)款要求提供的通知后，于任何时间将单据退还提示人。

  f. 如果**开证行或保兑行**未能按照本条款的规定行事，将**无权宣称**单据未能构成相符提示。

  g. 当开证行拒绝兑付或保兑行拒绝兑付或议付，并已经按照本条款发出通知时，<u>该银行将有权就已经履行的偿付索取退款及其利息</u>。

第十七条　正本单据和副本单据

  a. 信用证中规定的各种单据必须至少提供一份正本。

  b. 除非单据本身表明其不是正本，银行将视任何单据表面上具有<u>**单据出具人正本签字、标志、图章或标签的单据为正本单据**</u>。

  c. 除非单据另有显示，银行将接受单据作为正本单据。如果该单据：

    i. 表面看来由单据出具人手工书写、打字、穿孔签字或盖章；或

    ii. 表面看来使用单据出具人的正本信笺；或

    iii. 声明单据为正本，除非该项声明表面看来与所提示的单据不符。

  d. 如果信用证要求<u>**提交副本单据，则提交正本单据或副本单据均可**</u>。

  e. 如果信用证使用诸如"一式两份"、"两张"、"两份"等术语要求提交多份单据，则可以提交<u>**至少一份正本**</u>，其余份数以副本来满足。但单据本身另有相反指示者除外。

第十八条　商业发票

  a. 商业发票：

    i. 必须在表面上看来系由**受益人**出具（第三十八条另有规定者除外）；

    ii. 必须做成以**申请人的名称为抬头**（第三十八条(g)款另有规定者除外）；

    iii. 必须将发票币别**作成与信用证相同币种**；

    iv. <u>无须签字</u>。

  b. 按照指定行事的被指定银行、保兑行（如有）或开证行可以接受金额超过信用证所允许金额的商业发票，倘若有关银行已兑付或已议付的金额**没有超过信用证所允许的金额**，则该银行的决定对各有关方均具有约束力。

  c. 商业发票中货物、服务或行为的描述必须与信用证中显示的内容相符。

第十九条　至少包括两种不同运输方式的运输单据

  a. 至少包括两种不同运输方式的运输单据（即多式运输单据或联合运输单据），不论其称谓如何，必须在表明上看来：

    i. 显示承运人名称并由下列人员签署：

     承运人或承运人的具名代理或代表，或

     船长或船长的具名代理或代表。

  承运人、船长或代理的任何签字必须分别表明承运人、船长或代理的身份。

代理的签字必须显示其是否作为承运人或船长的代理或代表签署提单。

　　ii. 通过下述方式表明货物已在信用证规定的地点发运、接受监管或装载

预先印就的措词,或

注明货物已发运、接受监管或装载日期的图章或批注。

运输单据的出具日期将被视为发运、接受监管或装载以及装运日期。然而,如果运输单据***以盖章或批注方式***标明发运、接受监管或装载日期,则此日期将被视为装运日期。

　　iii. 显示信用证中规定的发运、接受监管或装载地点以及最终目的地的地点,即使:

a. 运输单据另外显示了不同的发运、接受监管或装载地点或最终目的地的地点,或

b. 运输单据包含"预期"或类似限定有关船只、装货港或卸货港的指示。

　　iv. 系仅有的一份正本运输单据,或者,如果出具了多份正本运输单据,应是运输单据中*显示的全套正本份数*。

　　v. 包含承运条件须参阅包含承运条件条款及条件的某一出处(简式或背面空白的运输单据)者,银行对此类承运条件的条款及条件内容不予审核。

　　vi. 未注明运输单据受租船合约约束。

b. 就本条款而言,***转运意指货物在信用证中规定的发运、接受监管或装载地点到最终目的地的运输过程中,从一个运输工具卸下并重新装载到另一个运输工具上(无论是否为不同运输方式)的运输***。

c. i. ***只要同一运输单据包括运输全程***,则运输单据可以注明货物***将被***转运或可被转运。

　　ii. 即使信用证禁止转运,银行也将接受***注明转运将发生或可能发生的***运输单据。

第二十条　提单

a. 无论其称谓如何,提单必须表面上看来:

　　i. 显示承运人名称并由下列人员签署:

承运人或承运人的具名代理或代表,或

船长或船长的具名代理或代表。

承运人、船长或代理的任何签字必须分别表明其承运人、船长或代理的身份。

代理的签字必须显示其是否作为承运人或船长的代理或代表签署提单。

　　ii. 通过下述方式表明货物已在信用证规定的装运港装载上具名船只:

预先印就的措词,或

注明货物已装船日期的装船批注。

提单的出具日期将被视为装运日期,除非提单包含注明装运日期的装船批注,在此情况下,装船批注中显示的日期将被视为装运日期。

如果提单包含"预期船"字样或类似有关限定船只的词语时,装上具名船只必须由注明装运日期以及实际装运船只名称的装船***批注***来证实。

　　iii. 注明装运从信用证中规定的装货港至卸货港。

如果提单未注明以信用证中规定的装货港作为装货港,或包含"预期"或类似有关限定装货港的标注者,则***需要提供注明信用证中规定的装货港、装运***

　　　　　日期以及船名的装船批注。即使提单上已注明印就的"已装船"或"已装具名船只"措词，本规定仍然适用。
　　　iv. 系仅有的一份正本提单，或者，如果出具了多份正本，应是提单中显示的全套正本份数。
　　　v. 包含承运条件须参阅包含承运条件条款及条件的某一出处（简式或背面空白的提单）者，银行对此类承运条件的条款及条件内容不予审核。
　　　vi. 未注明运输单据受租船合约约束。
　b. 就本条款而言，**转运**意指在信用证规定的装货港到卸货港之间的海运过程中，将货物由一艘船卸下再装上另一艘船的运输。
　c. i. 只要同一提单包括运输全程，则提单可以注明货物将被转运或可被转运。
　　　ii. 银行可以接受注明将要发生或可能发生转运的提单。即使信用证禁止转运，只要提单上证实有关货物已由集装箱、拖车或子母船运输，银行仍可接受注明将要发生或可能发生转运的提单。
　d. **对于提单中包含的声明承运人保留转运权利的条款，银行将不予置理**。

第二十一条　非转让海运单

　a. 无论其称谓如何，非转让海运单必须表面上看来：
　　　i. 显示承运人名称并由下列人员签署：
　　　承运人或承运人的具名代理或代表，或
　　　船长或船长的具名代理或代表。
　　　承运人、船长或代理的任何签字必须分别表明其承运人、船长或代理的身份。
　　　代理的签字必须显示其是否作为承运人或船长的代理或代表签署提单。
　　　ii. 通过下述方式表明货物已在信用证规定的装运港装载上具名船只：
　　　预先印就的措词，或
　　　注明货物已装船日期的装船批注。
　　　非转让海运单的出具日期将被视为装运日期，除非非转让海运单包含注明装运日期的装船批注，在此情况下，装船批注中显示的日期将被视为装运日期。
　　　如果非转让海运单包含"预期船"字样或类似有关限定船只的词语时，装上具名船只必须由注明装运日期以及实际装运船只名称的装船批注来证实。
　　　iii. 注明装运从信用证中规定的装货港至卸货港。
　　　如果非转让海运单未注明以信用证中规定的装货港作为装货港，或包含"预期"或类似有关限定装货港的标注者，则需要提供注明信用证中规定的装货港、装运日期以及船名的装船批注。即使非转让海运单上已注明印就的"已装船"或"已装具名船只"措词，本规定仍然适用。
　　　iv. 系仅有的一份正本非转让海运单，或者，如果出具了多份正本，应是非转让海运单中显示的全套正本份数。
　　　v. 包含承运条件须参阅包含承运条件条款及条件的某一出处（简式或背面空白的提单）者，银行对此类承运条件的条款及条件内容不予审核。
　　　vi. 未注明运输单据受租船合约约束。

b. 就本条款而言,转运意指在信用证规定的装货港到卸货港之间的海运过程中,将货物由一艘船卸下再装上另一艘船的运输。

c. i. 只要同一非转让海运单包括运输全程,则非转让海运单可以注明货物将被转运或可被转运。

   ii. 银行可以接受注明将要发生或可能发生转运的非转让海运单。即使信用证禁止转运,只要非转让海运单上证实有关货物已由集装箱、拖车或子母船运输,银行仍可接受注明将要发生或可能发生转运的非转让海运单。

d. 对于非转让海运单中包含的声明承运人保留转运权利的条款,银行将不予置理。

第二十二条 租船合约提单

a. 无论其称谓如何,*倘者提单包含有提单受租船合约约束的指示(即租船合约提单)*,则必须在表面上看来：

   i. 由下列当事方签署：
   船长或船长的具名代理或代表,或
   船东或船东的具名代理或代表,或
   租船主或租船主的具名代理或代表。
   船长、船东、租船主或代理的任何签字必须分别表明其船长、船东、租船主或代理的身份。
   代理的签字必须显示其是否作为船长、船东或租船主的代理或代表签署提单。
   代理人代理或代表船东或租船主签署提单时必须注明船东或租船主的名称。

   ii. 通过下述方式表明货物已在信用证规定的装运港装载上具名船只：
   预先印就的措词,或
   注明货物已装船日期的装船批注。
   租船合约提单的出具日期将被视为装运日期,除非租船合约提单包含注明装运日期的装船批注,在此情况下,装船批注中显示的日期将被视为装运日期。

   iii. 注明货物由信用证中规定的装货港运输至卸货港。卸货港可以按信用证中的规定显示为一组港口或某个地理区域。

   iv. 系仅有的一份正本租船合约提单,或者,如果出具了多份正本,应是租船合约提单中显示的全套正本份数。

b. *即使信用证中的条款要求提交租船合约,银行也将对该租船合约不予审核。*

第二十三条 空运单据

a. 无论其称谓如何,空运单据必须在表面上看来：

   i. 注明承运人名称并由下列当事方签署：
   承运人,或
   承运人的具名代理或代表。
   承运人或代理的任何签字必须分别表明其承运人或代理的身份。
   代理的签字必须显示其是否作为承运人的代理或代表签署空运单据。

   ii. *注明货物已收妥待运。*

   iii. *注明出具日期。这一日期将被视为装运日期,除非空运单据包含注有实际装*

运日期的专项批注,在此种情况下,批注中显示的日期将被视为装运日期。

空运单据显示的其它任何与航班号和起飞日期有关的信息不能被视为装运日期。

  iv. 表明信用证规定的起飞机场和目的地机场。

  v. 为开给发货人或拖运人的正本,即使信用证规定提交全套正本。

  vi. 载有承运条款和条件,或提示条款和条件参见别处。银行将不审核承运条款和条件的内容。

b. 就本条而言,转运是指在信用证规定的起飞机场到目的地机场的运输过程中,将货物从一飞机卸下再装上另一飞机的行为。

c. i. 空运单据可以注明货物将要或可能转运,只要全程运输由同一空运单据涵盖。

 ii. 即使信用证禁止转运,注明将要或可能发生转运的空运单据仍可接受。

第二十四条 公路、铁路或内陆水运单据

a. 公路、铁路或内陆水运单据,无论名称如何,必须看似:

 i. 表明承运人名称,并且

 由承运人或其具名代理人签署,或者

 由承运人或其具名代理人以签字、印戳或批注表明货物收讫。

 承运人或其具名代理人的售货签字、印戳或批注必须标明其承运人或代理人的身份。

 代理人的收获签字、印戳或批注必须标明代理人系代表承运人签字或行事。

 如果铁路运输单据没有指明承运人,可以接受铁路运输公司的任何签字或印戳作为承运人签署单据的证据。

 ii. 表明货物在信用证规定地点的发运日期,或者收讫代运或代发送的日期。运输单据的出具日期将被视为发运日期,除非

 运输单据上盖有带日期的收货印戳,或注明了收货日期或发运日期。

 iii. 表明信用证规定的发运地及目的地。

b. i. 公路运输单据必须看似为开给发货人或托运人的正本,或没有认可标记表明单据开给何人。

 ii. 注明"第二联"的铁路运输单据将被作为正本接受。

 iii. 无论是否注明正本字样,铁路或内陆水运单据都被作为正本接受。

c. 如运输单据上未注明出具的正本数量,提交的份数即视为全套正本。

d. 就本条而言,转运是指在信用证规定的发运、发送或运送的地点到目的地之间的运输过程中,在同一运输方式中从一运输工具卸下再装上另一运输工具的行为。

e. i. 只要全程运输由同一运输单据涵盖,公路、铁路或内陆水运单据可以注明货物将要或可能被转运。

 ii. 即使信用证禁止转运,注明将要或可能发生转运的公路、铁路或内陆水运单据仍可接受。

第二十五条 快递收据、邮政收据或投邮证明

a. 证明货物收讫待运的快递收据,无论名称如何,必须看似:

ⅰ. 表明快递机构的名称,并在信用证规定的货物发运地点由该具名快递机构盖章或签字;并且

ⅱ. *表明取件或收件的日期或类似词语。该日期将被视为发运日期。*

b. 如果要求显示快递费用付讫或预付,快递机构出具的表明快递费由收货人以外的一方支付的运输单据可以满足该项要求。

c. 证明货物收讫待运的邮政收据或投邮证明,无论名称如何,必须看似在信用证规定的货物*发运地点盖章或签署并注明日期*。该日期将被视为发运日期。

第二十六条 "货装舱面"、"托运人装载和计数"、"内容据托运人报称"及运费之外的费用

a. 运输单据*不得表明货物装于或者将装于舱面*。声明货物可能被装于舱面的运输单据条款可以接受。

b. 载有诸如"托运人装载和计数"或"内容据托运人报称"条款的运输单据可以接受。

c. 运输单据上可以以印戳或其他方式提及运费之外的费用。

第二十七条 清洁运输单据

银行只接受清洁运输单据。清洁运输单据指未载有明确宣称货物或包装有缺陷的条款或批注的运输单据。*"清洁"一词并不需要在运输单据上出现*,即使信用证要求运输单据为"清洁已装船"的。

第二十八条 保险单据及保险范围

a. 保险单据,例如保险单或预约保险项下的保险证明书或者声明书,必须看似由保险公司或承保人或其代理人或代表出具并签署。

代理人或代表的签字必须标明其系代表保险公司或承保人签字。

b. 如果保险单据表明其以多份正本出具,*所有正本均须提交。*

c. 暂保单将不被接受。

d. 可以接受保险单代替预约保险项下的保险证明书或声明书。

e. *保险单据日期不得晚于发运日期*,除非保险单据表明保险责任不迟于发运日生效。

f. ⅰ. 保险单据必须表明投保金额并以与信用证相同的货币表示。

 ⅱ. 信用证对于投保金额为货物价值、发票金额或类似金额的某一比例的要求,将被视为对最低保额的要求。

 如果信用证对投保金额未作规定,投保金额须至少为货物的CIF 或CIP 价格的110%。

 如果从单据中不能确定CIF 或者CIP 价格,投保金额必须基于要求承付或议付的金额,或者基于发票上显示的货物总值来计算,两者之中取金额较高者。

 ⅲ. 保险单据须标明承包的风险区间至少涵盖从信用证规定的货物监管地或发运地开始到卸货地或最终目的地为止。

g. 信用证应规定所需投保的险别及附加险(如有的话)。如果信用证使用诸如"通常风险"或"惯常风险"等含义不确切的用语,则无论是否有漏保之风险,保险单据将被照样

接受。

h. 当信用证规定投保"一切险"时,如保险单据载有任何"一切险"*批注或条款*,无论是否有"一切险"标题,均将被接受,即使其声明任何风险除外。

i. 保险单据可以援引任何除外责任条款。

j. 保险单据可以注明受免赔率或免赔额(减除额)约束。

第二十九条 截止日或最迟交单日的顺延

a. 如果信用证的截至日或最迟交单日适逢接受交单的银行非因第三十六条所述原因而歇业,则截止日或最迟交单日,视何者适用,将顺延至其重新开业的第一个银行工作日。

b. 如果在顺延后的第一个银行工作日交单,指定银行必须在其致开证行或保兑行的面涵中声明交单是在根据第二十九条 a 款顺延的期限内提交的。

c. *最迟发运日不因第二十九条a 款规定的原因而顺延。*

第三十条 信用证金额、数量与单价的增减幅度

a. *"约"或"大约"*用语信用证金额或信用证规定的数量或单价时,应解释为允许有关金额或数量或单价有*不超过10%* 的增减幅度。

b. *在信用证未以包装单位件数或货物自身件数的方式规定货物数量时,货物数量允许有5% 的增减幅度,只要总支取金额不超过信用证金额。*

c. 如果信用证规定了货物数量,而该数量已全部发运,及如果信用证规定了单价,而该单价又未降低,或当第三十条 b 款不适用时,则即使不允许部分装运,也允许支取的金额有 5% 的减幅。若信用证规定有特定的增减幅度或使用第三十条 a 款提到的用语限定数量,则该减幅不适用。

第三十一条 分批支款或分批装运

a. 允许分批支款或分批装运

b. 表明使用同一运输工具并经由同次航程运输的数套运输单据在同一次提交时,只要显示相同目的地,将不视为部分发运,即使运输单据上标明的发运日期不通或装卸港、接管地或发送地点不同。如果交单由数套运输单据构成,其中*最晚的一个发运日将被视为发运日。*

含有一套或数套运输单据的交单,如果表明在同一种运输方式下经由*数件运输工具*运输,即使运输工具在同一天出发运往同一目的地,仍将被视为部分发运。

c. 含有一份以上快递收据、邮政收据或投邮证明的交单,如果单据看似由同一块地或邮政机构在同一地点和日期加盖印戳或签字并且表明同一目的地,将不视为部分发运。

第三十二条 分期支款或分期装运

如信用证规定在指定的时间段内分期支款或分期发运,*任何一期未按信用证规定期限支取或发运时,信用证对该期及以后各期均告失效。*

第三十三条 交单时间

银行在其营业时间外无接受交单的义务。

第三十四条 关于单据有效性的免责

银行对任何单据的形式、充分性、准确性、内容真实性、虚假性或法律效力,或对单据中规定或添加的一般或特殊条件,概不负责;银行对任何单据所代表的货物、服务或其他履约行为的描述、数量、重量、品质、状况、包装、交付、价值或其存在与否,或对发货人、承运人、货运代理人、收货人、货物的保险人或其他任何人的诚信与否,作为或不作为、清偿能力、履约或资信状况,也概不负责。

第三十五条 关于信息传递和翻译的免责

当报文、信件或单据按照信用证的要求传输或发送时,或当信用证未作指示,银行自行选择传送服务时,银行对报文传输或信件或单据的递送过程中发生的延误、中途遗失、残缺或其他错误产生的后果,概不负责。

如果指定银行确定交单相符并将单据发往开证行或保兑行。无论指定的银行是否已经承付或议付,开证行或保兑行必须承付或议付,或偿付指定银行,*即使单据在指定银行送往开证行或保兑行的途中,或保兑行送往开证行的途中丢失*。

银行对技术术语的翻译或解释上的错误,不负责任,并可不加翻译地传送信用证条款。

第三十六条 不可抗力

银行对由于天灾、暴动、骚乱、叛乱、战争、恐怖主义行为或任何罢工、停工或其无法控制的任何其他原因导致的营业中断的后果,概不负责。

银行恢复营业时,对于在营业中断期间已逾期的信用证,不再进行承付或议付。

第三十七条 关于被指示方行为的免责

a. 为了执行申请人的指示,银行利用其他银行的服务,其费用和风险由申请人承担。

b. 即使银行自行选择了其他银行,如果发出指示未被执行,开证行或通知行对此亦不负责。

c. 指示另一银行提供服务的银行有责任负担因执行指示而发生的任何佣金、手续费、成本或开支("费用")。

如果信用证规定费用由受益人负担,而该费用未能收取或从信用证款项中扣除,开证行依然承担支付此费用的责任。

信用证或其修改不应规定向受益人的通知以通知行或第二通知行收到其费用为条件。

d. 外国法律和惯例加诸于银行的一切义务和责任,申请人应受其约束,并就此对银行负补偿之责。

第三十八条 可转让信用证

a. 银行<u>无办理转让信用证的义务</u>,除非该银行明确同意其转让范围和转让方式。

b. 就本条款而言:

转让信用证意指**明确表明其"可以转让"**的信用证。根据受益人("第一受益人")的请求,转让信用证可以被全部或部分地转让给其他受益人("第二受益人")。

转让银行意指办理信用证转让的被指定银行,或者,在适用于任何银行的信用证中,转让银行是由开证行特别授权并办理转让信用证的银行。开证行也可担任转让银行。

转让信用证意指经转让银行办理转让后可供第二受益人使用的信用证。

c. 除非转让时另有约定,所有因办理转让而产生的费用(诸如佣金、手续费、成本或开支)<u>必须由第一受益人支付</u>。

d. 倘若信用证允许分批支款或分批装运,信用证可以被部分地转让给一个以上的第二受益人。

第二受益人不得要求将信用证转让给任何次序位居其后的其他受益人。**第一受益人不属于此类其他受益人之列。**

e. 任何有关转让的申请必须指明是否以及在何种条件下可以将修改通知第二受益人。转让信用证必须明确指明这些条件。

f. 如果信用证被转让给一个以上的第二受益人,其中一个或多个第二受益人拒绝接受某个信用证修改并不影响其他第二受益人接受修改。对于接受修改的第二受益人而言,信用证已做相应的修改;对于拒绝接受修改的第二受益人而言,该转让信用证仍未被修改。

g. 转让信用证必须准确转载原证的条款及条件,包括保兑(如有),但下列项目除外:
- 信用证金额,
- 信用证规定的任何单价,
- 到期日,
- 单据提示期限,
- 最迟装运日期或规定的装运期间。

以上任何一项或全部均可减少或缩短。

必须投保的保险金额的投保比例可以增加,以满足原信用证或本惯例规定的投保金额。

可以用第一受益人的名称替换原信用证中申请人的名称。

如果原信用证特别要求开证申请人名称应在除发票以外的任何单据中出现时,则转让信用证必须反映出该项要求。

h. 第一受益人有权以自己的发票和汇票(如有),替换第二受益人的发票和汇票(如有),其金额不得超过原信用证的金额。在如此办理单据替换时,第一受益人可在原信用证项下支取自己发票与第二受益人发票之间产生的差额(如有)。

i. 如果第一受益人应当提交其自己的发票和汇票(如有),但却未能在收到第一次要求时照办;或第一受益人提交的发票导致了第二受益人提示的单据中本不存在的不符点,而其未能在收到第一次要求时予以修正,则转让银行有权将其从第二受益人处收到的单据向开证行提示,并不再对第一受益人负责。

j. 第一受益人可以在其提出转让申请时,表明可在信用证被转让的地点,在原信用证的到期日之前(包括到期日)向第二受益人予以兑付或议付。本条款并不损害第一受益人在第三十八条(h)款下的权利。

k. 由第二受益人或代表第二受益人提交的单据必须向转让银行提示。

第三十九条 款项让渡

信用证未表明可转让,并不影响受益人根据所适用的法律规定,将其在该信用证项下有权获得的款项让渡与他人的权利。本条款所涉及的仅是款项的让渡,而不是信用证项下执行权力的让渡。